U0905762

湖南师范大学政治学省级重点学科资助出版
2011年教育部人文社科青年项目（项目编号：11YCZ810015）研究成果
2012年湖南省社科规划项目（项目编号：12YBB181）研究成果
2016年国家社科基金项目（项目编号：16BZZ003）阶段性研究成果

儒家传统与明代政治转型路径研究

黄勇军 著

中国社会科学出版社

图书在版编目（CIP）数据

儒家传统与明代政治转型路径研究／黄勇军著．—北京：中国社会科学出版社，2017.12

ISBN 978－7－5161－9643－4

Ⅰ.①儒…　Ⅱ.①黄…　Ⅲ.①儒家—影响—政治改革—中国—明代　Ⅳ.①D691.2

中国版本图书馆 CIP 数据核字（2016）第 320639 号

出 版 人　赵剑英
责任编辑　吴丽平
责任校对　韩天炜
责任印制　李寡寡

出　　版　中国社会科学出版社
社　　址　北京鼓楼西大街甲 158 号
邮　　编　100720
网　　址　http://www.csspw.cn
发 行 部　010－84083685
门 市 部　010－84029450
经　　销　新华书店及其他书店

印　　刷　北京明恒达印务有限公司
装　　订　廊坊市广阳区广增装订厂
版　　次　2017 年 12 月第 1 版
印　　次　2017 年 12 月第 1 次印刷

开　　本　710×1000　1/16
印　　张　12.5
字　　数　205 千字
定　　价　48.00 元

献给子牧、子铉

目　　录

导　　论

有明一代的政治史，不仅是“帝制时代”① 中国政治与历史展开的重要环节，而且作为一种不可忽视的历史传统与制度渊源，还在此后近六个世纪的漫长历史中，深远地影响了中国乃至整个东亚地区的政治建构与政治运行。②

一方面，就政治主体的身份认同而言，明代是帝制中国时期作为中华民族的主体——汉族，所完成的政治主体性建构与政治实践性运行的最后范本，“明代于 1368 年的建立，不仅是在被外族统治了一个世纪之后再次由一个中国人的统治家族将帝国的皇冠重新夺回，而且是 1949 年以前所完成的最后一次成功的农民起义”③。基于此，明代所经历的政治变迁，无疑深远地影响到了中国人的民族意识与政治认同。另一方面，就帝制中国政治体制建构与法律体系运行角度而言，“明制”也成为此后中国不断仿效的制度标杆所在，所谓“清承明制”，明代政治体制一直延续到帝制时代的终结，而且在政治理念的角度上，甚至获得了

---

① 有关中国的“帝制时代”的界定与划分问题，日本学者滋贺秀三认为：“中国在其漫长的历史中，从全局来说经历了前后两次社会体制的根本性变革。以这两次变革作为分期点，全部中国史至少也应当首先分为三个时代……春秋以前的古远的时代可以称作上代，民国以后作为近代，而对处于中间的长时代，在还没有其他适当的词语的情况下，我想可以命名为帝制时代。”（［日］滋贺秀三：《中国家族法原理》，法律出版社 2003 年版，第 1—2 页。）当然，在后文中我们还将看到，内藤湖南、岛田虔次、沟口雄三、余英时等学者们普遍认为：在“帝制时代”的内部也存在着各种划分历史阶段的方式，他们往往将“明末清初”这一时代当作中国的“近世”或“近代”，而不是此后的“清末民初”。但是，在本书中，一方面为了概念上的一致；另一方面是从“政治史”而不是“历史”的角度进行划分，从而采用更为宽泛的“帝制”这一概念作为秦以后中国政治体制的主要称谓。

② Edited by Sarah Schneewind, *Long Live the Emperor! Uses of the Ming Founder across Six Centuries of East Asia History*, Society for Ming Studies, Minneapolis, 2008.

③ Romeyn Taylor, *Basic Annals of Ming T'ai-Tsu*, San Francisco: Chinese Materials Center, Inc, 1975, p. 1.

近代学人的认可："明祖立法，亦实有可以修明之价值，若闭关之世不改，虽至今遵行可也。"[①] 换言之，无论从哪个角度而言，儒家传统对于明代所进行的诸如严夷夏之防、重构汉族的典章文物、重塑文治传统等，都起到了不可忽视的作用。

事实上，作为一个以儒家的诗书为标准建立起来的朝代[②]，明代政治的运行、权力的分配、体制的建构等，都与儒家传统的传承、变迁有着直接的关系。而有明一代政治演进过程中所经历的诸多大事件，大多牵扯了儒家传统，如朱元璋立国之初对儒家传统的尊崇与回归，后来又废除科举、删节《孟子》，其继任者建文帝所进行的重述儒家政治正统的新努力，以及朱棣篡改《太祖实录》、修订《性理全书》《永乐大典》的作为，再加上此后明代历史上持续不断地牵扯了儒家传统的"夺门""大议礼""立储""毁书院""党争"等政治事件，都实实在在地体现出儒家思想在明代政治变迁、政治转型过程中所起到的至关重要的影响与作用。此外，有明一代的儒生士大夫内部，也出现了诸多不同的发展趋势与发展状态，从而形成了明代儒学在儒家发展史上的独特地位，尤其是讲求践行的学问的形成与扩散[③]，诸如阳明心学、讲学运动、狂禅学派、结社运动、实学运动等。每一次思想、学术上的新变迁，都会牵引出新的政治变化与政治风波，不论是摧毁书院的政治运动，还是对李贽等异端思想的打压，以及对东林党的压制，都体现出儒家传统变迁对明代政治所造成的直接冲击与影响。

明代政治自建立之初，到最终崩溃，期间经历了几次大的政治转型，而每次政治转型的过程中，儒家传统都在中间扮演了重要角色。

明代初期，无论是明太祖所建立的带有儒家色彩的帝国体制，还是建文帝及其儒臣的儒家式改革努力，甚至是明成祖的篡权与正名，儒家传统都起到了难以回避的效用，即使这些皇帝尤其是作为"开创之君"的太祖、成祖，偶尔会表现出对儒家的轻蔑与不信任，但最终，他们都

---

① 孟森：《清史讲义》，中华书局2006年版，第135页。

② 参见黄仁宇《万历十五年》，生活·读书·新知三联书店1997年版，第93页。

③ 参见Benjamin Schwartz, "Some Polarities in Confucian Thought", Edited by Arthur F. Wright *Confucianism and Chinese Civilization*, Stanford University Press, Stanford, California, 1975, pp. 11–15。

必须依靠回归到儒家传统之中，以期寻求到自身政权与治权的合法性与权威性；明代中晚期，明初所建立起来的政治一元体制开始面临着“政治—社会”转型所带来的诸多挑战，为了应对中央权威衰退、外患频发、群体性事件多发等问题，不同政治主体选择了不同的政治转型路径，如嘉靖皇帝的复古改制、阳明学派的讲学运动、张居正等首辅的内阁宰相化运动、东林党的议政运动等，儒家传统在这一变革时代中发生了诸多新的变化，而每一次变化都与政治上的转型与变革息息相关；明末，大明帝国面临着内忧外患的严重挑战，明代儒生开始形成以徐光启为代表的西学派，以复社为主体的抵抗派，以刘宗周为代表的殉国派，以黄宗羲、顾炎武、王夫之为代表的反思派，以方以智为代表的遗民派等，进行着或积极或消极的政治活动。可以看到，明代儒家在有明一代近三个世纪的时间里，从不同方面有效回应着明代政治转型过程中出现的政治变革与社会秩序的矛盾与冲突。

从更为宏大的视角来看，明代政治转型的诸多趋势也是中国政治史自我发展、演进的内在逻辑展开，深远地影响了此后中国的政治体制、政治运行、政治认同、政治心理、政治期待等方方面面的问题。正如黄仁宇所言：“中国近世纪的种种困难，在明清之际都已存在。”[①] 可见，有明一代的典章制度与衣冠文物，其影响一直持续到了近现代以来中国政治与社会的进一步展开，而其在现实运行中所遭遇到的诸多困境与麻烦，也为近现代中国所继承。因此，本书对于相关主题的研究，不仅将有助于厘清这一发展逻辑，还将为当代中国的政治转型与政治发展提供积极的本土经验与历史参照。

更为重要的是，虽然有明一代的历史对于此后的中国政治史有着极大的意义，但是，有关明史的研究却由于异族的入侵中断了近三百年的时间。满族人入关后，通过政治高压形成了对于明史解释权的独占性，即使是纯粹史料上的问题[②]也往往因为“满汉间事，在清廷而言，不便

---

① 黄仁宇：《近代中国的出路》，中华书局（香港）有限公司 1995 年版，第 25 页。

② 当然，史料的问题在明代本身就已经成为问题了，如明成祖基于武力夺权这一行为的合法性的需要对《太祖实录》所进行的篡改，此即所谓“三修《太祖实录》”。［（明）郑晓：《今言》，中华书局 1997 年版，第 7 页。］以及晚明以来由于党争所引起的种种“立案”“翻案”等问题，此即黄宗羲《汰存录》一书之所作也。［（清）黄宗羲：《汰存录》，载《黄宗羲全集·第一册》，浙江古籍出版社 2005 年版，第 330—340 页。］

公开之处甚多，官书数遭删削，抹杀实状，真相难明”[①]。这使得清代士人们无法进一步通过研究明史从而获得新的治乱存亡的经验。更为关键的是，尽管在现代史学家们看来，明清之际是中国历史的一个重大转折期，含有“近代性”的因素，但是由于清政府的漠视与打压使得这一转折遭受了毁灭性的打击。[②] 一方面，从“民族生命”的角度，“满清入关，民族生命遭受极大之曲折。民族生命受曲折，文化生命亦不得不受曲折。诸儒（此处指明末清初顾炎武、黄宗羲、王夫之）之正大而健康之理想遂遭堵塞而不能续”[③]。另一方面，从“社会发展”的角度，“17 世纪满族入主中原确实是中国的倒退……新王朝最大的过错是过分承袭前朝，完全漠视了黄宗羲、顾炎武等思想家对明朝的批判”[④]。

近年来，有关满族入关对中华帝国晚期的“巨大影响”的研究在西方（尤其是美国）汉学界引起了极大的关注。[⑤] 有学者在比较了与明清之际同期的欧洲的情况之后认为：“明清之际的中国与同时代的欧洲经历着相似的情况，即经济问题与社会动荡导致了政治领导阶级的‘危机’……这场危机在欧洲与中国所起的效果是不同的。在欧洲，伴随着不同于以往的国家形态的出现，欧洲进入了启蒙时代。而在中国，满族统治者则完美地再次复制了明代的政治体制，那一个罕有地关心地方利益和不平等，并进一步威胁到国家体系的原子化的社会，又一次变得规范了。”[⑥]

---

① 胡健国：《清代满汉政治势力之消长》，“国立”政治大学博士学位论文，1977 年 6 月，第 23 页。

② 当然，也有完全相反的意见，认为“以清代明，不是历史的倒退，而是历史的前进”。（陈祖武：《清初学术思辨录》，中国社会科学出版社 1992 年版，第 9 页。）但是作者仅以清朝有限地消解了明末之弊政为依据，而不是以更深层次地解决明清帝制中国的体制性问题为着眼点，实在不足为法。而且，甚至还有学者认为朱元璋所所建立的明朝“对于农业收入的倚重标志着倒退。”（［美］芮乐伟·韩森：《开放的帝国：1600 年前的中国历史》，江苏人民出版社 2007 年版，第 350 页。）更不用说在经历了近三个世纪之后，再次全面承袭明初体制的清代了。

③ 牟宗三：《政道与治道》，“台湾学生书局”1991 年版，第 199 页。

④ 黄仁宇：《十六世纪明代中国之财政与税收》，生活·读书·新知三联书店 2001 年版，第 427 页。

⑤ 参见［美］柯文《在中国发现历史：中国中心观在美国的兴起》，中华书局 2002 年版，第 208 页。

⑥ Harriet Zurndorfer, “Reviewed: From Ming to Ch'ing: Conquest, Region, and Continuity in Seventeenth Century China” *T'oung Pao* 通报, Vol. LXⅧ, 1982, pp. 164 - 165。

可以看出，清政府有关明史研究的打压政策的影响极为深远，“一般来说，明史研究在清代遭受挫折，其影响几乎一直持续到20世纪中叶。只是在最近数十年，明史作为中国历史上的一个关键时期才在中国、日本和西方引起应有的注意”①。直到1982年，仍然有学者在担忧明史研究所遭遇到的冷淡局面。② 而此时的西方学界却已经随着他们对于中国历史研究视野的放宽以及问题意识的转移而日益重视明史（尤其是“晚明史”）的研究了。③ 当然，1911年之后的明史研究之所以没有迅速升温，关键问题已经不在满族，而在于对于此时的中国人而言，来自西方的挑战而不是中国本身的历史成为当时人们最为关心的问题。尤其是由于中国学者们受到了德国历史学观点的直接影响④，因此，黑格尔等人所提出的“中国没有历史”⑤ 的论断或许也从理论的层面上打击了中国学者们对于属于“传统”范畴的明史的研究。此外，整个西方学界认为中国处于“停滞状态”之中的观点也使人们忘记了其内在变迁的价值与意义。⑥

---

① ［美］牟复礼、［英］崔瑞德编：《剑桥中国明代史》，中国社会科学出版社1992年版，第833页。

② 参见陈进传《明史地位及其研究意义——代序》，载吴智和主编《明史研究论丛·第一辑》，大立出版社1982年版，第1页。

③ 西方学者认为，追问“为什么中国在回应西方的过程中失败了”这样的问题，使西方学者们忽视了明代历史的重要性，这一状况于20世纪80年代以来已经开始得到改变。（Joanna F. Handlin, *Action in Late Ming Thought*, Berkeley: University of California Press, 1983, “Preface”, pp. 4–5.）

④ 有学者注意到，20世纪初的中国学者们在“重写中国历史”时，非常明显地受到了德国“历史主义”观点的极大影响。德国曾经远远落后于同属欧洲的英国、法国，而且部分领土被法国所占领的事实，极大地刺激了德国思想家进行不同于英法的历史学努力，这无疑与1840年以来中国历史极其相似。因此，中国学者接受德国学者的观点有其内在的原因。（Xiaoqing Lin, “Historicizing Subjective Reality: Rewriting History in Early Republican China”, *Modern China*, Vol. 25, No. 1, Jan. 1999, pp. 3–5.）

⑤ 黑格尔认为：“（在中国）那种不断重复出现的、滞留的东西取代了我们称之为历史的东西。”（［德］黑格尔：《东方世界》，载［德］夏瑞春编《德国思想家论中国》，江苏人民出版社1995年版，第114页。）

⑥ 直至现在，尽管通过改革开放，中国人自己认为发生了巨变，但西方学者仍然有理由认为当前的中国“也许发生了许多改变，但从外部看来，仍然没有太大的变化：这个国家仍然保持着同样的基础建制，同样的执政党，同样的为了独裁的意识形态所做出的带有修辞色彩的承诺”。（Sophie Richardson, “Self-Reform Within Authoritarian Regimes: Reallocations of Power in Contemporary”, Edited by Yang Zhong and Shiping Hua, *Political Civilization and Modernization in China*, Hackensack and London: World Scientific, 2006, p. 150.）

因此，对于现在的研究者而言，如何在超越于满族的种族政策与西方的殖民主义观念之上，重新确立明史尤其是明代政治史的研究方向，以期明了中国政治史自身发展、演变的方式与路径，无疑成为一个重要的问题，毕竟，1911 年以来的整个中国史仍然无法脱离于中国固有的问题之外得以展开。[①] 本书关于儒家思想与明代政治转型的路径的探讨，也就是希望从中找出中国的政治运行中所面临的固有问题及其可能的解决方案。

具体而言，本书将主要讨论以下主题：

第一章　铁血与斯文：明代政治运行的传统渊源。明代政治变迁对于中国政治史的自我展开与转向有着极其重大的意义，深远地影响到了此后中国政治体制的建构与运行。明代立国者们在建立政治体制的过程中，参照了当时中国社会与思想中存在着的三大政治传统：蒙古传统、民间传统、儒家传统。蒙古传统立足于种族歧视基础上的分而治之的政治理念，使得朱元璋建立起了特务机构“锦衣卫”，蒙古军队中的世袭制使得明代建立起了世袭的卫所制与军户制；民间传统中所存在的对于士绅阶层的普遍敌视与不信任，使得朱元璋试图成为百官的监工，无法像宋太祖那样优待儒士并“与士大夫共治天下”；儒家传统中蕴含着的王道政治与仁政理念，则赋予了明王朝以正统性与合法性。

第二章　社会变迁与制度调适：明代一元专制体制的建立与崩溃。明初，朱元璋通过严刑峻法与政治高压建立起了“皇帝一元专制”政治体制。朱元璋死后，建文帝在方孝孺、黄子澄等儒生的辅助下推行改革，意欲复古，但很快被明成祖朱棣以武力推翻，改革失败。此后，随着时间的推移，明代社会不断扩大、权力逐渐下移、经济迅速发展、思想高度活跃，明初所建立起来的一元专制体制逐渐瓦解，出现了诸多新的发展趋势与特征。这个时代的特征不仅引起了西方早期传教士的关注与记述，从而进一步影响到了当时的西方历史进程，甚至被现代的研究者们赋予了“启蒙时代”“资本主义萌芽”“基调转换”等称谓，可见，明代中晚期的政治运行过程中经历了令人瞩目的变迁与转型。

---

① 有学者认为，不论孙中山、蒋介石、毛泽东等领导人个人的计划如何，但他们都在应对同样的一些问题。(Theodore Herman，“Group Values toward the National Space：The Case of China”*Geographical Review*, Vol. 49, No. 2, Apr. 1959, p. 182.)

第三章 心学运动及其修正：明代政治转型的思想先锋。王阳明所开启的心学运动是明代政治变迁与转型的思想先锋。王阳明并未直接挑战既定的政治权力与政治秩序，而是一改宋明理学以“教化皇权”为己任的政治上行路线，将论说对象由皇帝转向普通百姓，提出了“满街皆是圣人”的主体自足性理念，消解了外在政治权威与道德权威对个体生命的限制与压制。阳明之后，以泰州学派和李贽将阳明学所蕴含的反逆精神与批判意识发挥到了极致，他们通过讲学、建立同志会、乡会、书院等方式，极大地影响到了明代的社会、思想与政治格局。阳明后学的异端思想受到了东林党人的严厉批判与修正，为了重新确立明代政治的威严与清明，他们重新强调个人道德与经世致用的重要性。

第四章 内阁宰相化运动：应对变局的体制性努力。为了有效治理庞大的帝国，明代通过科举考试建立起庞大的文官系统。但朱元璋取消宰相制度的决定，导致这个庞大的文官系统成了一个“缺乏首领”的组织，不得不面对由这一宪政缺陷而引发的诸多困境。为了填补权力的真空，皇帝、宦官、内阁大学士、六部官员、言官等各方势力之间，进行了长时间的博弈。张居正等人发起的“内阁宰相化运动”，就试图集中权力于内阁，从而重新实现文官体制的完整性，但是，张居正终究无法改变朱元璋所确立的政体，他的改革的所有成果都随着他的去职而烟消云散。最终，明代步入愈演愈烈的“党争”之中。

第五章 东林运动：应对变局的知识性努力。与张居正试图重新强化以内阁为中心的“自上而下”的中央集权体制不同的是，东林党人所期望建立的是一个以言官与士绅为中心的“自下而上”的带有分权意味的政治运行体制，他们坚决抵制张居正的诸多政治理念与行政方式，逐步确立起自己的政治路线。东林党人一方面希望能够通过广开言路、遵守他们所认可的政治成宪的方式，在中央政府的层面上制衡皇权；另一方面，他们还积极扩大地方政府与地方士绅们在政治、经济与言论等方面的自治权。东林党人虽然取得了舆论上的优势，但并不能在现实的政治运行中取得成功，反而陷入了持续不断的党争之中，这也引起了同时代有识之士的批判与修正。

余论 黄宗羲《明夷待访录》的突破与启示。黄宗羲对有明一代政治史的演进过程有着极具洞察力的分析与思考，并得出了完全不同于明太祖朱元璋以及清朝统治者的观点与思路。在肯定、借鉴了晚明以来的政治、思想等方面的“新”的传统的基础上，黄宗羲从中央到地方重新建立起一套不同于以往的“权力网络”，为我们展示了帝制中国最值得期待的政治改革方案。然而，黄宗羲与明末士人们的政治改革方案在遭受了异族统治者的长时间忽视后，又在西方的强势文化下继续被忽视。

综上所述，从明代政治转型所遭遇到的不同的路径选择中可以看出，中国政治史的发展与演进过程，有着自己的独特性与逻辑性。在遭遇到西方入侵之前的明中晚期，中国人就已经在努力寻找一条构建一个具备良性运作能力的新的政治制度与政治格局的途径，并取得了一系列的成就与经验。然而，清朝统治者回归明初之制的政治思路，终结了这一历史进程，直到被西方强势文化所败之后，这一历史进程方才再次启动。换言之，明代中晚期的政治转型趋势，是近现代中国大转型的内在逻辑与历史渊源。当代中国的政治转型与政治发展之中，依然可以看到始于明代的这一历史进程的痕迹，因此，当代中国完全能够在有效借鉴明代中国与近现代西方两大传统资源的基础上，实现政治转型，开创出一套属于自己的政治体制与政治运行方式。

第一章 铁血与斯文：明代政治运行的传统渊源

有明一代政治运行中所依据的主要制度渊源与运行传统，大多来自明初以明太祖朱元璋为首所建立起来的帝国体制。

在大明帝国得以建立的过程中，当时中国的社会结构与政治观念之中所存在着的各种传统资源诸如异族传统、民间传统、儒家传统等，都在发挥着重大的影响。这些相互之间存在着矛盾与冲突的不同传统的存在，一方面为明代立国者们提供了可供借鉴与利用的传统资源，但是也让这个帝国的建立显得缺乏连贯性，既没有形成一以贯之的意识形态，也没有建立起成熟稳定的制度框架。因此，直到朱元璋于 1368 年被拥戴为皇帝时，明朝仍然处于一种奇特的状态之中："已征服了中国，但尚未建立起明确的实体。他从一个叛乱运动中产生；这个叛乱运动的基础是中国的秘密会社传统和外来的宗教形式。在反叛元帝国的时候，它在某种程度上采用了世袭的和穷兵黩武的蒙古人和色目人统治阶段的世界观。只是在后来它才想到要争取文人学士，才对儒家传统让步。这三个传统之间的紧张关系仍需要时间来加以解决。"① 可以看到，源自民间、蒙古、儒家的不同传统，成为明代意识形态与政治体制得以确立的不同的渊源所在。明帝国立国之初所面临着的这样三种并不一致，甚至相互冲突的传统政治资源，都被立国者们有意无意地吸纳进了明代政治体制的构建与运行之中，因此，如何在这些并不兼容的传统之中寻求妥协与融合，就成为明初政治的独特性所在。

---

① ［美］牟复礼、［英］崔瑞德编：《剑桥中国明代史》，中国社会科学出版社 1992 年版，第 107—108 页。

第一节　蒙古传统：武力征服与种族隔离

公元1279年（南宋祥兴二年、元至元十六年）正月，南宋王朝最后的军队与南下的蒙古铁骑在崖山海域展开历时20多天的大海战，最终宋军全军覆没，时任左丞相的陆秀夫负少帝投海而亡，从者数千人。南宋至此灭亡。这是中国历史上一个标志性事件，后代带有民族主义情绪的史家们往往以“崖山之后无中国”作为对这一事件的总结。事实上，在此前的中国历史中，也有因民族大迁徙而形成的异族政权，如五胡乱华所导致的华夷分治，甚至也有北部被辽、金武力征服所建立起来的异族政权，但无论如何，即使是汉人朝廷只能偏安于江南一隅，汉族终究没有被作为一个整体被异族所完全征服、奴役的历史，从而能够在南方保留住自己的一系血脉，更重要的是入侵的异族政权也往往被中华文化所吸引，慢慢融入了华夏族之中。[1] 然而，崖山之后，汉族作为一个整体被来自北方的蒙古族彻底征服，而征服者所建立起来的新王朝并没有像此前的其他异族政权那样，尊重汉人的政治传统与高度文明，也无视汉人儒生士大夫们的社会地位与政治理想，他们完全按照蒙古人自己的传统进行统治，并实行了种族隔离与种族歧视政策，从而使汉族丧失了自己的民族独立性与民族自尊心。生活于这个时代之中，“中国的汉人第一次遭受了各级社会的普遍分裂与破坏。同样是第一次，汉人的精英分子除少数人外都被排除在了政府部门之外”[2]。

元朝的建立与存在对于自古以来由汉族王朝所构建的政治文明与政治传统而言，无疑是一个毁灭性的打击。此后重新由汉人执政的大明帝国以及由异族执政的大清帝国就是建立在这样一个不同于以往的统治基础之上，日渐僵化的正统思想与日渐保守的政治生活方式，成为元明清三个朝代的某种共性。[3] 此后帝制中国的政治传统中所体现出来的种种

---

① 参见胡健国《清代满汉政治势力之消长》，“国立”政治大学，博士学位论文，1977年6月，第1—2页。

② ［德］傅海波、［英］崔瑞德编：《剑桥中国辽西夏金元史》，中国社会科学出版社1998年版，第42页。

③ E. A. Kracke, JR.，“The Chinese and the Art of Government”, Edited by Raymond Dawson *The Legacy of China*, New York, Oxford University Press, 1964, pp. 314 – 315.

问题，与华夏上古的圣王、三代之治，甚至与汉唐宋诸王朝的施政方式都有着极大的不同。

元明清三代的统治者，或许各有差异，但是，有一点无疑是共同的，那就是，他们都逐渐放弃了宋代“与士大夫共治天下”的文治传统，而倾向于依赖武力与暴力维持统治。元以后的统治者，不仅在打天下时都是以武力征服作为唯一手段，即使在和平年代，也会通过诸如种族歧视、种族隔离、特务统治、廷杖、文字狱等暴力方式维持朝廷与国家的秩序，本来只是言语不合所引发的政治斗争往往以血雨腥风作为最终结果，导致了一系列恶性循环状况。从这个意义上讲，这或许也是后代史家们会有“崖山之后无中国”这一感慨的根源所在。蒙古人的武力征服正是此后中国逐步走向极端专制、封闭自大的政治格局的始创者，同时也是此后中国的政治规则与政治运作逐步走向无妥协的建立在“铁与血”基础上的对抗政治的开端。

元代政治合法性的来源中所强调的以力服人而不是以理服人的状态，日渐成为中国政治运行过程中的内核所在。此即黄宗羲所谓“顾后来元明之开创者，不可称不嗜杀人，而天下为威势所劫，亦就予一，与秦隋无异，未尝不延世长久。盖至此而天道一变矣，遂不得不有逆取顺守之说。此尚论者之所痛心也”①。自此以后，以武力征服获取帝国政权的方式也成为中国政权更迭的唯一途径，并且不断被征服者进一步强化为统治的手段，所谓“自十三世纪以后，中国所有的王朝都是在征服的基础上建立起来的：既没有宫廷政变，也没有禁军的反戈，有的是大规模的征战。所有这些用征服方式建立起来的政权，就其本质而言，都是通过军事手段而强加到全国老百姓头上的”②。

既然政权的合法性来源已经转向纯粹意义上的武力征服，那么，建立帝国之后的政治合法性的维系、强化、转移等，都需要进一步的武力炫耀以及随之而来的血的代价。因此，尽管日本学者内藤湖南认为不能过低地评价元代的作用，并认为“中国的历史学家多数是纯粹的汉族人，在写历史时采取的是对蒙古人没有从设身处地的角度考虑的写法。

① （清）黄宗羲：《孟子师说·卷一》，载《黄宗羲全集·第一册》，浙江古籍出版社2005年版，第51页。

② ［美］孔飞力：《叫魂：1768年中国妖术大恐慌》，上海三联书店1999年版，第67页。

即使元世祖这样一位仁义大度的君主，也被罗列出诸如课重税、乱花钱、对外侵略等缺点。历史学家只从消极的一面看蒙古的政治。因为历史学家都出自读书阶层。即使在元代，除读书人阶层以外的多数人，并不认为蒙古式的政治全都不好”[①]。诚然，在如何对待元代的统治这一问题上，宋、元鼎革后，尤其是元末明初与明末清初两个关键时期，都曾在中国士人们中间引起过广泛的争论，在这些争论中，中国的历史学家们也并没有像内藤湖南所言“只从消极的一面”看待元代的统治，如明初官修《元史》就已经从官方的角度上认可了元代的正统性。而明亡后，仕清的钱谦益、吴伟业等人更是认为元代宽松、自由的政治与法律促进了文学的发展。而且，在元代体制下文人的生存环境比在明代体制下的要好很多。[②] 但是，对于被征服者的大多数中国文人而言，对元代的统治进行激烈的批评既是情理之中的，也是事出有因的。

作为异族统治者，蒙古人在其统治过程中所出现的以下状况，引致极为直接、激烈的批判。

第一，夷夏问题，在极其讲求“夷夏之防”与民族独立的儒生士大夫们看来，蒙古人以异族统治华夏族本身就是一个令人难以接受的问题，此即王夫之所谓“天下之大防二：中国、夷狄也，君子、小人也”[③]。而元末明初的朱元璋等人也明确提出了“驱逐胡虏，恢复中华”的民族概念，作为动员汉族人反抗、驱逐蒙古统治的精神支柱所在，可知蒙古人作为异族统治汉族人，确实是一个难以让人释怀的问题。这样一种族性问题，在此后中国政治史中，成为一个难以绕过的历史命题。事实上，作为驱逐异族的明太祖朱元璋，甚至在近600年后的中华民国初期，成为同样具备民族主义气质、实现了驱逐异族的革命党人所尊崇的对象，孙中山就曾于1912年重新确立了在清明节期间祭扫位于紫金山的明太祖陵墓的官方仪式，此后，国民党主政期间的南京政府，每年都会以政府的名义，祭扫明太祖陵墓，以及作为民国肇始者孙中山本人

---

① ［日］内藤湖南：《中国史通论：内藤湖南博士中国史学著作选译》，社会科学文献出版社2004年版，第479页。

② 参见 John D. Langlois, Jr, “Chinese Culturalism and the Yuan Analogy: Seventeenth-Century Perspectives” *Harvard Journal of Asiatic Studies*, Vol. 40, No. 2, Dec., 1980, pp. 369 – 370。

③ （清）王夫之：《船山遗书·第五卷》，北京出版社1999年版，“读通鉴论·卷十四”，第3020页。

的陵墓。①

第二，种族歧视问题，蒙古人不仅自身身份已然是一个异族统治者的状态，更为重要的是，蒙古人自己甚至进一步强调、强化了这一身份之别，在其统治期间推行了明显带有“种族歧视”意味的政策，汉族人（无论是汉人还是南人）处于整个社会阶层的最底端，遭受到了种种不公正的待遇，这一政策上的做法，或许是引起汉人士大夫们极度反感的主要原因，此即黄宗羲所谓“元之法律曰：‘蒙古人殴汉人，汉人勿得还报，蒙古人殴死汉人者，断罚出征。’彼方以禽兽加之人类之上，何尝以中国之民为民乎？”② 在这样的政治格局之下，汉族政治传统中所谓“普天之下”的普适性政治概念被“一族之天下”所取代，而所谓“君民一体”“民胞物与”之类的政治理想，更是遭遇到了彻底颠覆，如此这般，蒙古人的统治遭受到猛烈攻击，也是情理之中的事情。

第三，治理方式问题，元代立国者本就是北部草原上的游牧民族，在文化、制度、典章、器物等方面，远逊于中国，更何况，被其所征服的南宋，无论政治、经济、文化、技术等各个方面，都处于一个非常先进的状态，维持了长时间的稳定与和平。③ 取而代之的蒙古人以武力征服天下，又以武力守之，忽视了此前汉族王朝在文化、制度、礼仪等方面所建立起来的悠久而完备的传统，这也是汉族士大夫们所极为不屑之处，元代在制度、礼乐等方面的愚昧与无知，甚至遭到了朱元璋的以下嘲讽：“（元）世祖虽能立国，而制度甚疏阔，礼乐无闻，故政事不及汉唐，况能复古乎！”④ 在这个意义上，尽管陈顾远认为“中国法制史之最大变动，不外秦也，莽也，北宋也，清末也。四者而已。”⑤ 但元明之际的法律变迁同样是值得我们关注的另一种意义上的大变动。事实

---

① 参见 Rebecca Nedostup, “Two Tombs: Thoughts on Zhu Yuanzhang, the Guomingdang, and the Meanings of National Heroes”, Edited by Sarah Schneewind *Long Live the Emperor! Uses of the Ming Founder across Six Centuries of East Asia History*, Society for Ming Studies, Minneapolis, 2008, pp. 355 - 390。

② （清）黄宗羲：《留书·史》，载《黄宗羲全集·第十一册》，浙江古籍出版社 2005 年版，第 12 页。

③ 参见 E. A. Kracke, Jr., “The Chinese and the Art of Government”, Edited by Raymond Dawson *The Legacy of China*, New York, Oxford University Press, 1964, p. 314。

④ 《太祖实录·卷六十二》，载李国祥、杨昶主编《明实录类纂·宗藩贵戚卷》，武汉出版社 1995 年版，第 4 页。

⑤ 陈顾远：《中国法制史概要》，三民书局 1964 年版，第 20 页。

上，如果我们将《唐律疏议》《唐六典》《宋刑统》与元代《通制条格》放在一起进行比较的话，就可以看出，与唐宋法典相比，元代法典更像随意编凑而成，根本没有系统性，也没有严谨性。许多的内容都直接来自皇帝的圣旨、上谕，而不是来自上古以来的政统、道统、法统与学统。[①] 这样一种具备随意性的统治方式，无疑也是元代未能有效控制、治理其帝国的核心所在。

至此，我们大致可以看出，取元而代之的大明帝国所承继的是一个完全不同于以往汉族王朝所建构起来的政治、军事、社会体系。因此，尽管有现代学者将元代灭亡的原因归结为不同于传统儒家观点的“自然灾害说”[②]，但是，蒙古统治者对于中国人而言，无论其种族、语言、风俗、习惯、文明、制度等各个方面都是一个真正意义上的“异类”。蒙古人自己对这一身份的强化与固化，进一步促进了其自我覆灭的命运，“（尽管）蒙古人很快成功地确立自己的合法统治地位，但他们难以在中国建立秩序。在这个朝代的大部分时间内，民间武装和官府周旋，最终民间武装队伍发展壮大，以至能推翻蒙古人”[③]。而元末明初儒生们对于元代政治的反省，最终导致了“民族主义”的兴起，并促使朱元璋等开国者日渐放弃元代的传统而向一个更为久远的以儒家为代表的传统靠拢。“朱元璋对身为汉人感到极为自豪，他强烈地意识到被自己打败的是异族王朝，因而将从前伟大的本族朝代视为楷模。”[④]

不过，虽然明代立国者们有意识地以民族主义为自己的精神支撑，并在政治传统与政治文化方面向元代以前的传统靠拢，但对于明代以及以后的中国而言，元代制度的影响是不可忽视的。但是，这一影响的深度与广度，往往被后来的学者所忽视，如现代学者认为：“元代体制对于明代系统的影响在很大程度上被清代的学者甚至现代的学者们所忽视……蒙古人的制度深远地影响了此后中国的历史，这种影响一直到现

---

① 参见《唐律疏议》《唐六典》《宋刑统》《通制条格》，四部法典均载于萧榕主编的《世界著名法典选编·中国古代法卷》，中国民主法制出版社 1997 年版。

② ［德］傅海波、［英］崔瑞德编：《剑桥中国辽西夏金元史》，中国社会科学出版社 2006 年版，第 590—591 页。

③ ［美］芮乐伟·韩森：《开放的帝国：1600 年前的中国历史》，江苏人民出版社 2007 年版，第 331 页。

④ 同上书，第 350 页。

在还存在。”①

元朝的影响部分地体现在了明初所建立起来的政治制度上，如左右二丞相制度的确立②；以及行政制度上，如户籍制度的推行③；尤其集中地体现在整个军事制度上，如卫所制度④、军户世袭制度⑤的设置等。事实上，朱元璋立国之初对元代体制的吸纳，也成为黄宗羲在《明夷待访录》中全面地批判明代政治、法律体制的一个主要立论点所在。⑥

以军事制度为例，明代的卫所、军户世袭制度，其实杂糅了唐代府兵、元代军户世袭两种制度，但是，这样一种杂糅的军事制度，却产生了悲剧性的结果：“这种把世袭军官、世袭士兵和军事管理下的农田结合起来的办法是不适合中国社会的性质的，而且在军事上也是无效率的。它到头来摧毁了这整个制度的军事性质。”⑦ 到明中晚期，卫所制度已经徒有其表，完全不能履行其职责与使命，如明末黄宗羲通过比较唐代与明代的兵制后，直接指出：“有唐府兵之制，称为甚善。然本朝设立卫所，其意一也。”但唐中期以后，府兵之制就已经出现了极大的问题，而明代卫所制度，更是导致了“是以一天下养二天下之兵”的荒谬格局，从而发出了“是故天下之害，未有盛于卫所者也”⑧ 的感叹。至于军户世袭制度，更是体现出元代蒙古人的统治方式所具备的独特性，很显然，元代统治者所实行的军事制度并不适合中国的社会状况与经济结构，其制度本身就存在着严重问题，“正军、贴户制的成立，

① Wolfgang Franke, “Reviewed: Chinese Government in Ming Times: Seven Studies” *T'oung Pao* 通报, Vol. LX, 1974, p. 196。

② 参见王其榘《明代内阁制度史》，中华书局 1989 年版，第 1—2 页。

③ 参见于志嘉《明代军户世袭制度》，“台湾学生书局” 1987 年版，第 47 页。

④ 参见 Romeyn Taylor, “Yüan Origins of the Wei-so System”, Edited by Charles O. Hucker *Chinese Government in Ming Tines*, New York and London: Columbia University Press, 1969, pp. 23 – 40。

⑤ 参见于志嘉《明代军户世袭制度》，“台湾学生书局” 1987 年版，第 141 页。

⑥ 参见 Jiang Yonglin, “Denouncing the ‘Exalted Emperor’: *Huang Zongxi's Uses of Zhu Yuanzhang's Legal Legacy in* Waiting for the Dawn”, Edited by Sarah Schneewind *Long Live the Emperor! Uses of the Ming Founder across Six Centuries of East Asia History*, Society for Ming Studies, Minneapolis, 2008, pp. 245 – 273。

⑦ ［美］牟复礼、［英］崔瑞德编：《剑桥中国明代史》，中国社会科学出版社 1992 年版，第 115 页。

⑧ （清）黄宗羲：《留书·卫所》，载《黄宗羲全集·第十一册》，浙江古籍出版社 2005 年版，第 7—8 页。

人为因素大于自然因素。也就是说，这个政策之所以能够成立，大部是凭借了异民族征服王朝从上而下的压力，并且是在忽视中国社会结构的情况下被完成的”。而明代在很大程度上延续了这一制度，但是，随着社会的进一步分化，以及货币经济的发展，相关缺陷“终成为明代卫所军制的一大致命伤”①。

有关元代传统所带来的消极影响的论断，在明代就已经出现了，如明代士人就曾强调“肇自胜国，上下之隔久矣”。而明代对这种状况的延续导致了以下政治格局：“三代以下待臣之礼，至胜国极轻，本朝因之，未能复古。”② 对于元代带给明代政治的灾难性转变，作为后来者的黄宗羲进行了更为直接的批判：“夫古今之变，至秦而一尽，至元而又一尽。经此二尽之后，古圣王之所恻隐爱人而经营者荡然无具。”③将“蒙元”与“暴秦”对称，无疑体现出士大夫们对于元代政治的厌恶与痛恨。

在这里，需要引起我们注意的问题则是：到底元代的哪些作为违反了古圣王之道呢？对于尊崇儒家传统的儒生士大夫而言，蒙古传统中所体现出来的以下特性与因素，无疑违反了古圣王之道：

第一，强调以力服人而不是以理服人。此即黄宗羲所谓“顾后来元明之开创者，不可称不嗜杀人，而天下为威势所劫，亦就予一，与秦隋无异，未尝不延世长久。盖至此而天道一变矣，遂不得不有逆取顺守之说。此尚论者之所痛心也”④。中国的政治传统，自此以后，逐渐从遵循“道统”的文治状况，转向依靠暴力为后盾的高压政治。

第二，不能与士大夫共治天下。虽然先后亡于金、元的宋代政治常常被后人批判、指责，但是，正如顾炎武所指出的，宋代政治体制中，仍然有诸多值得后代效仿的积极性所在：“宋世典常不立，政事丛脞，一代之制，殊不足言。然其过于前任者数事……不杀大臣及言事官，四

① 于志嘉：《明代军户世袭制度》，“台湾学生书局”1987 年版，第 24—26 页。

② （明）于慎行：《穀山笔尘》，中华书局 1997 年版，第 10、27 页。

③ （清）黄宗羲：《明夷待访录·原法》，载《黄宗羲全集·第一册》，浙江古籍出版社 2005 年版，第 7 页。

④ （清）黄宗羲：《孟子师说·卷一》，载《黄宗羲全集·第一册》，浙江古籍出版社 2005 年版，第 51 页。

也。此皆汉、唐之所不及，故得继世享国至三百余年。”[①] 王夫之亦称：“自太祖勒不杀士大夫之誓以诏子孙，终宋之世，文臣无欧刀之辟。”[②]然而，这一“盛德”经元代的摧毁，到明代时已消逝无闻了，与宋代士大夫相比，有明一代士大夫的处境可谓悲壮而凄凉。

第三，不重儒术。“元代不重儒术，延佑中始设科取士，顺帝时又停二科始复。其时所谓进士者，已属积轻之势矣，然末年仗节死义者，乃多在进士出身之人。”[③] 自汉武帝“独尊儒术”开始，中经隋唐确立科举制度，到宋代时，以科举选取儒生士大夫治理国家，达至巅峰状态。整个汉族王朝的长治久安与日常治理，都建立在儒学与儒生的基础上，元代放弃儒学与儒生的结果，无疑颠覆了以往王朝的统治基础与行政惯例。

第四，一官二职。蒙古人以异族统治汉族人，又实行了种族歧视的政策，这就使得他们在政治制度的建构中，同样考虑到了种族的问题，“忽必烈及其谋臣们视蒙古治下的汉人和非汉人为两重隔离的社会。他们对此沿用辽朝两面官政体的先例……他们在所有职位上都设一位非汉官和一位汉官，二人协力进行管理”[④]。从某种意义上，这是对于汉人士大夫极度的不信任，通过这样的方式，从族群的角度，对汉族官员进行了严格的控制。

第五，任用吏胥。“汉人学者对元代吏员的指责是十分强烈的。他们敏感地将官僚机构各种各样的失职无能都归咎于此。虽然元代的吏员不是文盲，但他们通常仅有十分有限的儒学修养，往往用法律方面的知识而不是伦理道德来处事。”[⑤] 对于极其讲究出身的士大夫而言，重用吏员，本身也是对儒学与科举制度的藐视与侵犯。

---

① （清）顾炎武著，黄汝成集释：《日知录集释》，花山文艺出版社 1990 年版，第 714 页。

② （清）王夫之：《船山遗书·第五卷》，北京出版社 1999 年版，“宋论·卷一”第 3353 页。

③ （清）赵翼著，王树民校证：《廿二史札记校证·卷三十》，中华书局 2005 年版，第 705—706 页。

④ ［美］芮乐伟·韩森：《开放的帝国：1600 年前的中国历史》，江苏人民出版社 2007 年版，第 330—331 页。

⑤ ［德］傅海波、［英］崔瑞德编：《剑桥中国辽西夏金元史》，中国社会科学出版社 2006 年版，第 601 页。

此外，我们还能举出蒙古人所执行的诸如“种族歧视”“尚武轻文”“践踏礼乐”等政策作为违反儒家传统中所重视的先王之治的理由。

元代所建立起来的这些不同于以往汉族王朝的政治制度，充分体现了异族征服者以武力征服天下，并以武力实行统治，所导致的以下趋势：“中国的历史发展，中央集权有愈演愈烈之势，征服王朝使此一潮流加速进行，至清而达极端，君权的绝对化亦有类似情形。客观环境的形势使然，征服王朝必须重视统治的效率，为了控制新获得的土地和人民，统治阶级内部不容许分权的存在影响到中央政府的统治能力。”① 这样，以武力征服为背景、以异族皇帝为中心所构建起来的统治集团，越来越作为一种脱离于民间，甚至脱离于文官集团之上的“监督者”而不再是“守护者”的角色，以“武力”而不是“礼仪”为手段进行统治，以应对以往汉族王朝所未曾面对的复杂格局，“对于清王朝来说，如同走在它前头的十三世纪的蒙古人一样，征服者的异质文化使问题变得更为复杂了”②。为了改造汉族人的民族性与文化认同，异族统治者通过极其残暴的方式，力图消解被征服者的抵抗意志与独立精神，如清朝的“留头不留发，留法不留头”政策所体现出来的恐怖气息那样。事实上，这一情况在此前的中国北方就已经出现了，“正像其满洲后裔在几百年后所做的那样，女真征服者对占领区实行严酷统治，强迫被征服者停用汉人衣冠，要么接受女真发式，要么面对死亡的刑罚”③。而蒙古人更是直接通过种族歧视的方式，将汉族人放置于整个政治与社会的最底端，剥夺了其作为一个正常百姓的权利与尊严。

毫无疑问，不断的武力征服与异族统治带给中国政治的影响是深远而具体的，尽管明代是重归汉族人所领导的王朝，但我们从明代的政治运行中可以看到，明代皇帝们依然通过“秘密警察”“宦官集团”“特务机构”等脱离于普通百姓与文官集团之上的建立在“暴力”而不是

① 胡健国：《清代满汉政治势力之消长》，台湾政治大学，博士学位论文，1977 年 6 月，第 28 页。

② ［美］孔飞力：《叫魂：1768 年中国妖术大恐慌》，上海三联书店 1999 年版，第 67 页。

③ ［美］刘子健：《中国转向内在：两宋之际的文化内向》，江苏人民出版社 2002 年版，第 48 页。

"文治"基础上的特殊群体进行着绝对的专制统治。明代使用如此统治手段，很大程度上就来源于此前元代基于不信任汉族士大夫、不尊重被征服的汉族人，所实行的"一官二职""异族统治""种族歧视""重文轻武""崇尚暴力"等统治方式，从而与汉、唐、宋以来的"文官政治""与士大夫共治天下"等传统相去甚远。[①] 事实上，朱元璋的统治较之蒙古人，甚至更为严酷，就连后人所认可的"元政宽松"这样的积极评价，也被朱元璋所厌恶、抛弃，从而推行以严刑酷法治国的策略，如洪武二年，"上询以元政得失，马翌对曰：'元有天下，以宽得之，亦以宽失之。'上曰：'以宽得之，则闻之矣；以宽失之，未之闻也。夫弦急则绝，民急则乱，居上之道，正宜用宽。元季君臣耽于逸乐，驯至沦亡，失在纵驰，实非宽也。大抵圣王之道，宽而有制，不以废事为宽；简而有节，不以慢易为简；施之适中，则无弊矣'"[②]。从后来朱元璋的施政过程中，我们无疑可以看到，朱元璋通过锦衣卫、"大清洗"等方式，彻底倒向了严酷的治理方式之中。

明代宦官政治的极盛时期，也恰恰出自这种暴力与隔离相呼应的政治形态。明代宦官之祸害可谓空前绝后，此即学者所谓的"宦官无代不能为患，而以明代为极甚"[③]。但是，正如有学者注意到的，黄宗羲、顾炎武、唐甄等人在反思明代宦官所造成的祸害时，都将矛头对准了皇帝制度而不是宦官本身。[④] 宦官权力的扩大，一方面在于皇帝治理国家需要助手，但又不信任自己的文官集团，因此，身边的宦官就是唯一可依靠的对象；另一方面在于皇帝将天下当作"家产"，利用作为"家奴"的宦官干预朝政，其实与蒙古、满族等异族统治者所实行的"一官二职"有异曲同工之妙。如余英时就直接认为，尽管朱元璋对历史上的宦官所导致的祸患十分清楚，但是，"在官僚与宦官两者之间，明太祖仍然是偏袒后者的……可见明太祖清清楚楚地认识到宦官是君权的羽翼"。此外，"清代无宦官之祸，但君权所寄仍在满人，故满人对皇帝

---

① 有学者一再强调，明代之所以如此大规模地利用宦官集团，其原因就在于皇帝并不信任文官集团，因此需要一个凌驾于文官之上的属于自己的亲信组织，这就是称为"家奴"的宦官们。（丁易：《明代特务政治》，中华书局 2006 年版，"绪言"第 1—3 页。）

② （清）夏燮：《明通鉴·纪二》，岳麓书社 1999 年版，第 159 页。

③ 孟森：《明史讲义》，中华书局 2006 年版，"明史体例"第 6—7 页。

④ 参见 Jennifer W. Jay, *Random Jottings on Eunuchs: Ming Biji Writings as Unofficial Historiography*，载汉学研究中心主编《汉学研究》第十一卷第一期，1993 年 6 月，第 272—273 页。

自称‘奴才’，汉人连做‘奴才’的资格也没有。又清代以内务府代替了明代宦官的组织。”①

这种“君”“臣”“民”三者之间进一步相互隔绝的状态，受到了黄宗羲的强烈谴责：“嗟乎！后世骄君自恣，不以天下万民为事。其所求乎草野者，不过欲得奔走服役之人。乃使草野之应于上者，亦不出夫奔走服役，一时免于寒饿，遂感在上之知遇，不复计其礼之备与不备，跻之仆妾之间而以为当然。”②

总之，在中国历史上，如果说秦代的统治结束了源自远古的“三代之治”的话，那么，元代的统治则结束了源自汉唐的“后代之治”。而明代就是建立在这样一个不同于以往的异族统治的王朝的基础之上，这其中所引发的各种问题，无疑是值得我们深究的。虽然蒙古人在统治了八十余年后，被号称“洪武”的朱元璋以武力驱逐出中国，但是，重归汉人统治的新王朝却以修《元史》的方式公开承认其合法性来源于被其所取代的异族王朝，此外，新王朝还大量地继承了前朝的政治制度、政治心理、统治方式，从而加速与中国远古以来“恻隐爱人而经营者”之间越行越远的进程，塑造了对内皇权独断、对外闭关锁国的政治思维与世界格局。直至260年后，被另一个异族王朝所征服，新的征服王朝再度强化了这一思维与格局，并进而维持了270年之久。当船坚炮利的西夷东来时，方才彻底地打破了“天朝上国”的迷思，被迫进入一种新的政治思维与世界格局之中。为了应付西方的挑战，近现代以来的中国人，同样在闭关锁国与对外开放两条路线中，徘徊不定。可以看到，明代所形成的传统，成为当代中国政治体制、政治运行中必须面对的久远传统与历史包袱。③

第二节　民间传统：明帝国政治权力的最初形式

在中国传统政治合法性的获取与转移的方式中，“革命”无疑是拥

---

① 余英时：《中国思想传统的现代诠释》，江苏人民出版社2003年版，第92—93页。

② （清）黄宗羲：《明夷待访录·原臣》，载《黄宗羲全集·第一册》，浙江古籍出版社2005年版，第5页。

③ 参见 Sarah Schneewind, “A Brief Comment on Early European Treatments of Ming Taizu”, Edited by Sarah Schneewind *Long Live the Emperor! Uses of the Ming Founder across Six Centuries of East Asia History*, Society for Ming Studies, Minneapolis, 2008, pp. 431 – 440。

有极高认可度的选择。然而，“使用武力来推翻或建立一个王朝，对孔子来说确是一个问题，就如同在他高度纯真的信徒孟子那里也是个问题一样……他们把注意力尽可能地集中于新王朝的德行上”[①]。事实上，孟子反对“武力征服”的立场也是极具特色的，所谓“尽信《书》，则不如无《书》。吾于《武成》，取二三策而已矣。仁人无敌于天下，以至仁伐至不仁，而何其血之流杵也?”（《孟子·尽心章句下》）在“武力”与“德行”之间选择后者，无疑是孔孟为儒家所确立的标准，但是他们并不彻底反对武力，在孟子这里，真正反对的是迷信“以力服人”的苏秦、张仪等人的观点。[②]

根据这一套解释以武力方式促使政权转移的方式与逻辑，后世儒家对于现实中所出现的以暴力反抗现政权的行为有两种解读方式，一种是儒家式的“吊民伐罪”，这样的革命要么推翻暴政，重建开明政治，要么结束战乱，恢复大一统；另一种是暴民式的“颠覆秩序”，这样的“革命”要么打家劫舍，逞一己之私，要么占山为王，分封割据。

从儒家的角度而言，政权的交替并非完全是坏事，即使是通过革命的方式改变腐败、堕落的现政权，也是完全可以被接受的。当然，从理想的角度而言，儒家强调权力主要通过以下方式进行转移：最好的方式无疑来源于依据“天下往归”这样的民意基础，以和平的“禅让”方式进行转移；但是，夏、商、周三代的“世袭制”以及秦汉帝国开始的“家天下”体制，都迫使儒家接受“嫡长子继承制”这样的“世袭”方式，禅让的方式在后代变得可遇而不可求，即使出现也往往成为现实权力斗争的表面纹饰，或者是王莽这样的短暂辉煌。于是，要想改变以世袭制为基础的现政权，最终的途径就是革命。在这样的格局之下，能够最终成为推翻旧政权、建立新政权的人往往是具备武力征服能力的人，有学者称：“中国历来朝代的建立者主要出于三种人物：贵族、流氓与外来征服者。”[③]无论是刘秀、曹丕、李渊、赵匡胤等“贵族”，还

---

① ［美］史华兹：《古代中国的思想世界》，江苏人民出版社 2004 年版，第 29—30 页。

② 如苏秦初次见秦王时就认为：“昔者神农伐补遂，黄帝伐涿鹿而擒蚩尤，尧伐驩兜，舜伐三苗，禹伐共工，汤伐有夏，文王伐崇，武王伐纣，齐恒任战而伯天下。由此观之，恶有不战者乎？”（《战国策·秦策一》）

③ 胡健国：《清代满汉政治势力之消长》，台湾政治大学博士学位论文，1977 年 6 月，第 1 页。

是刘邦、朱元璋等“流氓”，甚至是辽、金、元、清等“外来征服者”，都是以武力为依据，最终获得天下的。

后代儒家虽然也有反对武力与霸政的传统，但是却对“革命”本身拥有一种向往与追求，以至于像唐代大儒孔颖达在其《周易正义》中坚持以下观点：汤武革命比尧舜禹禅让具备更大的合法性与合理性，所谓“夏桀、殷纣，凶狂无度，天震怒，人亦叛主；殷汤、周武，聪明睿智，上顺天命，下应人心，放桀鸣条，诛纣牧野，革其王命，改其恶俗，故曰‘汤武革命，顺乎天而应乎人’。计王者相承，改正易服，皆有变革，而独举汤武者，盖舜禹禅让，犹或因循；汤武干戈，极其损益，故取相变甚者，以明人也”。也就是说禅让虽好，却远不及革命来得痛快淋漓，可以对以往的社会、制度、文化等进行大范围的变革。此后，“汤武革命”就成为中国历史上通过武力“改朝换代”的通例，而“革命”的传统也一直得以延续。

正是后代政权变迁中的武力基础，加上儒家传统中对革命方式的认可，使得后人对以这种方式获得政权的人表现出更大的认可，或许是对孙中山所发动的历次革命的支持，民国时期的学者就坚持认为：“中国自三代以降，得国最正者，惟汉与明。匹夫起事，无凭借威柄之嫌；为民除暴，无预窥神器之意。”[①] 事实上，刘邦、朱元璋都属于“流氓”一类的通过暴力革命获得政权的人物，但是，无论是秦末的陈胜吴广起义，还是元末的明教起义，都成功打破了现政权的统治，使当时的中国陷入群雄争霸的格局之中，刘邦、朱元璋之所以能够获取最后的胜利，就在于他们的暴力行动最终受制于更为久远的优秀传统。由于他们所开创的帝国也最终建立起了一套符合儒家正统的政治秩序，也就成为后代儒生士大夫们所认可的典范。我们从汉与明的建立过程中就可以看出，暴力革命并不一定会获得最终的合法性。

一旦暴力革命的目标不再是儒家意义上的“吊民伐罪”、恢复大一统，而是为了一己之私与一时的权力欲，这样的革命者往往得不到中国社会的主要精英群体——儒生士大夫的认可。由于自宋以后，这一群体成为地方的乡绅与名流，控制着整个地方的政治、经济、文化、社会等诸方面，因此，一旦失去了他们的支持，任何革命无法在中国社会之中

① 孟森：《明史讲义》，中华书局2006年版，第19页。

扎根，更无法建立有效的行政控制与战略支持。这样的结果，只能使革命者最终沦落为“流寇”与“山贼”，即使是短时拥有根据地的人如陈友谅，也只能称雄一时，而无法获得更大的成功。这样的革命我们可以称为暴民式的革命。这种革命往往大量借鉴民间传统，诸如外来宗教、秘密组织、乡土意识、山大王情结、流寇传统等，并最终形成对现政权的挑战与冲击。从中国长久的历史记载中就可以看出，这种由民间宗教与秘密会社所领导的骚乱、起义与暴动，一直以来都是历代大一统帝国的中央政府所面临的最大问题。在这些武装暴动中，有的成功推翻了现有政权，有的则被现有政权所镇压。但不论结果如何，每一次由这种民间传统所导引的动乱，都进一步加深了“民为邦本”的概念，以及进一步强化了对于“民间力量”的恐惧。

明代吕坤就将这种“民间传统”中所蕴含的力量归结为“幸乱之四民”所导致的动荡：“盖世之幸乱之民四焉，皆取天下者之所资，而守天下者之所惧也。一曰无聊之民，饱温无由，身家俱困，安贫守分，未必能生。世变兵兴，或能苟活，因怀思乱之心，以缓须臾之死；二曰无行之民，气高性悍，玩法轻生，或结党而占窝开场，或呼群而斗鸡走狗，居常爱玉帛子女，为法所拘，有变则劫掠奸淫，惟欲是遂；三曰邪说之民，白莲结社，黑夜相期，教主传头，名下成千成万，越乡隔省，密中独来独往，情若室家，义同生死，倘有招呼之首，此其归附之人；四曰不轨之民，怀图帝图王之心，为乘机起衅之计，或观天变而煽惑人心，或因民心而收结众志，惟幸目前有变，不乐天下太平。此四民者，何代无之？圣王约己爱民……四民皆我赤子。一失其心而堕其计，四民皆我寇仇。”①

作为 1949 年以前“最后一次成功的农民起义”②，朱元璋自然而然地受到了这一传统的影响。这一时期的“民间传统”是从“与摩尼教有遥远的渊源关系的明教教义预言弥勒佛会在世界最黑暗、人民最苦难

① （明）吕坤：《忧危疏》，载（明）陈子龙等选辑《明经世文编·卷四一五·吕新吾先生文集一》，中华书局 1962 年版，第 4494 页。

② Romeyn Taylor, “*Basic Annals of Ming T'ai-Tsu*”, San Francisco: Chinese Materials Center, Inc, 1975, p. 1.

的时候出世"[①] 这一"谣言"开始的:"顺帝至正十一年,韩山童倡言天下大乱,弥勒佛下生。江淮愚民多信之,果寇贼蜂起,遂至国亡。然此谣不自至正中起也。顺帝至元三年,汝宁献所获棒胡,有弥勒佛小旗、紫金印、量天尺。而泰定帝时,又先有息州民赵丑斯、郭菩萨等倡谣言,谓弥勒佛当有天下。有司以闻,命河南行省鞫治之。是弥勒佛之谣已久播民间矣。"[②] 在现代学者看来,这一预言之所以能够成功地使民众信从,主要有以下两个原因:"这个教义成功应用的原因之一是农村生活确实极端艰难,容易让人产生否极泰来的幻觉……另一个原因是传统的儒家学者虽然在群众中仍享有原有的声望,却只能起到已无号召力的地方领袖的作用,普通人中的大多数已不大受到精英们传统式的影响。"[③] 换而言之,就是不再受传统精英影响的民间力量通过"民间宗教"的推广、普及,从而组成"秘密会社",其中,部分人为追求更好的生存条件,部分人为打击贪污腐败的官府,当然也有部分人为夺取政权,发动了一系列的武装暴动。

元末明初的战乱格局中,吕坤意义上的"四民"的作为可谓一览无余。以朱元璋为例,朱元璋在起事之初,只是"无聊之民",在兵荒马乱的年月里为了求生存,于元至正十二年(1352),最终通过占卜坚定了其"起事"之心。[④] 而在起事之后,加入了"邪说之民"的阵营,最初投奔郭子兴,此后奉"小明王"韩林儿的"龙凤年号"。[⑤] 在战争之中,朱元璋日渐得到了"无行之民"的支持,至正十三年(1353),当他意识到郭子兴不足与谋后,"乃以所部兵属他将,而独于徐达、汤和等二十四人谋略定远,取滁阳……(达)(和)皆濠人……至是并归心于太祖。"[⑥] 而他最终能够成为"四民"之首并夺取了全国政权,则在

---

① [德]傅海波、[英]崔瑞德编:《剑桥中国辽西夏金元史》,中国社会科学出版社2006年版,第666页。

② (清)赵翼,王树民校证:《廿二史札记校证·卷三十》,中华书局2005年版,第715页。

③ [德]傅海波、[英]崔瑞德编:《剑桥中国辽西夏金元史》,中国社会科学出版社2006年版,第666页。

④ 参见(清)张廷玉等撰《明史》,中华书局1974年版,第2页。

⑤ 朱元璋的这一做法在后来受到了极大的质疑,为了确保其获取政权的正统性地位,建国之后就极力隐瞒这一事件。而此后廖永忠淹死韩林儿一事更是成为明史上的一大疑案。[(清)夏燮:《明通鉴·前纪一》,岳麓书社1999年版,第12—13页。]

⑥ (清)夏燮:《明通鉴·前纪一》,岳麓书社1999年版,第5页。

于他成功脱离了以往的传统，从而赢得了“不轨之民”的拥戴。不过，朱元璋在适当的时候迅速改变了自己的立场，开始认真考虑儒家传统中所蕴含的政治合法性资源对于自己的事业的价值与意义。如元至正二十一年（1361），朱元璋于“江南行中书省设御座，奉小明王行庆贺礼。参谋刘基怒曰：‘彼牧竖耳，奉之何为！’不拜。太祖召基入，问之，基遂陈天命有在。太祖大感悟，乃定西征之计。”[①] 可以看到，朱元璋对于“民间传统”日益强烈的疏离态度，以及最终回归久远的帝制传统，其最初的动力主要来自于刘基、宋濂等“儒家道德—政治革命（实际上是原教旨主义的革命）的领导人的联盟”[②]。通过朱元璋的事例，“整个地说，我们看到了从对民间文化的亲近过渡到对伟大传统的亲近这一转变过程中的多方面的困难，也看到了朱元璋通过有些曲折的羊肠小径从此端走到彼端时所表现出来的机巧。叛乱分子中他的对手们没有一个能以同样的机敏来处理这样复杂的问题”[③]。

通过有效脱离民间传统而接受儒家传统，朱元璋获得了儒生士大夫阶层的广泛认可，从而成功地建立起稳固的根据地与行之有效的行政组织。最终，在朱元璋的“即位大典”上，我们可以看出儒家正统的最终确立，“经过三次礼仪上的谦让之后，他宣布已接受群臣的请求即位为新的明王朝皇帝。所有这些都是经过周密的准备而一步一步推行的，在推行中又充分考虑了传统的方式，使之合乎历史悠久的法统标准”[④]。这里所说的“法统标准”就是儒家与帝制传统中所建立起来的礼仪与法度，由于儒家追求《说文解字》所谓“王者，天下往归”也，以及孟子所谓“天与之，人归之”的政权合法性来源。因此，“（新皇帝的）权威纵来自群僚之拥戴，但于形式上，又必假以天命，俾示其神圣不可侵犯……群臣拥戴而即位，是权来自臣也，不足以神圣御天下，故必遵‘礼仪’而行，当时所谓即位之礼仪者，乃‘奉天承命’之礼仪也。故明太祖即位之日，左相国李善长‘率礼官奏：即位日先告祀天地，礼

---

① （清）夏燮：《明通鉴·前纪二》，岳麓书社1999年版，第48页。

② ［德］傅海波、［英］崔瑞德编：《剑桥中国辽西夏金元史》，中国社会科学出版社2006年版，第586页。

③ ［美］牟复礼、［英］崔瑞德编：《剑桥中国明代史》，中国社会科学出版社1992年版，第57页。

④ 同上书，第63页。

成，即帝位于南郊。'即系移'拥戴'而归于'天命'也"[①]。至此，朱元璋已经成功地使他本人以及他的追随者们脱离了上述"四民"的身份，开始以"天命所归"的姿态君临天下了。

为了强化新政权的政治合法性，朱元璋等明代开国者们对于民间传统的抛弃无疑是极为彻底的。如果我们还想从中找出这一传统的影响的话，或许可以从朱元璋在建国之后所进行的一系列莫名其妙的"文字狱"中看出端倪[②]，但这已经完全个人化了，对于帝国的政治制度与管理体系不再起作用；另外，我们或许可以从朱元璋对士大夫的态度中看出来："已逝的宋王朝通过取得士绅阶层的效忠，使他们与新政权同呼吸共命运，取得了政局的稳定。早年当过和尚、熬过饥荒灾害的洪武皇帝，有着穷人对士绅阶层的本能的不信任。他转而在一般民众中寻求同盟。"[③] 这一格局的出现，无疑是朱元璋所处的民间传统在明代政治制度与政治运行中发挥重大影响的关键性因素所在。

朱元璋对于士大夫的不信任所导致的结果之一就是降低官员的工资与节假日等福利性资源。[④] 如赵翼就认为"明官俸最薄"[⑤]。不仅文官官俸薄，宦官的官俸更薄，"（洪武四年）中书省臣言：'宦官俸宜月给三石。'太祖曰：'内使辈衣食，于内自有定额，彼得俸，将焉用之？但月给一石足矣'"[⑥]。然而，与朱元璋最初的预计恰恰相反的是，官员们工资的减少使得腐败更成为一种不可避免的趋势了，顾炎武就认为："今日贪取之风，所以胶固于人心而不可去者，以俸给之薄而无以赡其

---

① 杨树蕃：《明代中央政治制度》，"台湾商务印书馆" 1978 年版，第 1—2 页。

② 赵翼称："明祖通文义，固属天纵。然其初学问未深，往往以文字疑误杀人，亦已不少。"其中涉及诸如将"则"理解为"贼"，将"生"理解为"僧"，将"帝扉"理解为"帝非"，将"法坤"理解为"发髡"，将"有道"理解为"有盗"，将"藻饰太平"理解为"早失太平"，等等，均与他的"起自民间"这一背景相关。[（清）赵翼著，王树民校证：《廿二史札记校证·卷三十》，中华书局 2005 年版，第 740—741 页。]

③ [加] 卜正民：《纵乐的困惑：明代的商业与文化》，生活·读书·新知三联书店 2004 年版，第 3 页。

④ 基于对官员们的不信任，朱元璋建国之后严格实施"与民休息"与"重典治吏"两大政策。（梁希哲、孟昭信：《明清政治制度述论》，吉林大学出版社 1991 年版，第 49—54 页。）

⑤ （清）赵翼著，王树民校证：《廿二史札记校证·卷三十二》，中华书局 2005 年版，第 750 页。

⑥ （明）余继登：《典故纪闻》，中华书局 2006 年版，第 40 页。

家也。”[①] 而任源祥也认为：“有明官制，上仿成周，而俸给则大远于古，额数既少，又折支焉，甚非养廉之道也。”[②] 至于宦官们与北京佛教事业之间的关系证明，朱元璋认为宦官有钱没处花的担心是毫无道理的，宦官们对佛事的热诚消耗了大量的资金。[③] 此外，杨联陞的研究成果表明：自明代开始，官员们连假定休息日都被剥夺了。[④] 而此前秦汉以来，官员们的法定假日在汉代时为“每五天中休一天假”，到唐元两代时变成“每十天才有一次常规性的假日”，而到了明清时代，“规定中根本就没有这样的假日”。对这一情况，杨联陞给出了两个解释：“首先是，这些变化反映了需要官府处理的政府职责（或者兴许是官样文章）持久的增长。其次是，也许在中国历史上有一个趋势，使皇帝越来越成为他的官员们的监工。”[⑤] 事实上，朱元璋通过锦衣卫以及他的后代们通过东西厂、宦官等作为监视官员行为的统治手段，恰恰表明了他们的“监工”身份。余英时就认为这是与中国历史上强化君权与反智文化的结合，是一种“法家式”的治理：“我们通观明代宦官的种种活动，似乎可以得到一种印象，即君权通过宦官来伺察并干涉整个官僚系统的运行。《明史》所谓‘刺臣民隐事’，其实主要还是针对着文武官员而来……明代是中国君权发展的最高阶段，同时也是反智政治的典型时代，这两者之间的关系真是再清楚不过了。”[⑥] 来自民间的朱元璋从骨子里对官员与士绅阶层充满敌视与不信任，因此，种种不同于以往朝代的制度的出现与运行，就来源于这种民间传统对精英传统的反对与控制。

---

① （清）顾炎武：《俸禄》，载（清）魏源《魏源全集·第十四册：皇朝经世文编·卷十八·吏政四·官制》，岳麓书社 2004 年版，第 131 页。

② （清）任源祥：《制禄议》，载（清）魏源《魏源全集·第十四册：皇朝经世文编·卷六十八·吏政四·官制》，岳麓书社 2004 年版，第 129 页。

③ 参见陈玉女《明代二十四衙门与北京佛教》，如闻出版社 2001 年版，第 62—86 页。

④ 也有学者认为“明朝政府规定了一些法定假日”。（何朝晖：《明代县政研究》，北京大学出版社 2006 年版，第 79 页。）但他并没有进一步讨论这些有关法定假日的规定究竟执行得怎样。事实上，明代后期，官员们的休假一再被减少，就连“元宵节假”这样的重大假日也常被取消。[（明）于慎行：《穀山笔尘》，中华书局 1997 年版，第 27—28 页。] 可以看出明代官员假日之少。而且，不论明代是否有相关的法定假日，杨联陞所给出的两点理由仍然是成立的。

⑤ ［美］杨联陞：《中国制度史研究》，江苏人民出版社 2007 年版，第 16—17 页。

⑥ 余英时：《中国思想传统的现代诠释》，江苏人民出版社 2003 年版，第 93 页。

最后，真正值得注意的是，上述“精英传统”与“民间传统”之间所存在的断裂感与隔离感，并没有因为以朱元璋为首的统治阶层复归传统的努力而消失，依赖“仪式”“道德”的儒生士大夫阶层与依赖“宗教”“暴力”的普通百姓之间，在此后的整个帝制时代里一直处于日渐扩大的相互陌生的状态之中。[①] 当然，我们在后文中仍将看到，王阳明学派的“下行路线”与“讲学运动”试图弥补这一差距，而且也起到了良好的作用，“王学”使明代的儒学具备了所谓“平民性、社会性和生活性”的特征。[②] 但明代的灭亡使得这一来自“心学”的“新”传统不仅被清代政府所忽视，同时也被寻求亡国之因的汉族士大夫们当作“空谈误国”而予以抛弃。于是，“精英”与“民间”之间的差距在清代历史上再度扩大[③]，其影响一直延续至今。[④]

以清末的“太平天国运动”为例，这场运动同样是以一种民间的宗教组织发动的一场农民起义，而在这场运动中，民间社会对主流意识形态的疏离与漠视到达了无以复加的地步：“他们又到处焚毁孔庙，孔子的书被称为妖书，他们想把民族传统文化完全推翻。”在进行了上述描写之后，钱穆得出的结论是：“这是满清政权存心分开中国知识分子和下层民众之成功。”[⑤] 不过，与同时代学人以及清政府不同的是，身处明末清初的黄宗羲似乎敏感地意识到了这一问题的存在，因此，他继续坚持晚明以来尤其是东林党以来的政治意义上的“讲学传统”，而不是泰州学派以来的心性意义上的“讲学传统”，并且进一步试图通过扩大官方意义上的学校的作用，在影响权力的同时影响普通民众，从而弥补“精英”与“民间”之间的界限。此即他所谓的“盖使朝廷之上，闾阎

---

① 如后代民间对刘基事迹的神化，就体现了这一趋势。历史中的刘基固然足智多谋，但更多的时候体现出来的是一个力图“经世致用”，实现“内圣外王”的正统儒者，而不是民间意义上“前知五百年，后知五百年”的半人半神的人物。（杨讷：《刘基事迹考述》，北京图书馆出版社 2004 年版，第 118 页。）

② 王汎森：《晚明清初思想十论》，复旦大学出版社 2004 年版，第 28 页。

③ 我们从雍正时期基于“曾静案”所引发的针对吕留良师徒的“文字狱”中就可以看出，明清之际为士大夫阶层所广泛认可的“精英传统”被统治者以武力压迫成一种“民间传统”。（［美］史景迁：《皇帝与秀才：皇权游戏中的文人悲剧》，上海远东出版社 2005 年版。）

④ 甚至直到 1949 年新中国成立之后，以“接受工农群众再教育”这种试图通过下层社会去控制、改造精英群体的行动，将民间社会对社会精英团体的反动推到了极致。换言之，在中国社会里，上层精英与下层民众之间一直存在着一种控制与反控制的关系。

⑤ 钱穆：《中国历代政治得失》，东大图书公司 1977 年版，第 150 页。

之细，渐摩濡染，莫不有诗书宽大之气”①。黄宗羲的这一努力影响极为深远，对晚清士大夫们产生了直接的影响，如康有为、张之洞对改造寺庙为学校方案的支持②，梁启超等人通过办报对学校议政方案的推行③，等等。

第三节　儒家传统：明帝国正统地位的确立

通过后世儒生们的不懈努力，“三代之治”成为中国政治史上支持或批判后代现实政权合法性与合理性的永恒尺度。同样，我们也可以从朱元璋及其助手们对于远古三代之治的追思与效仿中，看出儒家传统对明帝国初期政治运作的影响与效果。具体而言，有明一代的政治在“权力的获得”“制度的建立”两方面都受到了“三代传统”的直接影响。

一　权力的获得

既然“三代禅让”之传统已然不可及，那么，朱元璋等人能自草莽之中获得最高权力，自有其可取之处。当其时也，元失其鹿，群雄逐之，既无凭借，亦无外援，能否获得成功，除了朱元璋本人的能力以及赫赫武功之外，或许还能归之于久远传统中的“天命”与“民心”。

严格而言，在元末这种混乱的时代里，“民”再次拥有了“以脚投票”的可能性，他们投奔谁，谁的势力就会得到壮大，获取最后胜利的可能性就会增加。至于如何在乱世之中得到“民心”的归附与认可，孟子就曾给出过答案，在孟子看来，三代圣王得天下之道，就是通过“不嗜杀人”（《孟子·梁惠王章句上》）与“诛其君，吊其民”（《孟子·滕文公章句下》）的方式，认为这是“仁者无敌于天下”的表现。而朱元璋在战乱之中，对儒家传统中所传承的所谓“不嗜杀人”“吊民伐罪”这一观念的认可与推行，也使得他能最终从群雄之中脱颖而出，

① （清）黄宗羲：《明夷待访录·学校》，载《黄宗羲全集·第一册》，浙江古籍出版社2005年版，第10页。

② 参见Sarah Schneewind, *Community Schools and the State in Ming China*, Stanford California: Stanford University Press, 2006, pp. 132 - 133。

③ 参见Joan Judge, “Public Opinion and the New Politics of Contestation in the Late Qing, 1904 - 1911” *Modern China*, Vol. 1, Jan., 1994, pp. 81 - 82。

获得胜利。此即赵翼所言："明祖以布衣成帝业，其得力处，总在不嗜杀人一语。"① 亦即孟森所谓："三代以下，名为禅让，实乃篡夺，得国惟以革命为正大。革命之起，急于称帝称王者，篡夺之心理也，惟以吊民伐罪为号召，则必不以己身之名号驾乎为国为民之上。"② 对这种"不嗜杀人"与"吊民伐罪"传统的认可与承继是朱元璋在乱世之中拥有强大号召力的重要资源。

朱元璋在"打天下"的过程中所表现出来的"不嗜杀人"与"吊民伐罪"的做法，于《明史·太祖本纪》之中有极大的体现，如元至正十五年，"搜军中所掠妇女还家，民大悦"，"拔太平……揭榜禁剽掠"。十六年，攻集庆，谕之曰"'我来为民除乱耳……'民乃大喜过望"。十八年，"所过不杀，收召才俊，由是人心日附"。十九年，戒诸将曰"克城以武，戡乱以仁……为将能以不杀为武"。二十二年，告谕父老，"民大悦"。洪武元年，谕达等曰"中原之民，久为群雄所苦……故命北伐，拯民水火……以副朕伐罪安民之意"③，等等，朱元璋的这些做法给他带来了完全不同于其他武装力量如陈友谅等的"仁者"形象。这一仁者形象也成为朱元璋获取最终胜利的道义基础与合法性来源。

事实上，在漫长的帝制传统中，诸如"不嗜杀人"这样的儒家传统已然与后代政权合法性的来源融为一体了，如李善长等人在起事之初就将朱元璋与刘邦、刘秀、李世民等前代帝王相提并论的做法，让朱元璋尚在寄人篱下的岁月中就开始向中华自古以来的伟大传统过渡了，元至正十四年，太祖"尝从容询天下当何时定，善长对曰'秦乱，汉高祖起布衣，豁达大度，知人善任，不嗜杀人，五载遂成帝业'"④。"（至正十八年），召儒士唐中实，问：'汉高帝、光武、唐太宗、宋太祖、元世祖平一天下，其道何由？'对曰：'此数君者，皆以不嗜杀人，故能定天下予一。'"⑤ 换言之，乱世之中，"洪武"固然重要，但行"仁

① （清）赵翼著，王树民校证：《廿二史札记校证·卷三十六》，中华书局2005年版，第835页。

② 孟森：《明史讲义》，中华书局2006年版，第27页。

③ 如上诸事见《明史·太祖本纪》中的相关记载。[（清）张廷玉等撰：《明史》，中华书局1974年版，第3—5、7、10、20页。]

④ （清）夏燮：《明通鉴·前纪一》，岳麓书社1999年版，第7—8页。

⑤ 同上书，第31页。

政”却是确保武力所及之处都能够得到拥护、支持的关键所在。虽然“文治”与“武功”历来都是传统中国政治所追求的对象，且二者之间存在着难以消解的张力[①]，但朱元璋在战乱年代里，无疑寻求到了很好的平衡点。

朱元璋通过较为克制的做法所树立起来的仁者形象，在帮助他赢得了天下的同时也获得了极高的历史声誉。除明代官方所给予朱元璋的高度评价外[②]，备受争议的李贽也做出了以下评价：“我太祖高皇帝盖千万古之一帝也。古唯汤、武庶几近之。然武末受命，非周公则无以安殷之忠臣；汤之受命也晚，非伊尹则决不能免于太甲之颠覆。唯我圣祖起自濠城，以及即位，前后几五十年，无一日而不念小民之依，无一时而不思得贤之辅，盖自其托身黄觉寺之日，已愤然于贪官污吏之虐民，欲得而甘心之矣。故时时用兵，时时禁谕诸将，无一字而非恻怛，亦无一字而不出于忠诚，故天下之士咸愿归而附之，而乐为之死也。”[③] 可见，对源自“三代”政治传统的有效利用使得后人甚至可以将朱元璋比之为“汤、武”这样的“千古一帝”了。

二　制度的建立

或许是充分意识到了“三代传统”对于获取、维护政权合法性的重要性与有效性，朱元璋在建国之前及之后都在许多方面试图仿效“三代之治”，重新构建明代的政治体制，诸如“井田制”“封建制”“三公论政”等。

首先，从军事制度的角度而言，除了沿袭元代的制度外，朱元璋还受到了三代传统的影响。有学者认为，宋元儒生们有关“井田制”与

---

① “（文治与武功）这两种功绩多少有些相互矛盾……一般来说，中国的传统是从一个朝代的创立者那里期望军事上的业绩，而从他的继承人那里期望内政上的成就。”（［美］杨联陞：《中国制度史研究》，江苏人民出版社2007年版，第5页。）

② 古代官方的评价往往体现在谥号上，而明代给予朱元璋的谥号如下：“孝陵初谥高皇帝，庙号太祖。永乐元年六月加谥圣神文武钦明启运俊德成功统天大孝高皇帝，庙号如故。后一百三十六年，嘉靖十七年也，加上尊谥曰开天行道肇纪立极大圣至神仁文义武俊德成功高皇帝，庙号如故。”［（明）郑晓：《今言》，中华书局1997年版，第4页。］

③ （明）李贽：《续焚书·开国小叙》，中华书局1975年版，第51页。

"封建制"相结合的思想影响到了朱元璋有关"屯田"制度的实行。[1]而在实行"屯田"的同时，朱元璋也对三代之时所实行的"兵农合一"的体制发生了兴趣："太祖为吴王……谕省臣曰：'古者寓兵于农，有事则战，无事则耕，暇则讲武。今兵争之际，当因时制宜。所定郡县，民间岂无武勇之材？宜精加简拔，编辑为伍，立民兵万户府领之。俾农时则耕，闲则练习，有事则用之……则民无坐食之弊，国无不练之兵，庶几寓兵于农之意也。'"[2] 屯田制度起于汉代，其意也是为了仿效"兵农合一"的三代兵制，此即明臣所谓"屯田之法，始于汉氏，盖取空间之地，课人以耕，而因以战守，于以足粮饷而省转输。养兵实塞之要，足国安民之计，莫先于是。三代既降，兵不出农，犹可以兼农而省坐食之费者，屯田之法也"[3]。朱元璋对这两者的效仿在战争时期无疑起到了极好的效果。事实上，这种"兵农合一"的体制在战争年代中，能够有效地将人力、物力、财力结合起来，为其最后的胜利打下了良好的基础。或许正是因为屯田制度与三代制度有如上相似、相近、相通之处，且产生了一定的效果，黄宗羲甚至进一步建议应当将在后代推行"井田之法"的制度性保障，建立在这种军事意义上的"屯田之法"上。[4] 不过，正如卫所制度后来成为明代兵制的重大问题一样，与卫所制度相呼应的屯田制度，也逐步丧失了其积极意义，体现出诸多困境与麻烦。

其次，推行封建制度。朱元璋在建国之初就对其子侄大行分封之制，"（洪武三年）上惩宋、元孤立，乃依古封建制，择名城大都，豫王诸子，待其壮，遣就藩服，用以外卫边陲，内资夹辅……唯列爵不治民，分藩不锡土，与周、汉制稍异焉。"[5] 对于朱元璋的这一做法，明人有两种截然对立的观点，支持者通过比较汉、唐、宋诸代之制，认为："汉高祖既为天子，大封同姓，枝大于干，驯致七国之变。然中兴

① 参见 Lien-sheng Yang, "Ming Local Administration", Edited by Charles O. Hucker *Chinese Government in Ming Tines*, New York and London: Columbia University Press, 1969, p. 10。

② （明）余继登：《典故纪闻》，中华书局 2006 年版，第 2—3 页。

③ （明）林希元：《应诏陈言屯田疏》，载（明）陈子龙等选辑《明经世文编·卷一六三·林次崖文集二》，中华书局 1962 年版，第 1650 页。

④ 参见（清）黄宗羲《明夷待访录·田制二》，载《黄宗羲全集·第一册》，浙江古籍出版社 2005 年版，第 25—26 页。

⑤ （清）夏燮：《明通鉴·纪三》，岳麓书社 1999 年版，第 180 页。

之业，卒赖后系。唐之兴也，子弟皆有封爵，建宅以居京师，惟食禄而已，国家缓急无所系焉。降而至宋，宗室之封，必自遥授小官，渐进侯王，除拜之烦，盖无虚日……此皆由封建不得其制也。我太祖受命之初，首立藩辅，诸子自胜衣已上，皆册立为真王，其国皆处要冲之地。制度仪从，不侈不俭，使吏治其国，而纳其贡税焉。上无所专，下无所扰，圣子神孙，将遍天下。真万世之良规也。"① 而其反对者如叶伯巨则在封建之初（洪武九年）② 就认为"分封太侈"将导致内乱："先王之制，大都不过三国之一，所以强干弱枝，遏乱源而崇治本耳。今裂土分封诸王，盖惩宋、元孤立，宗室不竞之弊。而秦、晋、燕、齐、梁、楚、吴、蜀诸国，无不连邑数十，城郭宫室，亚于天子之都，优之以甲兵卫士之盛。臣恐数世之后，尾大不掉，然后削其地而夺之权，则必生觖望，甚者缘间而起，防之不及矣。"③ 毫无疑问，后者的观感更接近历史的真实演进过程，也获得了后代史家的称赞："当伯巨上书时，诸王止建藩号，未曾裂土，有谓其言之过激者，其后靖难师起，乃服伯巨为先见云。"④ 此后，建文帝以及以藩王起兵夺取政权的永乐帝，都着力于削弱藩权，致使后代藩王不再拥有实权，甚至在很大程度上连人身自由都被剥削了，成为后人所谓的"弃物"与"囚徒"。⑤ 即使是这样，明代历史上藩王造反之事仍时有发生。⑥

最后，废丞相，立三公。清代学人称："有明官制，上仿成周。"⑦ 但是，如上文所述，朱元璋并不是一开始就以周制为参照制定官制的，他首先受到了元代制度的影响，所谓"明官制初仍元旧"⑧。朱元璋于

---

① （明）王锜：《寓园杂记》，中华书局 1997 年版，第 2 页。

② 直至洪武十一年，"诏秦王樉、晋王棡之国。其护卫军士：亲赴三千七百四十八人、晋府三千二百八十一人……仍诏今上（燕王棣）及周王橚、楚王桢、齐王榑还驻凤阳"。（《太祖实录·卷一一七》，载李国祥、杨昶主编《明实录类纂·宗藩贵戚卷》，武汉出版社 1995 年版，第 11 页。）

③ （清）夏燮：《明通鉴·纪六》，岳麓书社 1999 年版，第 252 页。

④ 同上书，第 254 页。

⑤ 参见王春瑜《明清史散论》，东方出版中心 1996 年版，第 8 页。

⑥ 参见李国祥、杨昶主编《明实录类纂·宗藩贵戚卷》，武汉出版社 1995 年版，第 1532—1545 页。

⑦ （清）任源祥：《制禄议》，载（清）魏源《魏源全集·第十四册：皇朝经世文编·卷六十八·吏政四·官制》，岳麓书社 2004 年版，第 129 页。

⑧ 孟森：《明史讲义》，中华书局 2006 年版，第 68 页。

元至正二十四年称吴王时，“建百官，置中书省左右相国，以（李）善长为右相国，（徐）达为左相国，常遇春、俞通海为平章政事”①。直到洪武元年，朱元璋称帝时，仍然“以李善长、徐达为左、右丞相”②。这一以元代体制为模本③的“二相制”而不是“群相制”的设计，预示了君权与相权之间潜在的张力与冲突，“朱元璋沿袭元制，实际上也就继承了元代相权增大的趋势，而这是与君权的绝对化发展相悖的，同时也是与朱元璋的性格和能力相违背的”④。最终在洪武十三年，朱元璋借着胡惟庸案，“诏罢中书省，陞六部官秩。仿古六卿之制，改大都督府为中、左、右、前、后五军都督府。《祖训》云：‘自古三公论道，六卿分职，不闻设立丞相。自秦始置丞相，不施踵而亡。汉、唐、宋虽有贤相，然其中多小人专权乱政。今罢丞相，设五府、六部、都察院、通政司、大理寺等衙门，分理天下庶务，事皆朝廷总之。’”⑤ 这一变迁才是所谓“上仿成周”的关键所在。这一变迁的影响极为深远，被近代学者称为中国“千余年来政本之一大改革”⑥。这种加强君权、削弱相权的努力在宋代就已经非常明显了，“自宋代以降，社会上更无足以威胁帝王的势力，君权的绝对化遂愈演愈烈。相形之下，相权则愈来愈微弱。传统相权的衰落，宋代是一关键时代。宋代宰相不仅失去了兵权和财权，而且连用人之权也被剥夺了”⑦。因此，有学者甚至认为“明太祖的集君相权一身可以说是集权政治演化的必然归宿”⑧。但是，彻底从法理上与制度上取消宰相的存在无论如何也是一个极为极端的做法。朱元璋的这种极端做法受到了后人的严厉批评，“自从明王朝在17世纪覆亡之时起，历史学家就……都指责明太祖在1380年竟废除了丞

---

① （清）夏燮：《明通鉴·前纪三》，岳麓书社1999年版，第71页。

② （清）夏燮：《明通鉴·纪一》，岳麓书社1999年版，第127页。

③ 这一以元代为模本的体制在当时就已经获得了公认，如刘基与陶安言就称：“适闻仿元旧制设中书令，欲奏以太子为之。”但这一主意被朱元璋以“取法于古，必择其善者而从之”拒绝了。[（清）夏燮：《明通鉴·纪一》，岳麓书社1999年版，第127页。]

④ 谭天星：《明代内阁政治》，中国社会科学出版社1996年版，第2页。

⑤ （清）谷应泰撰：《明史纪事本末·卷十三》，中华书局1977年版，第182页。

⑥ 孟森：《明史讲义》，中华书局2006年版，第69页。

⑦ 余英时：《中国思想传统的现代诠释》，江苏人民出版社2003年版，第85页。

⑧ 陈捷先：《明清史》，三民书局2005年版，第19页。

相的职位及其秘书和顾问班子"[①]。甚至在明末清初，黄宗羲就认为"有明之无善治，自高皇帝罢丞相始也"[②]。此外，王夫之甚至直接认为朱元璋所仿效的周代不设宰相这一做法本身就已经出现了严重的问题："而其失也，则王臣不尊而廉级不峻，政柄不一而操舍无权，六师无主而征伐不威，名位相若而礼乐下逮；乃使诸国分割、杀掠相仍者五百余年，以成唐、虞、夏、商未有之祸，而封建之制，遂以瓦解而不可复。"[③] 因此，朱元璋效仿周制而行废宰相之举则更是罪大恶极了，"呜呼！缘此而后世之以勤劳开国者，恃其精明刚健之才，师《周官》而一天下之权归于人主，禁制猜防，上无与分功而下得以避咎；延及数传，相承以靡，彼拱此揖，进异族而授之神器，师古无权，而为谋不远，又岂非理势之必然者乎？"[④]

到这里，我们所面临的问题是：为什么仿效"三代"所确立的政治制度会遭到王夫之、黄宗羲等人的强烈批评呢？事实上，对于儒生士大夫而言，与"打天下"之时为了获得"民心"而效仿"三代"相比，立国之后的朱元璋已经不再是以"公心"赢"天下"的心态了，而是变成了以"私心"守"家业"的心态。在这种心态下仿效"三代"，其结果就变成了以"家天下之心"行"公天下之迹"，模样虽像，其实早已相差千里之外了。对于这一问题，朱元璋心里同样非常清楚，因此，他在洪武三年对诸皇子大行分封之时，同样以"公心"为自己辩护："然天下之大，必树藩屏，上卫国家，下安生民……朕非私其子，乃遵古先哲王之制，为久安长治之计。"[⑤] 此种说法对其"私心"而言，无异于掩耳盗铃、欲盖弥彰。此即黄宗羲所谓："是故秦变封建而为郡县，以郡县得私于我也；汉建庶孽，以其可以藩屏于我也；宋解方镇之兵，

---

① ［美］牟复礼、［英］崔瑞德编：《剑桥中国明代史》，中国社会科学出版社 1992 年版，第 4 页。

② （清）黄宗羲：《明夷待访录·置相》，载《黄宗羲全集·第一册》，浙江古籍出版社 2005 年版，第 8 页。

③ （清）王夫之：《船山遗书·第一卷》，北京出版社 1999 年版，"尚书引义·卷五"，第 560 页。

④ 同上书，第 561 页。

⑤ 龙文彬纂：《明会要·卷十三》，中华书局 1956 年版，第 210 页。

以方镇不利于我也。此其法何曾有一毫为天下之心哉!"[1] 因此，与其将这些做法归之于"公天下"的"三代传统"，不如将其归之于"私天下"的"帝制传统"。

在王夫之、黄宗羲这些儒生看来，"三代传统"在于"公心"，"帝制传统"在于"私心"，虽然制度上各有得失，但此心一分，则河汉为界，不可相通矣。朱元璋以"后代之心"行"三代之制"，其结果往往事与愿违，例如：分封制不仅导致了"靖难之役"这样的内乱，而且导致了后代在财政上的极大负担[2]；而废宰相立三公不仅导致了政令无所统，更导致了后代政归阉宦的恶果。两者均成为黄宗羲所谓"有明之无善治"的关键所在。黄宗羲的以下观点可以总结这种以"私心"行"三代之制"的做法："王霸之分，不在事功而在心术：事功本之心术者，所谓'由仁义行'，王道也；只从迹上模仿，虽件件是王者之事，所谓'行仁义'者，霸也。"[3] 朱元璋或许在表面上认可儒家传统与三代之治，却并不意味着他希望建立起完全儒家式的政治体制，相反，正如黄宗羲等人所看到的，朱元璋恰恰建立起了以皇帝为中心的一元政治体制。

总体而言，大明帝国的开国者们通过吸收儒家传统与思想，不仅对远古三代之治与王道政治进行了仿效与遵循，更为重要的是，他们还进一步有效地承继了中国自秦汉帝国以来帝制传统的正统性。这种正统性以汉、唐两代为典范，汉代成功地塑造了中华帝国的整体形象，"汉代把一个长达两千年基本上保持原状的帝国理想和概念传给了中国。在汉之前，帝国政府是试验性的，并且名声不佳；在汉以后，它已被接受为组织人的正统的规范形式"[4]。而唐代则更是把一个完整的体制传给了

---

① （清）黄宗羲：《明夷待访录·原法》，载《黄宗羲全集·第一册》，浙江古籍出版社2005年版，第6页。

② 有学者指出，明代的皇子们消耗极大，对明代财政造成了极大的负担。后来政府开始向他们开放科举这一入仕之途，但成功的人数并不多，且他们所获得的官位也并不重要。(James B. Parsons, "The Ming Dynasty Bureaucracy", *Monumenta Serica: Journal of Oriental Studies*, 华裔学志, Vol. XXII, Fasc. 1, 1963, pp. 397 - 398.)

③ （清）黄宗羲：《孟子师说·卷一》，载《黄宗羲全集·第一册》，浙江古籍出版社2005年版，第51页。

④ [英] 崔瑞德、鲁惟一编：《剑桥中国秦汉史》，中国社会科学出版社1992年版，第121页。

后代：“中国历史上关于政治制度方面有两大名著，一为周礼，一即唐六典。前书为中国先秦时代人之乌托邦，纯系一种理想政府的组织之描写……至于唐六典，则确已是唐代实际的行政法规，为唐代政府所真实遵循。虽富理想而已成事实。”① 汉唐盛世的存在对于明代开国者们有着极大的吸引力，尤其是明太祖与汉高祖一样都是从起义与战争中获得政权，具有诸多相同之处，而唐代制度则多为明代所采纳。至于被王夫之与“暴秦”并称为“陋宋”的宋代则往往是明代引以为戒的失败典型，不过，明代与宋代之间于时代上更为接近，因此二者之间同样有着极强的关联性。这一方面体现在官职称谓上，“宋时，已以殿阁之名赋予近侍，明初因之”②。；另一方面体现在国家的规模上，即明臣所谓“国家有汉之全盛，亡其强；亡宋之苟安，类其弱”③。亦即顾炎武所谓的“明代之患，大略与宋同”④。

对于儒家传统的回归与仿效，也让大明帝国的建立获得了毋庸置疑的正统性与合法性，并建立了一个延续近三个世纪的汉人王朝，以及一套延续近六个世纪的政治制度。

第四节　小结

如果我们从表层的政治符号与话语体系来看，明代开国者们在成功建立起帝国之后，曾一再强调民间传统需要彻底抛弃，蒙古传统需要根本修正，而他们所真正承继的是代表华夏民族文化正统的儒家传统。但事实上，由于民间传统与蒙古传统对开国者们所具备的难以磨灭的影响，这两大传统在现实政治运行的过程中一直深远地影响并塑造了明帝国的政治体制与政治文化。可见，明代立国者们在面对上述传统资源时所持有的态度与所作出的选择，极大地影响到了此后明、清中国近600

① 钱穆：《中国历代政治得失》，东大图书股份有限公司1977年版，第47页。

② 杜乃济：《明代内阁制度》，“台湾商务印书馆”1980年版，第7页。

③ （明）崔铣：《政议十篇》，载（明）陈子龙等选辑《明经世文编·卷一五三·崔文敏公洹词》，中华书局1962年版，第1530页。

④ （清）顾炎武著，黄汝成集释：《日知录集释》，花山文艺出版社1990年版，第430页。

年政治史的进程，许多影响甚至一直延续至今。①

那么，建立在上述传统中的明代体制的得失情况如何呢？这里首先存在着一个标准的问题，我们以什么样的标准进行比较将得出完全不同的结论。本书坚持将明代放置在中国历史之中与“三代”“帝制”“异族统治”这三个不同的传统进行比较与论述，而不是现代中国学界所流行的将明代与近、现代的西方或是近、现代的中国进行比较。

在传统的政治格局中，明代体制之得在于：

第一，在元代礼乐松弛与元末纪纲荡然的基础上，参照唐宋传统，成功建立起一整套完整的礼乐政刑体制。

第二，在严格且体现了公平、公开、公正等原则的科举考试的基础上，建立起了一支庞大的而且有着高昂士气的文官队伍。

第三，在维护皇帝统治与保护百姓利益的双重目的上，建立了一套制约文官权力的监察、控制系统。

第四，树立了一个上自皇帝下至百官均共同遵循的儒家式的意识形态传统，这一传统在维护既定体制的同时也对体制中的法家因素提出了强烈的质疑，并在晚明直接成为挑战皇帝权力的意识形态资源。

第五，作为对元代崇尚武力的反动，明代以文治为先，讲求礼乐教化，而不是穷兵黩武。

明代体制之失在于：

第一，明代皇帝在建立体制时私心太重，试图将一切权力收归皇帝一人之手。

第二，宰相制的废除，使得整个庞大的文官集团处于没有法定首领的状态之中。

第三，不信任文官集团，导致了宦官权力的急剧膨胀。

第四，自朱元璋始，明代皇帝的杀气太重，常以“忍人之心”行“忍人之政”。

第五，以皇权为代表的政统试图凌驾于道统与学统之上而存在。

综上所述，明代体制在继承了帝制中国权力体制的优点的同时也继承了其所具有的缺点，而且由于其对元代体制所进行的有选择的延续，

---

① 参见 Edited by Sarah Schneewind, *Long Live the Emperor! Uses of the Ming Founder across Six Centuries of East Asia History*, Society for Ming Studies, Minneapolis, 2008, pp. 1 – 14。

以及明代皇帝个人以及其亲信宦官集团的嗜杀性与缺乏原则性，更使得明代体制最终走向了一切政治、社会、思想进行改良与更新的反面，明初政治体制与法律制度所体现出来的诸多问题，成为明末黄宗羲在其《明夷待附录》中进行批判的主要敌对目标所在。[①] 这一体制的恶果在帝国的后期逐渐表现出来，尽管明代中晚期具备了社会变迁与体制变革的各种可能性，但是，存在着上述严重缺陷的明代政府没能有效地予以应对，从而在进一步的内耗中，被内部的流寇与外部的铁骑所合力湮灭。

① 参见 Jiang Yonglin，"Denouncing the 'Exalted Emperor'：*Huang Zongxi's Uses of Zhu Yuanzhang's Legal Legacy in* Waiting for the Dawn"，Edited by Sarah Schneewind *Long Live the Emperor*! *Uses of the Ming Founder across Six Centuries of East Asia History*，Society for Ming Studies，Minneapolis，2008，pp. 245 – 273。

第二章　社会变迁与制度调适：明代一元专制体制的建立与崩溃

有明一代自立国之日到亡国之时共经历了近三个世纪的时间，对这一段漫长岁月中所经历的历史，我们可以有多种分期方式，第一种是中国传统意义上的“治乱循环”，即认为明代的兴起与灭亡都只是天命、气运的转移而已①；第二种是黄仁宇意义上的“大历史观”，即认为明代是帝制中国更为漫长的历史进程中的一个阶段②；第三种是将明代历史本身当作一个整体划分为四个阶段，并以“春夏秋冬”四季作为其内在变迁的标志，顾炎武曾采取过这种划分方式，并为现代学者所认可。③ 而本书将以加拿大学者卜正民的研究成果为主要参照，在这样的历史划分中，明王朝经历了“冬”的冷酷与死寂，“春”的躁动与变迁，“夏”的酷热与疯狂，“秋”的肃杀与苦涩，最终走向了历史的尽头。④ 有明一代的历史进程于中国政治史演变之中所体现出来的关键性问题就在于：明太祖朱元璋在明初所建立起来的以中央集权为特征的一元化体制在此后的历史进程中日益发展、变化而成为多元化的政治格局，这种由一到多的变迁所带来的问题与挑战，不仅对于明代，甚至对于整个帝制中国的政治体制与权力分配的改造与再造，都是一个至关重要的问题。

---

① 此即计六奇所谓：“自古有一代之治，则必有一代之乱；有一代之兴，则必有一代之亡。治乱兴亡之故，虽曰人事，岂非天命哉！”［（清）计六奇：《明季北略》，中华书局 1986 年版，“自序”第 1 页。］

② 参见黄仁宇《中国大历史》，生活·读书·新知三联书店 1997 年版，第 315—317 页。

③ 参见王天有《晚明东林党议》，上海古籍出版社 1991 年版，“许大龄：序”第 1—4 页。

④ 参见［加］卜正民《纵乐的困惑：明代的商业与文化》，生活·读书·新知三联书店 2004 年版，“引言：明代的四季”第 1—17 页。

具体而言，明中晚期所出现的新传统主要有以下表现：一元化政治体系的崩溃；商业经济的繁荣；民间社会的分化；讲学运动的兴起；行政改革的兴衰；庶民议政的出现；中西交流的开端；满族势力的挑战；流寇武装的威胁；大明帝国的灭亡；民族冲突的持续；等等。所有这些新传统的出现，摧毁、打碎了当时政治—社会的整体格局。可以说，我们只有在有效梳理这样的历史脉络之后，才能够进一步体味到明代皇室、宫廷、政府、士大夫、地方精英、城市市民、农民、外族等各种不同的政治力量在现实政治、经济、文化生活中，所发挥的具体作用，所产生的具体影响，以及最终所形成的历史形象。并进而在一个更为广阔的历史情境中，重新审视中国政治史上这样一段难得一见的兴盛与衰落、希望与绝望、繁荣与沉沦并存的历史，并从中寻找出在面临多元化、差异化、日渐分化的政治—社会新格局的挑战下，中国政治本身所具备的“治”“乱”基因。更为重要的是，也只有在这样的脉络中，我们才能对晚明士大夫们所做出的各种解救时难的努力予以尽量客观而公允的叙述，并对这一时代所具备的历史价值与现代意义进行探究与思考。

第一节　独断权力：一元皇帝专制的确立

与欧洲相比，“皇帝制度”的存在是中国政治史的独特之处：“中国史和欧洲史最大的不同就在于中国存在着中央集权的皇帝制。中国自秦汉以来就经营着超过西欧的领域，实行由中央派遣主要官僚的郡县制、州县制等，以这种中央集权制为基础实现了皇帝制。”① 清末（尤其是“五四”运动）以来，主流的中国学者都将“皇帝制度”作为中国历史中最邪恶的事情予以对待，甚至认为由此导致的“王权支配社会”是万恶之源②，从而希望能够将其彻底铲除。既然在现代学者的眼中，皇帝制度既是中国政治史的独特之处，且皇帝本身又成为近现代以来中国落后于西方世界的替罪羊，那么，在讨论明代政治及其运行之

① ［日］金子修一：《皇帝祭祀的展开》，载［日］沟口雄三、小岛毅主编《中国的思维世界》，江苏人民出版社 2006 年版，第 410 页。

② 刘泽华：《中国的王权主义》，上海人民出版社 2000 年版，“引言”第 1 页。

前，我们需要首先处理以下问题：明代皇权是如何产生的？具备怎样的特征？在现实政治运行过程中又遭到了怎样的挑战？

明代皇权来源于农民起义、武力征伐与对异族统治的驱逐，在这一过程中，朱元璋以一种为我所用的姿态充分吸纳了蒙古传统、民间传统、儒家传统之中能够为自身权力的合法性、稳固性与持续性提供帮助的各种资源，从而建立起一个具备高度集权特征的政治体制与皇权体系，并在现实政治运行中形成了极为独特的思维与行动的逻辑。具体而言，朱元璋所构建起来的皇帝制度与皇权体系，从以下几个方面都获得了进一步的强化：皇权之性质、皇权之转移、皇权之教化、皇权之制约。

首先，明代皇权，可以称为“独断权力”。通过朱元璋的努力，极大地扩充了皇权的现实作为与制度边界。

关于皇权的最初性质，我们可以从“皇帝”这一概念的出现中看出来，“秦始皇之所以要废除‘王’称号而重新制定‘皇帝’称号，只是因为他要宣示以郡县制度为基础的统一帝国的君主和以往的封建制度下的君主有质的区别罢了。在这之后，规定所有帝国臣民必须全部直接服从皇帝的‘一君万民’制被颁制出来”①。这种“一君万民”体制的设想与建立，彻底打破了此前上古与三代时期诸王朝所强调的诸如“普天之下”“天与之，民归之”“天下往归”之类的关于“王”的权力来源的政治理念与政治意识，也就意味着自此以后，至少从意识形态的层面上，“皇帝”成为与“民”直接相对的存在，而不是“与民同乐”的存在。这样一种将“皇帝”剥离于“万民”之上的做法，或许就是近代西哲黑格尔得出以下结论的关键所在：“在中国，奴隶和自由民之间的必要差别并不大，因为在皇帝面前人人平等，就是说，大家一样卑微。”② 当然，从中国政治的现实运行而言，这种严格意义上的“一君万民”的体制，只不过是始皇帝与他的法家顾问们“以‘政治的创意’所建立起来的”③ 的一个幻象而已。由于秦二世而亡，这一体系受到了

---

① ［日］小岛毅：《中国的皇权——〈礼治和政教〉导论》，载［日］沟口雄三、小岛毅主编《中国的思维世界》，江苏人民出版社 2006 年版，第 344 页。

② ［德］黑格尔：《东方世界》，载［德］夏瑞春编《德国思想家论中国》，江苏人民出版社 1995 年版，第 127 页。

③ 徐复观：《两汉思想史》，华东师范大学出版社 2001 年版，第 38 页。

后世的强烈质疑。到汉武帝以后，尊崇“三代之治”的儒学的得势，使得“儒生”作为一个群体获得了政治上的权力与地位，这样，在“皇帝”与“民”之间多了一个“士”的阶层，也就是“文官集团”。

作为“士”阶层的首领，无论是“宰相”，还是最初的“三公”，都具备分享皇权的资格与能力，但是，这一力量在帝国时代一直处于被逐步削弱状态之中。如秦汉之时为“独相制”，“皇帝对丞相也相当礼遇，‘在舆为下，御座为起’”。但到了唐宋“众相”之后，就“不闻有此礼遇”①。然而，即使是皇权日益集中的唐宋时期，文官的待遇仍然不错，再到元明清三代，则又大大不如了，“坐而论道，谓之三公。唐宋盛时，大臣讲官，不辍赐座、赐茶之举，从容乎便殿之下，因得讲论古道，儒硕兴起。及其季也，朝见长跪、夕见长跪之余，无此事矣。不知此制何为而辍，而殿陛之仪，渐相悬以相绝也”②。在这种“士”的待遇每况愈下的过程中，关键性的一个环节，就是明太祖废除宰相制。宰相即废，则整个“士”阶层处于群龙无首的状态之中，一切权力自然被皇帝所拥有了。“中书省被废除，同时被废除的还有御史台和大都督府。权力和责任都集中到了皇帝手里：他现在既是首辅，又是主要的军官了。”③ 在这个意义上，有学者宣称：“毫无疑问，明代的政府无论在法律上还是在实际中都是显著专制的。明代皇帝本人——在程序意义上——是所有国家权力的最终来源。”④

对于历代皇权所具备的集权趋势，明末黄宗羲就已经对其所带来的危害有着深刻的洞察，认为“然则为天下之大害者，君而已矣”⑤。由于宰相的废除，使得明代皇帝的权力真正具备了明臣所谓“至尊无对”⑥ 的地位，从而被称为“大权”，其涉及面可谓无所不包，拥有

---

① 王吉林：《唐代宰相与政治》，文津出版社 1999 年版，第 31—32 页。

② （清）龚自珍：《尊隐》，辽宁人民出版社 1994 年版，第 9 页。

③ ［美］牟复礼、［英］崔瑞德编：《剑桥中国明代史》，中国社会科学出版社 1992 年版，第 153 页。

④ Charles O. Hucker, *The Traditional Chinese State in Ming Times* (1368 - 1644), Tucson: The University of Arizona Press, 1961, p. 39.

⑤ （清）黄宗羲：《明夷待访录·原君》，载《黄宗羲全集·第一册》，浙江古籍出版社 2005 年版，第 3 页。

⑥ （明）汪若霖：《洞察天人之故以儆有位疏》，载（明）陈子龙等选辑《明经世文编·卷四六九·汪给谏文集》，中华书局 1962 年版，第 5149 页。

"国家方面之大权"与"宗室后宫方面之大权"。[①] 其行使的方式则为"独断"，此即王夫之所谓"黜陟者一人之大权，从违者一心之独断也"[②]，亦即明臣所谓"盖独断则大权在我而皇极日尊"[③]。换言之，明代皇帝所拥有的权力可以被称为"独断权力"。

其次，就皇权的转移而言，有学者认为明代主要存在以下四种皇权转移的情况：（1）嫡长子继承；（2）有嫡立嫡，无嫡立长；（3）在皇帝死后无皇子的情况下，采取"兄终弟及"的原则；（4）在非常时期，皇位继承也可以采取"国赖长君"的形式。[④] 其实，除此四者之外，还存在第五种情况：藩王以武力夺权。尽管藩王起事，成功者仅明成祖一人而已，但有明一代，藩王起事者不乏其人，所谓"高煦之后，寘鐇、宸濠，反者踵起，岂前车之鉴，不足慑以天诛，抑靖难之风，或若贻以家法"[⑤]。

无论以哪种方式进行皇权转移，都属于"传子"而非"传贤"。而且，由于明太祖废除宰相，明成祖强力削弱藩权，此后，各朝又一再削弱外戚之权，所谓"国朝自成祖而后，后妃不选公侯家……（外戚）自（正统）后虽爵至公侯，位为师傅，亦优游食禄奉朝请而已"[⑥]。因此，权臣、宗室、外戚这三项历代以来能够成为皇帝助手（偶尔也是敌手）的力量在明代皇权转移过程中不再起决定性的影响，这样的努力，进一步强化了皇权，但也产生了严重的后果。正如现代学者所注意到的那样，这种格局导致了明代中央权力之间的失衡状态："1435 年 1 月，宣德帝在他 37 岁虚岁时早死，由年仅 8 岁的幼帝朱祁镇继位，这就暴露了明初建立的政治制度中固有的许多问题。虽然继位是完全合乎规定的，……一个幼帝使这个专制的君主国处于群龙无首的状态；虽然没有人能正式成为摄政，但一个事实上的摄政集体必须建立起来，去处理国

① 杨树蕃：《明代中央政治制度》，"台湾商务印书馆" 1978 年版，第 6—15 页。

② （清）王夫之：《船山遗书·第一卷》，北京出版社 1999 年版，"尚书引义·卷六" 第 568 页。

③ （明）骆问礼：《恭遇圣志励精效涓埃以赞盛大疏》，载（明）陈子龙等选辑《明经世文编·卷四七〇·万一楼集》，中华书局 1962 年版，第 5157 页。

④ 参见梁希哲、孟昭信《明清政治制度述论》，吉林大学出版社 1991 年版，第 55—69 页。

⑤ （清）谷应泰撰：《明史纪事本末·卷二十七》，中华书局 1977 年版，第 409 页。

⑥ （明）王世贞：《弇山堂别集·卷九》，中华书局 2006 年版，第 165 页。

家大事。这样一种情况，如同王朝以后时期重新发生的那样，容易导致不合法的独裁权力的建立和不可避免地破坏中央领导的稳定。”[①] 事实上，自英宗开始，明代政治之中就进行着的一系列关于“摄政权”的争夺，除了少数例外（如高拱、张居正），基本上最终的胜利都属于宦官集团。对于明朝政府而言，这自始至终都是一个致命的问题。可以想见，严重威胁大明帝国国威与国运的“土木之变”，竟然发生在距离所谓“仁宣盛世”如此之近的英宗统治之下，这充分说明了明代权力转移过程中一再出现的“幼帝＋宦官＋锦衣卫”[②] 这一掌权模式所带来的危害。这种危害在天启年间再次总爆发，并导致了明王朝的灭亡。[③]

讽刺的是，一再强调“天子之子与公卿士庶人之子不同”“太子者，天下之重器”[④] 的朱元璋，却并未为其后代预谋辅弼，废除宰相与屠戮功勋，不仅使其继位者建文帝被其儿子明成祖所败，而且也使得整个有明一代的政治运行中，在法理上缺乏可以抗拒宦官、特务、内宫等“非法权力中心”的常规政府组织，宰相的废弃，最终成为有明一代政治格局中的最大败笔。此正如王夫之所谓：“因逆臣之阻兵而废藩镇，因权臣之蠹国而除宰相，弃尔辅矣。”[⑤] 也正是在这个意义上，黄宗羲提出了所谓“有明之无善治，自高皇帝罢丞相始也”的论断，并进而认为：“（后世）天子传子，宰相不传子。天子之子不皆贤，尚赖宰相传贤足相补救，则天子亦不失传贤之意。宰相既罢，天子之子一不贤，更无与为贤者矣，不亦并传子之意而失者乎？”以及“吾以谓有宰相之实者，今之宫奴也”[⑥]。明代皇权转移过程中所存在的代年幼、无能的皇帝掌握政权的人选所出现的不确定性，使得明代政治在皇权交接之

① ［美］牟复礼、［英］崔瑞德编：《剑桥中国明代史》，中国社会科学出版社 1992 年版，第 337 页。

② “天子本人、他的宦官助手和顾问们以及锦衣卫三者的联盟在明代即将成为一种典型的权力结合，而它在这时（英宗与王振）开始形成了。”（［美］牟复礼、［英］崔瑞德编：《剑桥中国明代史》，中国社会科学出版社 1992 年版，第 341 页。）

③ 孟森所谓：“熹宗，亡国之君也，而不遽亡，祖泽犹未尽也。”（孟森：《明史讲义》，中华书局 2006 年版，第 315 页。）

④ 《太祖实录・卷五十四、八十七》，载李国祥、杨昶主编《明实录类纂・宗藩贵戚卷》，武汉出版社 1995 年版，第 2、5 页。

⑤ （清）王夫之：《船山遗书・第六卷》，北京出版社 1999 年版，“噩梦”第 3821 页。

⑥ （清）黄宗羲：《明夷待访录・置相》，载《黄宗羲全集・第一册》，浙江古籍出版社 2005 年版。

时，往往就像坐过山车一样，充满了惊悚、恐慌与变数。这也极大地影响了明代政治的正常运行。

再次，关于皇权的教化问题，一直是开国君主、百官与儒生士大夫们所关注的核心问题。任何朝代的开创之主，都希望自己的子孙后代皆是贤明之人，因为从“家天下”的角度，子孙贤明无疑能实现永葆其一家一姓之江山的政治目的。此外，即使从儒家政治理想的角度，如果天子的子孙贤明，那么，“传子”与“传贤”之间就没有实质性的区别，都能够实现太平之治。因此，如何教育皇帝的子孙，使之成为贤明之君，就成为渴望“江山永固”的开国皇帝与期望“为帝王师”的儒生士大夫们最为关注的问题了。

在明代，对皇权的教化主要分为两个阶段，一是继位之前，二是继位之后。继位之前的教化主要是针对“储君”与“王子”们的，而继位之后则是直接针对“皇帝”本人的。前者于制度上的规定就是“东宫出阁讲学”，后者于制度上的规定就是“经筵日讲”。[①] 然而，尽管有制度上的诸多规定，但在现实政治运行之中，仍然存在着极为严重的问题。从前者而言，一旦皇帝在位时没有或迟迟不立太子，那么所谓“东宫出阁讲学”一事就无从着手了，如万历十八年申时行等阁臣所争者首在让年已 9 岁的皇长子“出阁读书”，但万历却以“意欲离间乎”予以驳回。[②] 就后者而言，经筵制度，大备于元代，“元至中叶，经筵之制大备，以勋旧大臣知经筵，次至同知讲、读以下，大略如今日之法。宋时所未有也”[③]。虽然能够起到一定的效果，但是，一旦皇帝不愿见群臣，那么，所谓“经筵日讲”也就徒具虚名了，就算皇帝重视这一制度，其真实的效果也存在着严重的问题，此即明臣所谓：“国家经筵之设，其盛矣乎。天子自正朝辇御文华，公侯九卿大臣盛服侍列，羽林之士亦皆环列以听。经筵一开，天下欣欣焉，传之以为希阔之典，故曰其盛矣乎。然一岁之间，寒暑皆歇，春秋月份，日不过三三日之间，风雨则免，事有妨则免，讲之日夙具讲章，至期讲讫，纶音赐宴，俨然而退。上下之情，未见其亲且密也。至于日讲可谓亲矣，然体分犹过于

① 参见龙文彬纂《明会要·卷十四》，中华书局 1956 年版，第 221—232 页。

② 《神宗实录·卷二一九》，载李国祥、杨昶主编《明实录类纂·宫廷史料卷》，武汉出版社 1992 年版，第 343 页。

③ （明）于慎行：《谷山笔麈》，中华书局 1997 年版，第 10 页。

严，上有疑焉，未尝问也，下有见焉，未尝献也。”① 可见百官、儒生士大夫要想通过宣讲的方式以教化、感化皇权是多么的困难。

平心而论，作为开国者的朱元璋与作为以武力夺权的承继者朱棣，他们对自己的皇太子、太孙的教育还是很成功的。一方面，他们选择饱学之士作老师，使子孙们对历代圣贤之主及治国之方耳熟能详；另一方面，他们还有意识地让子孙们接受实际事物，接受政治的历练，像“太子监国”“太孙监国”的事情时有发生；此外，在熟悉民间疾苦方面，也常利用各种机会让子孙们得以亲入农家、田野，实地了解农民的真实生活情况。当然，对朱元璋而言，太子早逝无疑是一个遗憾与打击，但建文皇帝后来的作为已然说明了其注重皇子教育的功效；对于朱棣而言，他生前及死后出现的所谓“仁宣之治”这一明代历史上唯一堪称“盛世”的时代，更是证明了其教育的成功。

然而，正如皇位继承制度中对幼帝掌权没有有效的防范一样，这种对于子孙的教育方式同样在幼帝继位之后发生了根本性的逆转。如英宗继位之时只是一个8岁的孩子，宣宗的早逝使得对英宗的教育变成极为困难的工作，明太祖与明成祖这种立足于“父为子孙谋”意义上的做法在此时已根本无效。而且，更为关键的问题在于，由于从朱元璋开始，就一直力图确立皇权的至高无上性，那么，又有谁能对“至尊无对”的皇帝本人进行规训、教育呢？此外，完全以儒家典籍作为教育的内容也容易导致幼帝们的厌烦与逆反心理。② 其结果就是：尽管彼时朝廷，外有内阁三杨，内有太皇太后与太后，然而，对幼帝的教育权却最终落入了太监的手中③，当时深受英宗信赖的太监王振甚至自喻“周公辅成王”④，此后，在天启年间，太监魏忠贤掌权期间，又出现了所谓“监生陆万龄请建魏忠贤祠于国学之旁，谓孔子作《春秋》而忠贤作《要典》，孔子诛少正卯而忠贤诛东林”⑤ 的格局。这种将祸国殃民的太监与周公、孔子相提并论的做法，可谓古今一大变局，彻底颠覆了“政

① （明）王鏊：《讲学篇》，载（明）陈子龙等选辑《明经世文编·卷一二〇·王文恪公文集》，中华书局1962年版，第5149页。

② 参见［美］狄百瑞《中国的自由传统》，联经出版事业公司1983年版，第99页。

③ 参见吴智和《明代正统国变与景泰兴复》，载吴智和主编《明史研究论丛·第一辑》，大立出版社1982年版，第162页。

④ （清）谷应泰撰：《明史纪事本末·卷二十九》，中华书局1977年版，第445页。

⑤ （清）谷应泰撰：《明史纪事本末·卷七十一》，中华书局1977年版，第1160页。

统”“道统”与“教统”之间的基本格局。

这种对“继位之后”的幼帝的教育权被转移给宦官的现实，带给大明帝国的是两场实实在在的悲剧：一场以“土木之变”这一国难始，以“夺门复辟”这一兄弟相残终；另一场则以“党争喋血”始，以“亡国之痛”终。面对这种格局，无怪乎黄宗羲是如此地怀念国有宰相的时代了：“古者君之待臣也，臣拜，君必答拜。秦、汉以后，废而不讲，然丞相进，天子御座为起，在舆为下。宰相即罢，天子更无与为礼者矣。”[①]亦即，在宰相当权之时，幼帝至少还有除宦官、宫女之外的受教之处。有明一代历史上，真正使这一模式得以重现的就是张居正，他当国时对“幼帝”——万历皇帝的教育可谓得古人之神髓。这一史实也正是黄宗羲所念念不忘的：“万历初，神宗之待张居正，其礼稍优，此于古之师傅未能百一。当时论者骇然居正之受无人臣礼。夫居正之罪，正坐不能以师傅自待，听指使于仆妾，而责之反是，何也?”[②] 最终，在正视后代“家天下”这一现实的基础上，黄宗羲通过对“学校”功能的再界定，为皇权的教育问题提供了解决方案：继位之前，要出宫学习，“天子之子年至十五，则与大臣之子就学于太学，使知民之情伪，且使之稍习于劳苦，毋得闭置宫中，其所闻见不出宦官宫妾之外，妄自崇大也”。继位之后，要与百官、儒士于太学讨论国事，“每朔日，天子临幸太学，宰相、六卿、谏议皆从之。祭酒南面讲学，天子亦就弟子之列。政有缺失，祭酒直言无讳”[③]。

最后，就皇权的制约而言，有明一代并不存在法理意义上的制约皇权的制度与机构。立国之初，朱元璋就通过废宰相、废都督府、废御史台、屠戮功勋、严刑重典、特务统治等非常手段，力图建立起所谓“一君万民”的绝对集权体系，因此绝不允许任何挑战皇权的力量存在。这一格局的出现，无疑颠覆了以往汉人王朝的政治传统：“在唐代，一切政令由宰相拟定，送皇帝画敕。在宋代，是宰相向皇帝上札子，先得皇

---

① （清）黄宗羲：《明夷待访录·置相》，载《黄宗羲全集·第一册》，浙江古籍出版社2005年版，第8页。

② （清）黄宗羲：《明夷待访录·原臣》，载《黄宗羲全集·第一册》，浙江古籍出版社2005年版，第5页。

③ （清）黄宗羲：《明夷待访录·学校》，载《黄宗羲全集·第一册》，浙江古籍出版社2005年版，第10页。

帝同意或批改，再正式拟旨。现在明代，则一切诏令，皆出皇帝亲旨，大学士只替皇帝私人帮忙，全部责任在皇帝……所以明代制度，可以说是由皇帝独裁了。”① 在这种格局下，唯一能够制约皇权的可能，都是来自皇帝本人维护其“独断权力”的需要，而这种需要可以分为两个方面：一是王朝赖以维持正统性与合法性的“礼仪道德”，二是王朝赖以维持正常运转与日常管理的“文官集团”。

皇帝无疑需要通过神圣的礼仪来加强其统治的合法性，而这一需要也限制了其自身，“无数次地磕头加强了皇帝神圣不可侵犯的意义；而他亲自主持各种礼仪，更表明他也同样受上天的节制，即受传统的道德所节制”②。此外，无论朱元璋如何在自我的意识中渴望将权力收归一人之手，但事实是，面对如此庞大的帝国，单靠一人进行统治无疑是不可能的，因此，需要同样庞大的文官集团来为他服务，虽然朱元璋自作聪明地将文官集团的首领——宰相的职位永久性地铲除了，但他终究无法连文官集团一起铲除，从而不得不受到自己所建立并依赖的文官集团的制约。

在帝国的历史上，文官集团制约皇权的最主要的方式是“谏诤”，如此前的唐太宗时代是“谏诤”方式最为辉煌的时代，通过这一方式，实现了所谓“贞观之治”的良好效果，“谏诤风气之盛行几乎为贞观时代之独有特色”③。与唐代相比，宋代言官的影响已大大不如从前了，“宋代谏官气焰虽盛，但已不是谏诤君主，而是转为纠弹宰臣，君主消减了此谏诤的制衡力量，遂使宋代君权大为增强”④。而到了明代，六科给事中同样主要偏重于“纠举官邪，监察百司”，而不是“侍从规谏，封驳制诏”了。⑤ 不过，明代儒生们在面对残暴、孤僻的朱元璋时，同样表现出了足够的勇气与气节，不断质疑、挑战朱元璋的个人权威；同时，尽管朱元璋不如李世民宽宏大度，有时一气之下会杀进谏者，但总体而言，他自己也是认可并鼓励这种行为的，因此，洪武时代虽远不如贞观时代，但是与此前、此后的异族统治下的政治格局相比，

① 钱穆：《中国历代政治得失》，东大图书公司 1977 年版，第 101 页。

② 黄仁宇：《万历十五年》，生活 · 读书 · 新知三联书店 1997 年版，第 49 页。

③ 王寿南：《唐代人物与政治》，文津出版社 1999 年版，第 3—4 页。

④ 同上书，第 45 页。

⑤ 张治安：《明代政治制度研究》，联经出版事业公司 1992 年版，第 269 页。

明代“诤谏”之风仍然有其可取之处：“至明之廷杖虽酷，然正人被杖，天下以为至荣，终身被人倾慕，此犹太祖以来，与臣下争意气不与臣下争是非所养成之美俗。清则君之处臣，必令天下颂为至圣，必令天下视被处者为至辱，此则气节之所以日卑也。”① 清代学者亦称：“明之翰林，皆知其职也。谏争之人接踵，谏争之辞连策而时书。今之人不以为其职也，或取其忠，而议其言为出位。夫以尽职为出位，世孰肯为尽职者？”②

除上述两种制约力量之外，基于皇权统治的对象是“人”，因此，皇权的行使过程中还面临着一种特殊的制约力量，就是难以琢磨的“人心”。严格而言，人心在许多情况下并不是仅仅通过暴力就能收服的，而朱元璋在做出了艰巨努力后终于认识到了这一点。据说曾经注疏《老子》的朱元璋在看到“民不畏死奈何以死惧之”一语时，曾令他深有感触，最终，他也不得不承认即使自己是“至尊无对”的皇帝，其权力也是有限的，“从《大诰续编》可以看出，皇帝对他的严刑峻法也是有些悔意的。重刑并不能完全把人民吓得不敢去做错事。他反复强调他在注释《道德经》中的话：‘吾为政愈严，犯法者愈众。’于是他不无遗憾地指出：‘朕如宽厚行仁，人将谓朕不明于事；朕如加严，人又指之为暴矣。’因此到了这个时候，他敏锐地意识到他的权力再大也是有局限性的”③。

可以想见，既然像朱元璋这样精明强悍的开国之君都在暴力统治中认识到了自身权力的局限性，那么，此后的皇帝们，除明成祖以及仁宣二帝或许还能继续保持这种绝对权力之外，他的那些“不中用”的后代们就更是体味到了来自文官集团的对其权力的限制与抗衡，“开国之君主创建了本朝，同时也设立了作为行政工具的文官制度……多少年来，文官已形成了一种强大的力量，强迫坐在宝座上的皇帝在处理政务时摈弃他个人的意志。皇帝没有办法抵御这种力量，因为它的权威产生于百官的俯伏跪拜之中，他实际上所能控制的则至为微薄。名义上他是

---

① 孟森：《明史讲义》，中华书局2006年版，第90页。

② （清）姚鼐：《翰林论》，载（清）魏源《魏源全集·第十三册：皇朝经世文编·卷十四·治体八·臣职》，岳麓书社2004年版，第608页。

③ ［美］牟复礼、［英］崔瑞德编：《剑桥中国明代史》，中国社会科学出版社1992年版，第169页。

天子，实际上他受制于廷臣”①。

第二节　自我调整：建文帝君臣的改制努力及其失败

立国之初，朱元璋对于整个帝国的控制欲望非常之强烈，这也促使他采取了诸多非常规的手段与措施，用以强化自己的独断权力与实质控制力。如前所述，在论述到前朝统治的得失时，朱元璋认为元代“政教松弛”是导致其灭亡的主要原因，而他本人来自民间的经历也使他对如何确保普通百姓的利益不受官府、士绅的侵害极为关注，再加上他对于权力的极度渴望与对文武官员的极度不信任，使得他最终通过废除宰相制、设立特务机构、严刑酷法等手段，试图将权力收归一人所有，因此，通过政治高压的方式，朱元璋“在其统治的三十年中，他制定了中国历史上史无前例的富有强烈干预色彩的法令制度，在20世纪以前，可以说无人出其右……洪武的目标就是要使他的国家保持静止不变。”这也是明代部分士大夫心目中最为理想的时代——“冬季”，这一时代持续了近一个世纪的时间（1368—1450）。②

在以农业为主的明代中国，朱元璋所建立起来的这种稳定、廉洁、低耗、集中的政治体制无疑极具吸引力，甚至后代史家对这一时代也甚为赞许，认为这是古人所追求的近乎完美的“政教合一”的时代：“当太祖时，儒者用世……太祖以不学之人，而天资独高，能追上理，一以孔氏之遗书身体力行，为天下先，可云政教合一之日。”甚至其嗜杀之性也得到了谅解，所谓“太祖用刑颇酷……惟所刑皆官吏，而非虐民，斯为承大乱之后，得刑乱重典之意，虽非盛德事，而于国本无伤，且深有整饬之效也”③。但是，从反面而言，这样一个时代，恰恰也是学者所谓“王权支配社会”④ 的时代，是通过行政力量统合社会资源的法家式“干涉主义”所导致的“利出一孔”的时代。⑤ 秦朝的历史已经充分

---

① 黄仁宇：《万历十五年》，生活·读书·新知三联书店1997年版，第91页。

② 参见［加］卜正民《纵乐的困惑：明代的商业与文化》，生活·读书·新知三联书店2004年版，第3—4页。

③ 孟森：《明史讲义》，中华书局2006年版，第70—71页。

④ 刘泽华：《中国的王权主义》，上海人民出版社2000年版，“引言”第1页。

⑤ 参见黄勇军《“回归”、“弑母”与“超越”——对先秦诸子“无为”观念的三维解读》，载林存光主编《先秦诸子政治哲学研究》，辽海出版社2006年版，第136—137页。

说明在传统中国的技术手段之下，要想在如此庞大的帝国基础上持续地坚持这种一元化的政治体制是存在着极大的现实困难的。其中，最为直接的困难就是传统的中央官僚系统无法对整个帝国进行有效的控制，"中国的官僚政治初期早熟，在技术成长之前即强行中央集权，以至官僚集团之逻辑凌驾于实情和数目之上"①。这样一种以官僚集团的逻辑进行统治的方式，无疑与朱元璋所期望的建立起来的统治方式完全相左，这或许也是朱元璋在位期间不断对其文武百官进行整肃、清洗、淘汰的最为根本的矛盾根源所在。

虽然朱元璋在建立并推行自己所确定的这套一元化的政治体制的过程中，做出了艰巨的努力，也付出了高昂的代价。但是，事与愿违的是，无论朱元璋多么想控制住整个帝国的管理与运行状况，在现实的运行过程中，总是会涌现出诸多与其想法完全相背离的问题与状况，反对的力量远远超过朱元璋自己的估计与控制。朱元璋在位期间的统治方式及其所带来的更为深层次的困境，无疑为其继任者所了解与熟知。建文帝登基后，在当时大儒方孝孺、黄子澄等人的辅佐下，很快就以完善明代的礼乐制度为借口，进行了大规模的政治与行政改革，试图修正并改变太祖时所建立起来的严刑峻法与严酷少恩的暴力政治形态。具体而言，建文帝君臣的种种努力，都严密地包裹在儒家传统中有关"复古"与"三代"的话语体系之中。

一　明代初期礼乐制度的建立与缺陷

通过儒生的不断努力，在帝制中国的主流话语体系中，上自皇帝下至百姓都将"三代"作为中国政治理想中的"黄金时代"，而以"三代"为模本的"礼乐之治"也得到了充分的认可，这种影响也为朱元璋所重视。但是，朱元璋立足于"家天下"所建立起来的政治体系，就已经注定了根本就不可能出现实现"三代之治"以及以"三代"为模本的礼乐制度的可能性。虽然处于现实考虑，作为太祖的朱元璋效仿了其中的一部分，但是，其现实效果却走向了儒家理想的反面，这种表里不一的状况引起了明代儒生们的强烈反弹，并进行了持续不断的修正，明代所出现的礼乐制度的不断变迁，从建文帝君臣这里开了口子。

① 黄仁宇：《地北天南叙古今》，内蒙古文化出版社 1998 年版，第 210 页。

黄仁宇在论述明代政治的特征时，曾表达过这样一个观点："历史学家似乎很少注意到，本朝以诗书作为立政的根本，其程度之深超过了以往的朝代。"[①] 这一论断表明了源自三代的礼乐制度在明帝国政治体制中的重要性。对于明代政治中出现的这一重视诗书、礼乐的现象，存在着两种解释，一种认为这只是愚民的方式："明太祖朱元璋在做皇帝期间的所作所为，概括起来不外两件事，一是加强对臣民的政治法律控制，一是加强对臣民的思想意识控制。前者表现为对宰相一职的废除和政务由皇帝总揽，表现为对元老功臣的杀戮和数兴文字狱；后者则表现为推崇程朱理学，利用佛、道并大搞神道设教。"[②] 另一种则从政治现实出发，认为这是当时中央政府进行有效治理的必由之路："我们的帝国，以文人管理为数至千万、万万的农民，如果对全部实际问题都要在朝廷上和盘托出，拿来检讨分析，自然是办不到的。所以我们的祖先就抓住了礼仪这个重点。要求大小官员按部就班，上下有序，以此作为全国的榜样。"[③] 但无论如何，这种力图从礼乐制度中寻求统治合法性的能力在明清两代是极为普遍与重要的："明朝与清朝不是我们今日所公认的一个国家。实际上这是一个无数农村拼成的大集团，皇帝的力量不来自军备，也不来自经济，而是因着意识形态的支持，他是一切威权的来源。"[④] 在这样的大集团中，源自远古三代之治的儒家礼乐制度与礼乐传统，无疑起到了相当重要的作用。

不过，我们从史家的以下感叹中可以看出，在明代开国皇帝朱元璋这里，帝国的礼乐制度还极不完备："明初，宋濂诸臣讲礼戎行，颇多厘正。高祖喜简易，不见采择，岂礼乐必百年后兴欤！"[⑤] 此外，从朱元璋所策动的针对"亚圣"孟子的罢配享事件与《孟子节文》事件来看[⑥]，他对于儒家传统的接受也是有条件的。当然，儒生们在这一事件中所表现出来的所谓"臣为孟轲死，死有余荣"[⑦]的气节，同样为朱元

① 黄仁宇：《万历十五年》，生活·读书·新知三联书店 1997 年版，第 93 页。

② 张曙光：《外王之学：〈荀子〉与中国文化》，河南大学出版社 1995 年版，第 186 页。

③ 黄仁宇：《万历十五年》，生活·读书·新知三联书店 1997 年版，第 3 页。

④ 黄仁宇：《近代中国的出路》，中华书局（香港）有限公司 1995 年版，第 29 页。

⑤ （清）谷应泰撰：《明史纪事本末·卷五十一》，中华书局 1977 年版，第 781 页。

⑥ 参见张佳佳《〈孟子节文〉事件本末考辨》，载《中国文化研究》，2006 年秋之卷，第 84—93 页。

⑦ （清）夏燮：《明通鉴·纪四》，岳麓书社 1999 年版，第 221 页。

璋所欣赏和忌惮。换言之，朱元璋对于儒家传统与礼乐教化的态度，其实具备很强的矛盾性，一方面希望通过对这些传统的回归与宣扬，促进自身统治的合法性与正统性，但是另一方面，似乎又很不喜欢被这些传统内在的道德感与秩序感所束缚。正是在这样一种矛盾的心态之下，朱元璋本人无论是出于真心还是出于统治的需要，对于恢复“三代之治”的儒家式理想也表现出足够的兴趣与赞赏，并期望能够在自己的王朝之中予以逐步实现。

元至正二十四年（1364），“太祖御白虎殿阅《汉书》，问宋濂、孔克仁：‘汉治何不三代也？’克仁曰：‘王霸之道杂。’太祖曰：‘咎将谁始？’曰：‘在高祖。’太祖曰：‘然。高祖创业，未遑礼乐。孝文时当制作复三代之旧，乃逡巡未遑，使汉家终于如是。三代有其时而能为之，汉文有其时而不为耳，周世宗则无其时而为之者也。’”① 从中可以看出，朱元璋虽然认为作为开创者的汉高祖无法实现“三代之治”，但是到了“太平天子”的汉文帝那里，则具备了实现“三代之治”的条件，只是汉文帝未能有效把握住这一历史机遇。从这段话中，也可以看出，尽管在立国之后，朱元璋在政治现实运作中日渐趋向法家体制而不是儒家体制，但是，朱元璋不仅在潜意识之中将有关恢复三代的想法与向往，寄托在了作为后来者的“太平天子”身上，而且在现实中，也确实被其合法的继位者建文帝所继承，并将之付诸实践。

从某种意义上，朱元璋出身贫贱，通过参与民间叛乱的方式，最终建立并控制着一个从异族统治者手中夺取而来的庞大帝国，内心之中应当是极度缺乏安全感与自信心的，且表现出极其强烈的控制欲望，因此，作为太祖的朱元璋需要通过集中所有权力的方式，来获取安全感，以及满足自己的控制欲望。不过，对于继位者的“太平皇帝”建文帝而言，情况发生了极大的逆转，事实上，建文帝获取权力的方式具备毋庸置疑的正统性与合法性，且身为皇太孙，其内心之中的优越性与自信心也是可以肯定的。因此，他对于权力的态度也有着完全不同的理解。如果说朱元璋是通过权力的行使来稳固自身地位与身份的话，建文帝已经是通过自身稳固的地位与身份来行使权力了。前者需要不断强化自身权力，而后者，则需要不断调适自身的地位与身份。

---

① （清）谷应泰撰：《明史纪事本末·卷十四》，中华书局1977年版，第189页。

可见，作为继位者而不是开创者的建文帝对于皇帝身份与皇权行使有着完全不同于朱元璋的观念，他从复古改制入手，开始正视礼乐教化等儒家传统中，对于“皇帝”与“百官”“万民”之间所存在着的更为良性与有益的关系的探讨与界定。在这样的观念中，权力的获取与行使并不是为了皇帝一人或是皇家一家，而是为了天下之人与天下之事。在这样的思维逻辑中，皇帝应当是天下万民的保护者而非控制者，皇权的行使应当“以仁心行仁政”，而皇帝与百官之间的关系，是一种为了天下百姓利益的合作关系，而不是为了争权夺利的敌对关系。这种思维逻辑的转变，促使建文帝进一步采取了完全不同于朱元璋的统治方式与治理模式。

为了消解朱元璋执政时期所采用的严刑酷法及其所带来的政治风险与社会压力，建文帝君臣试图通过一种“复古改制”的方式，在儒家正统话语的框架之内，实现重新塑造新的政治传统与治理方式的目标，进而以更为正统的儒家传统来修正、改变朱元璋所建立起来的法家体制。

二　建文帝君臣的努力及其失败

建文帝即位后，很快便在方孝孺、黄子澄等儒生的指导与支持下开始了其“复古改制”的努力，“（帝）践祚之初，亲贤好学，召用方孝孺等。典章制度，锐意复古”[①]。他们一方面削弱藩权，加强中央权威，此即黄子澄于洪武十八年（1385）获得会试第一名的文章中所言：“治道隆于一世，政柄统于一人。夫政之所在也，治之所在也。礼乐征伐皆统于天子，非天下有道之世而何哉?”[②] 这一政策性主张无疑颠覆了朱元璋通过分封所确立起来的政治体制与政治格局，也直接引起了藩王们的抵抗与反对，最终酿成“靖难之役”，导致亡国的悲剧。另一方面则通过“改官制”以提高文官的地位，“建文时改官制，升六部尚书正一品……宾辅、三伴、宾友、教授，进对侍坐，称名不称臣，见礼如宾师”[③]。这样一种努力，对于皇权极度强化的趋势而言，无疑是一个极

① （清）张廷玉等撰：《明史》，中华书局 1974 年版，第 66 页。

② （明）黄子澄：《天下有道而礼乐征伐自天子出》，转引自宋佩韦《明文学史》，载“民国丛书”编辑委员会编《民国丛书·第五编·49》，上海书店 1996 年版，第 210 页。

③ （明）郑晓：《今言》，中华书局 1997 年版，第 33—35 页。

其有意思的反动，更何况，在朱元璋废除宰相、剥夺重臣的权力与影响力之后，重新讨论君臣之间更为平等的“师友”之礼仪，对于限制皇权、推进政治开明，都有着极为重要的价值与意义。此外，受儒家“民为邦本”思想的影响，他们还极其关注民间疾苦，希望推进民生政治，其政策所措意处“皆惠民之大者”①。

可以看出，建文帝君臣所进行的改革努力，其实质就是期望带给明帝国一个完全不同于元代以及明太祖时代的“新”的政治理念与行政方式，在这样的努力下，即使所谓实现“三代之治”仍然只是一个遥不可及的梦想，但是实现此前汉、唐、宋等汉人王朝所确立起来的诸多政治传统与治理方式，则是完全有可能的。对于建文帝君臣而言，君民一体、君臣共治、仁心仁政等儒家式政治理念，无疑是他们推行政治体制改革的基本共识，如果能够沿着这一路径发展下去，重构一个更为良性、开明的文治政府，是完全有可能的。此正如现代学者所言：“建文皇帝和他的顾问们在他们的真诚而勇敢地致力于提倡仁慈的文官统治和推进群众福利方面，留下了一笔重要的遗产……他们认为搞像洪武帝时期那样的极权主义和军国主义的统治，会大大地危及王朝，因此他们相信只有提高儒家价值观和文官的权威，去掉有权势的和半自治的诸藩封王子，才能使之得到纠正。”②

然而，他们的努力直接威胁到了明初所封诸侯王的地位与安全，从而激起“靖难之役”，由于军事上的失败，建文帝君臣立足于“文治”之上所推行的改革并没有获得最后的成功。

由于明成祖朱棣在起事之时，甚至获取天下之初，都没有获得中央与地方官员的支持与归附③，这也进一步刺激了朱棣以武力为后盾控制整个帝国的决心。因此，在以武力夺取天下之后，他彻底否定了建文帝君臣立足于文治基础上的改革努力，更为强硬地将自己的统治合法性重新建立在暴力与迁都的基础之上。在此过程中，他不仅虐杀了方孝孺等

① （清）张廷玉等撰：《明史》，中华书局1974年版，第66页。

② ［美］牟复礼、［英］崔瑞德编：《剑桥中国明代史》，中国社会科学出版社1992年版，第225页。

③ 朱棣的以武力篡位的行为并没有获得当时士人的认可，不久建文帝的文官们坚决抵抗，而且就连被朱棣征服的地方官员也极少归附，“成祖靖难用兵，出入四年，所破郡县皆不设官守。诸郡县亦不肯归附。旋破旋守，惟得北平、保定二府”。［（明）郑晓：《今言》，中华书局1997年版，第14页。］

忠于建文帝的官员，而且放弃了建文帝君臣的全部施政措施。在封建制度上，朱棣“复周王橚、刘王榑、代王桂、岷王楩旧封”①。当然，本身就是藩王，通过叛乱的方式坐上皇位的朱棣，绝对不会任由其他藩王获得再次壮大的机会，在恢复这些藩王的封号之余，他也进一步解除了藩王的军事、人事、财政等权力，最终，明代的藩王成为弃物与囚徒。此外，在官制上，则“复洪武旧制”② 再次强化了皇权的独断性，压制了文官们分享皇权的欲望与可能。事实上，建文帝改变官制的做法还成为朱棣坐上帝位之后唯一可以公开进行指责的借口，他在谴责这一行为的同时再次强调了祖制不可违的观点：“帝临朝，诘问建文中变乱官制，顾侍臣太息曰：‘只如群臣散官一事，前代沿袭，行之已久，何关厉害，亦欲改易；且陵土未干，何忍纷纷为此。’又曰：‘凡开创之主，其经历多，谋虑深，每作一事，必筹度数日乃行，亦欲子孙世守之。’”③ 至此，建文君臣们以纠正元代与明太祖时代的政治格局为目标的复古努力被彻底宣告为非法之举。

从朱棣的观感与行为中可以看出，建文帝时代所进行的政治改革努力，所针对的并不是简单的仪式上的变革，而是直接改变了明初期所建立起来的政治体制与权力模式，这才是像明成祖这样的以武力夺取权力的人所忌惮的。

此后，被明成祖称为“太平天子”④ 的宣德帝即位之初，并没有成为朱元璋意义上的以复归“三代之治”为己任的“太平天子”，而是成为严格沿袭其祖父朱棣所言“子孙世守”这一家法的“太平天子”。甚至进一步将朱元璋与朱棣二人的政治作为与典章制度确立为不可更改的祖训与宪章，所谓“皇太祖肇建国家，皇祖考相承，谋虑深远。子孙遵而行之，犹恐未至。世之作聪明，乱旧章，驯至败亡，往事多有可鉴”⑤。在肯定太祖、成祖功业的基础上，再次将建文帝的改制努力定性为当引以为鉴的“作聪明”。至此，朱元璋期望后代君主如汉文帝者

---

① 《太宗实录·卷十六》，载李国祥、杨昶主编《明实录类纂·宗藩贵戚卷》，武汉出版社1995年版，第349页。

② （明）郑晓：《今言》，中华书局1997年版，第35页。

③ （清）谷应泰撰：《明史纪事本末·卷十六》，中华书局1977年版，第274—275页。

④ （清）张廷玉等撰：《明史》，中华书局1974年版，第115页。

⑤ （清）谷应泰撰：《明史纪事本末·卷二十八》，中华书局1977年版，第421—422页。

能实现恢复三代的想法，终有明之世再也没有实现过。此后，虽有嘉靖帝因为个人恩怨而挑起的所谓“大礼之争”，并进行了一些无关痛痒的有关礼乐制度的改革，虽博得了史家几声喝彩，所谓“帝采稽典闻，精思禋祀，进退群心，斟酌美备，庶几一代之典，亦十世可知之故也”[①]。但有明一代自始至终，再没有出现从政治理念与治理方式上，对朱元璋所制定、推行的政治格局有根本性的触动与改变了，将政治与治理的失败归咎于人而非制度本身的做法，成为那个时代的基本共识，而恪守祖宗成法也成为官员们讨论政治得失的基本态度，“隆庆时，御史汪文辉疏论治体，内一段言：‘祖宗立法，至为精密，而卒有不行者，非法之弊也，患不得其人耳。’”[②] 其中，偶尔由于时代与现实问题的变迁所引发的小规模变革以及由此而引起的争论，也彻底变成了黄宗羲所谓“乃必欲周旋于此胶彼漆之中，以博宪章之余名”这样的“俗儒之剿说”[③]了。可以看到，自始至终，有明一代在礼乐制度上的努力是一个彻头彻尾的悲剧。在明亡之后再回头反思这一悲剧时，黄宗羲认为导致出现这一结果的现实原因之一，就在于朱棣“建都北京”的决定，“自永乐都燕……上下精神敝于寇至，日以失天下为事，而礼乐政教犹足观乎？”[④]

尽管建文帝君臣复古的努力被朱棣以暴力所打断，但这一努力本身给后代儒生留下了深刻的印象。而且，在建文帝时代，明帝国定都南京，并以方孝孺等当世大儒为辅臣，而其施政目标又直指“三代”，所有这一切都是明代儒生士大夫们所极力追求的目标。时至今日，在面对建文帝君臣失败了的改革努力时，再对照明代中晚期所出现的种种政治、经济、社会困境，我们似乎可以提出这样的假设性疑问：如果建文帝君臣成功了，有明一代的整体格局又当如何呢？

当然，历史无法假设。有明一代的历史进程却是，在这种表面上追求皇权一元专制体制，却在现实中不断面临皇权被削弱与分化的内在张力中，大明帝国一步步走向了晚明的杂乱格局，并由于无法弥合二者之间所出现的巨大裂痕，最终在势不两立的“党争”格局下，覆灭于内

① （清）谷应泰撰：《明史纪事本末·卷五十一》，中华书局1977年版，第782页。

② （明）余继登：《典故纪闻》，中华书局2006年版，第338页。

③ （清）黄宗羲：《明夷待访录·原法》，载《黄宗羲全集·第一册》，浙江古籍出版社2005年版，第7页。

④ 同上书，第20页。

忧外患之中。

第三节　躁动的帝国：一元专制体制的崩溃

建文帝的改革失败后，其叔父明成祖朱棣重构了朱元璋的一元皇帝专制体制，让更为沉寂、单一、冷酷的“冬季”得到了有效延续。然而，随着社会、经济、文化等的不断变迁，再加上不断变迁的“太平皇帝”与“太平百姓”，使得于烽火硝烟中成长起来的朱元璋与朱棣所特有的危机感与控制欲，一步步从帝国的政治运行过程中得到淡化与漠视。从皇帝到文武百官，开始以不同于开创者的姿态，治理着这个庞大的帝国。在此过程中，由于皇帝的无能、外族的压力、内部的动乱，更是让整个帝国的一元专制体制陷入到极大的困境之中。无论明初所建立起来的是政治、经济、社会还是意识形态等方面的一元体制，都不可避免地走向了崩溃与危机之中。

一　一元政治专制体制的崩溃

虽然朱元璋与朱棣尽其可能地扩张、强化皇权，但是，正如我们已经论及的，明代皇权在日后的行使过程中逐渐出现了以“幼帝+宦官+锦衣卫”为核心的统治模式，严重地抑制了中央政府与文官体制的正常运转与发展，宫廷与政府之间对于最高政治权力的争夺，日趋白热化。类似的这种斗争在明代历史上一再上演，这也使得整个帝国的中央组织处在一种“病态”之中，“在15和16世纪的大部分时期中，一种不健康的气氛笼罩着明代的帝制。在明朝中叶，中国一直被一些不中用的年轻人所统治，他们短暂的一生往往被他们的后妃、母亲、祖母及侍候他们的宦官所控制。宦官中最臭名昭著的大致与所侍候的皇帝同年。对比之下，在朝廷和中央政府任职的士大夫却大都是老人……疏远和不信任越来越成为明代中期皇帝与官员的关系的特点”①。

除了中央政府所出现的这种病态之外，大明帝国还在其他领域里，面临着内忧外患的严重压力。一方面，自明成祖迁都北京后，北部边境

① ［美］牟复礼、［英］崔瑞德编：《剑桥中国明代史》，中国社会科学出版社1992年版，第376—377页。

的外族入侵，直接对帝国的都城构成威胁，严重挑战了帝国的稳定与发展；另一方面，为了保障北部都城与边防线的供给，也使得帝国的南部富庶地区的赋税不断增加，从而进一步加大了农民与农村的不安定因素。最终，内外矛盾的逐渐积累与爆发，联手摧毁了太祖与成祖二人所建立、维系、强化的政治上的一元专制体制。很快，以南方的“邓茂七起义”与北方的“土木之变”为代表，洪武皇帝所塑造的这样一个堪称“典范”的“强调复古”的时代①在1450年左右结束。自此往后，明王朝从政治高压之下所形成的“寂静”的冬季，逐步进入了更为“躁动”的春季，这样一个时代延续了一个世纪的时间（1450—1550），“中央衰退”则是这一时期在政治上的集中表现。②

在接下来这个躁动的时代里，帝国的权威与秩序遭到来自各个方面的挑战，而这种挑战最大的来源，就在于那些不安于朱元璋所设定的“皇帝”之职的后代皇帝。作为出生、成长于深宫之中的皇位继承者们，已经不像他们的开国祖先们一般，如此严肃、认真、勤勉地对待作为皇帝所获取的身份与权力，更多的时候，他们甚至试图逃避开国者们所设定的关于“皇帝”的职责与职分，尤为重要的是，开国之初所设定的缺乏宰相的政府又丧失了替代皇帝承担其职责与职分的法理基础与制度构建，于是，在现实的政治运行过程中，这些不中用、不安分的皇帝所放弃的皇权，旁落到了离皇帝最近的宦官们的手中，在明代政治史上导演了一系列政治荒诞剧与历史悲喜剧。

正如谷应泰所言，在所有这些不安分的皇帝中，正德皇帝荒诞的一生带给明代的是一种亡国的预兆：“然予以为武宗之世，逆瑾之变，十常侍、甘露之党也。河北、山东、江西、四川之寇，黄巾、黄巢之乱也，寘鐇、宸濠之变，七国、八王之孽也。江彬之奸，董卓、禄山之衅也。然而阴曀甫合，旭日旋升。大厦欲倾，飘摇不入者，则以构祸诸人，类皆乳臭，茫茫草泽，更无英雄。”③ 也正是从正德皇帝之后，明代就进入了所谓“晚明”的时代。在这个时代里，“中央衰退”无疑是其最为直接的表征，皇权的旁落、皇帝的无能、内阁的崛起、社会的分

① 参见黄仁宇《万历十五年》，生活·读书·新知三联书店1997年版，第158页。

② 参见［加］卜正民《纵乐的困惑：明代的商业与文化》，生活·读书·新知三联书店2004年版，第82—93页。

③ （清）谷应泰撰：《明史纪事本末·卷四十九》，中华书局1977年版，第731页。

化、士大夫的参与、市民的骚动……所有这些事件，共同塑造了一个日渐分化的、多元化的政治与社会格局。正如在后文中我们还将论述的，不论后来者如何评价这个时代，但是，晚明所出现的这种分化、多元化的政治—社会格局，为帝制中国的政治生活提供了一种新的可能性。

正德时期的衰乱之象所展示出来的这样一种“中央衰退”的状况，虽然没有直接导致亡国，但在现实政治与制度的层面导致了以下两个结果：一种是地方士绅力量的兴起，力图通过地方力量的自我治理方式，取代已然僵化、无力的“保甲制”成为维护地方稳定与繁荣的新兴力量，其中，以“讲学”“东林”“复社”运动为其代表①；另一种则是试图完成对中央权威的重塑，主要是通过“内阁宰相化”以加强中央政府的绝对权威，其中，以张居正所发动的政治改革为其代表。②

这两种力量在明帝国所经历的希望与绝望并存的、极尽浮华的、延续了近一个世纪的“夏季”（1550—1642）③ 里，主导了中央与地方政府的主要作为。以万历年间为例，皇帝、宦官、内阁、部臣、言臣、学者、庶士、盐商、市民等力量，在诸如“京察”“夺情”“言路”“国本”“矿税”“分封”“疆场”等重要的政治、经济、社会问题上互相牵制，聚讼不已。至此，明太祖所建立起来的皇帝一元专制体制已经变得难以维持了，曾经“至尊无对”的皇帝，已经在各方面政治力量的多方博弈中成为“紫禁城中的一名囚徒”④。皇帝、宦官、文官、士大夫等力量之间出现了越来越难以调和的张力与冲突，朝政的运转，也被消极怠工与暴力威胁所笼罩，失去了正常的运行动力与政治智慧。最终，明代中晚期以来所显示出来的政治多元化特征被赋予了“党争”的称谓，斗争的手段残酷无情，斗争的结果惨绝人寰，不仅严重影响到当时人的政治生活，而且也被后代史家们当作明帝国灭亡的主要原因。从某种意义上，明代开国者对于皇权的高度集中，以及对于士大夫的极度不信任，由此而形成的政治制度与政治氛围，为此时发生的政治斗争

① 参见［日］沟口雄三《中国前近代思想的演变》，中华书局 2005 年版，第 231—248 页。

② 参见谭天星《明代内阁政治》，中国社会科学出版社 1996 年版，第 234—240 页。

③ 参见［加］卜正民《纵乐的困惑：明代的商业与文化》，生活 · 读书 · 新知三联书店 2004 年版，第 168 页。

④ 黄仁宇：《万历十五年》，生活 · 读书 · 新知三联书店 1997 年版，第 97 页。

埋下了无可挽回的因子。

这一时期里，除了中央与地方政府所出现的分裂、多元与对立格局之外，中央与地方之间、北部中国与南部中国之间，也陷入了相互抗争的格局之中。晚明时期江南士人与北京政府之间的关系，不仅仅关系到政治权力的更迭与分配问题，更关系到这个帝国的经济与社会将如何发展的问题。

从某种意义上，明代中后期出现的许多被现代人看来具备了所谓积极性与现代性的事件，大多发生在以南直隶——南京为中心的南方，诸如商品经济的发展、市民阶层的成熟、对外贸易的繁荣、庶民参政的热情等。明代政治发展过程中所出现的让现代人深感奇怪的事情之一，就是经济如此繁荣的江南，并没有能够成为明帝国走向强大的根基，反而成为不断削弱其中央权威与政治合法性的催化剂。这无疑是黄宗羲强调明代“建都失算”①的主要原因之一。从中也可以看出，明代立国之初所执行的这些严重违背当时经济发展趋势的经济政策，给明代中晚期江南的经济繁荣与社会发展带来了体制上的制约与现实中的悲剧。也正是在这样的格局之中，明中晚期以降，无论是张居正变法、万历藏银，还是东林、复社党议，都体现出中央政府与地方乡绅、北部中国与南部中国之间所出现的不断扩大的裂痕与冲突。围绕着对于地方经济、税收等的控制权，双方展开了持续不断的对抗与冲突，最终发展到互不两立的地步。

最终，在这样一种乱糟糟、闹哄哄的境遇中，大明帝国其实并不是“不可避免地”，却终究“未曾避免地”走向了自我覆灭的深渊。

作为帝国的都城，北京的秋天总是一派肃杀之气，明代司法体系中对于死刑犯的判决就在这一季节之中，这就是所谓“创自明代”的“秋审”制度。②对于大明帝国而言，在被卜正民称为“秋季”的最后两年里（1642—1644）③，同样在等待着一场生死攸关的终极审判，几番逐鹿中原、血雨腥风、沙场秋点兵之后，大明帝国迎来了自己的终审

① （清）黄宗羲：《明夷待访录·建都》，载《黄宗羲全集·第一册》，浙江古籍出版社2005年版，第20页。

② 参见那思陆《明代中央司法审判制度》，北京大学出版社2004年版，第212页。

③ 参见［加］卜正民《纵乐的困惑：明代的商业与文化》，生活·读书·新知三联书店2004年版，第277页。

判决书，结果是：此后近三个世纪的时间里，拥有中国最高政权的不再是朱姓皇族，不再是党争各方，不再是起义政权，甚至不再是汉族势力，而是渔翁得利的满族人。

当新的属于异族的朝代出现在中国的大地上时，新的“四季”开始了，在清初完全效仿明初所建立起来的政治体制中，“冬季”再次降临人间。而身处明清之际的汉人士大夫们就是在这样一个漫长而苦寒的冬季里，开始了其精神世界的希望之旅，对于他们而言，这不仅是一个冬季，更是一个漫漫长夜中无法消解的噩梦，他们所能做的只有等待——“等待黎明”。[①]

二　一元社会—经济专制体制的崩溃

有学者指出，如汉高祖刘邦一样，朱元璋也是一个“以天下第一农夫自居”[②] 的开国皇帝。而且，基于其悲惨的童年记忆，朱元璋或许比汉代的那位开国者更加看重农业的重要性，这也体现在他希望后代子孙能够从自己的发家史中吸取教训与警戒的态度上，他曾于洪武元年四月称：“朕本农家，祖父皆长者，积善余庆，以及于朕。今图此者，欲令后世子孙知王业之艰难，不敢以富贵骄也。”[③] 这样一种将“天下”视为“家产”的做法与汉高祖宣称“某业所就，孰与仲多”（《史记·高祖本纪》）如出一辙。朱元璋出身农家从而极度关注农业的结果就是，他希望能够在重视农业的基础上，在自己的帝国里建立起一元化的经济、社会体系，“洪武皇帝心目中的农村理想社会是一种稳定的、相互孤立的村庄，经济上自给自足，生态上循环自生”。但是，朱元璋的设想仅仅是一种理想而已，因为“中国的村庄从来就没有完全与外部世界隔离过”[④]。为了在并不理想的现实中实现自己的构想，朱元璋不得不通过国家的强制力量以实现这一政治目标，从而树立一系列相关制度，并以严刑峻法治理国家。

---

① “等待黎明”（Waiting for the Dawn）是狄百瑞翻译《明夷待访录》书名时的用语。（Wm. Theodore de Bary，*Waiting for the Dawn*：*A Plan for the Prince*，New York：Columbia University Press，1993.）

② 黄仁宇：《中国大历史》，生活·读书·新知三联书店 1997 年版，第 52 页。

③ （清）夏燮：《明通鉴·纪一》，岳麓书社 1999 年版，第 141 页。

④ ［加］卜正民：《纵乐的困惑：明代的商业与文化》，生活·读书·新知三联书店 2004 年版，第 63 页。

就明代历史的展开逻辑而言，朱元璋这样一种试图在“平均主义”的基础上，于全国范围内建立封闭、独立、自立的农业经济的做法与施政方针，一直是明代政府的主要行政目标与基础，也最终成为明代经济社会的主要特征：“明朝采取严格的中央集权，施政方针不着眼于提倡扶助先进的经济，以增益全国财富，而是保护落后的经济，以均衡的姿态维持王朝的安全。这种情形，在世界史中实属罕见，在中国历史中也以明代为甚。”① 最终，借助体制的力量，朱元璋成功地重构了中国的经济与社会体制，但是他的努力也遭遇到严重的困难，并与此前及此后中国历史的发展趋势背道而驰，“这位明朝的创建者创立一套一成不变的农业经济财政制度，这一制度和存在与当时的商业和市场体制大相径庭……明朝对于农业收入的倚重标志着倒退”②。

朱元璋之后，由于明成祖朱棣迁都北京，更使得这一以保护落后经济为目标的施政方针得到了进一步强化。事实上，当中国历史发展到明代时，整个帝国的经济与文化的中心在江南，而政治、军事、战略的重心却在华北，以及由于都城在北方的明政府对“北人”采取了偏重的政策，也进一步导致、强化了“南北”地缘政治的形成，这在明代此后的时间里一直遭到了以江南士人为代表的严重抗议。③ 这种格局的出现，不仅导致了全国经济的分化，更导致了地方力量的兴起，甚至牵扯进中央政府的“党争”之中，其影响可谓极其深远。

江南经济与社会的发展成为明代历史上最引人注目的事件之一，而上述南北差异以及明代政府对南方的持续盘剥也引起了南方地方势力的反弹，在政治上体现在“东林”“复社”运动中，在经济上则体现在以保护地方市场与地方利益为目的的反“矿税”、反“加赋”的运动中。以“反对用银”为例，在明初，朱元璋为了建立并维护以农业经济为主体的一元化经济体制，曾试图利用官方力量禁止白银的流通，但这是他“干预商业经济最不成功的一招”④。此后明代的历史完全向相反的

---

① 黄仁宇：《万历十五年》，生活·读书·新知三联书店 1997 年版，“自序”第 2 页。

② ［美］芮乐伟·韩森：《开放的帝国：1600 年前的中国历史》，江苏人民出版社 2007 年版，第 350 页。

③ 赵园：《明清之际士大夫研究》，北京大学出版社 1999 年版，第 86—94 页。

④ ［加］卜正民：《纵乐的困惑：明代的商业与文化》，生活·读书·新知三联书店 2004 年版，第 66 页。

方向发展，白银成为通行的货币。在实行“一条鞭法”之后，甚至连国家税收都完全以银为准了。这遭到许多官员的反对，如谭纶就认为“欲富民，必重布帛菽粟而贱银。欲贱银，必制为钱法，增多其数，以济夫银之不及而后可”[①]。到了明清之际，在反思明亡的士大夫中间，反对用银甚至成为一种主流意识，如黄宗羲、顾炎武、王夫之、唐甄等人均反对用银。

当然，明清之际的思想家反对用银的出发点及目的与朱元璋有着极大的不同，如果说朱元璋反对用银是反对商品经济的话，那么，这些思想家反对用银，恰恰是为了保护地方商品经济的健康、良性的发展。总体而言，他们提出了以下理由：一方面由于明代晚期“银力已竭”，严重影响了百姓之间的日常交易；另一方面，银子容易被皇帝、官员、富商们所占有，成为贪污腐败的最好工具；此外，百姓以物易银，容易导致“谷贱伤农”[②] 的结果。无论从哪个角度上，反对用银都是具备积极性的。

后代学者对于明末清初“反对用银”思想的出现，却有着泾渭分明的相反态度。以黄宗羲为例，与被后代学者普遍肯定所谓“工商皆本”思想的积极性不同，相当一部分学者对他反对用银的思想提出了质疑，如认为这一思想本身“从总体上看是违背了货币形态发展的历史趋势，具有保守性”[③]。还有学者认为“明清之际顾炎武等人的经济思想无疑带有浓厚的自然经济色彩，而非超前的商品经济意识”[④]。当然，对于这一观点也有支持者，如侯外庐就认为他们的观点是为了建立统一的、能够有效流通的货币体系，因此“宗羲的货币论更有近代的特点”[⑤]。吴根友也认为“黄宗羲的货币方案其实是一个真正的现实主义方案”[⑥]。

---

① （明）谭纶：《论理财疏》，载（明）陈子龙等选辑《明经世文编·卷三二二·谭襄敏公奏疏》，中华书局 1962 年版，第 3438 页。

② Mio Kishimoto-Nakayama，“The Kangxi Depression and Early Qing Local Markets” *Modern China*，Vol. 10，No. 2，Apr.，1984，pp. 236 – 245.

③ 邹进文：《明末清初启蒙思想家关于用银问题的论述》，载《河南师范大学学报》（哲学社会科学版）1997 年第 6 期，第 5 页。

④ 路育松：《明清之际三大思想家经济思想之再认识》，载《船山学刊》2001 年第3 期，第 61 页。

⑤ 侯外庐：《中国早期启蒙思想史》，人民出版社 2004 年版，第 147 页。

⑥ 吴根友：《“工商皆本”与晚明儒家经济哲学的新突破——黄宗羲经济思想现代意义的再诠释》，载《杭州师范学院学报》（社会科学版）2006 年第 1 期，第 21 页。

就现实政治的运行而言，本书无疑支持后者的意见，黄宗羲等人反对用银，并不是不知道银作为货币的作用，而是更为清楚当时以银为货币对地方经济所带来的灾难。如研究明代财政问题的黄仁宇就认为："（明代）朝代后期被迫使用碎银，这是对人民及本身极不利的办法。"① 还有学者甚至进一步认为以白银征税，不仅对民间造成了极大伤害，而且对政府本身也极为不利："17—19 世纪，银价长期处于低落的趋势，所以政府的收入实际上大幅减少了。"② 此外，更有学者将这种反对用银的观点与当时学者们坚持以地方利益反对高度集权的君主体制联系在了一起，"对于反对用银的人而言，他们首要关心的是地方的福利，政治上的中央集权与经济上的中央集权一样都被看作是不公平的与不自然的"③。这种以地方利益出发反对现有的货币、税收等体制的观点，不仅是明代南部与北部、中央与地方之间所展开的持续抗争事件的体现，也正是反对用银的黄宗羲等人所持有的主要政治观点与政治主张。

换言之，当初朱元璋反对用银，是想以中央集权的行政手段建立全国一元化的经济体系。而到了明清之际黄宗羲等人反对用银，其目标发生了逆转，他们恰恰是希望以此消解、弱化过度集中的中央权力，并期望中央权力能够充分尊重地方市场与地方利益。这种关于货币制度的态度与目标上的变迁，充分说明了在明代经济所发生的巨大变迁的时代格局之下，人们思想的变化，开始日益关注地方性利益，并由此引发了明代政治—社会格局的进一步分化。

经济的发展与繁荣最终改变了晚明江南的社会结构与生活状态。当时的社会变迁中所出现的一个重要特征就是城镇化，"明中后期的城镇，一方面伴随着市场网络的发展而发展，另一方面又与原有的政治中心型城镇相结合，从而形成了中国传统社会后期城市化的自身特征：政治型城镇的工商化"④。在这样的新的生存状态中，集中于城镇之中的士绅、商人、生员、市民、手工业者等，成为一种新的政治势力，即所谓"富

---

① 黄仁宇：《近代中国的出路》，中华书局（香港）有限公司 1995 年版，第 19 页。

② ［日］中村哲：《东北亚经济的近世与近代（1600—1900）》，载中村哲主编《东亚近代经济的形成与发展》，人民出版社 2005 年版，第 25 页。

③ Mio Kishimoto-Nakayama, "The Kangxi Depression and Early Qing Local Markets", *Modern China*, Vol. 10, No. 2, Apr., 1984, p. 245.

④ 商传：《试论明代的社会阶级结构》，载朱诚如、王天有主编《明清论丛·第一辑》，紫禁城出版社 1999 年版，第 335 页。

民阶层”与“市民阶层”。[①] 他们有资金、有地位、有关系、有组织、有影响力，他们不像农民一样逆来顺受只是等待最后的总爆发，而是往往为了维护自己的利益，会采取各种手段向政府施压，诸如应试、行贿、请愿、民变等，以改变政府的政策。

在这一令后人瞩目的“新生阶层”的城镇居民中间，明代庞大的生员阶层往往成了这些对抗政府力量的领导者与主力军。到晚明时期，甚至出现了所谓“学变”的称谓，有学者认为这是“生员无赖化”[②] 的表现，但确切地说，应该是“生员政治化”的表现。以复社为代表，这一以“文社”为根基的生员组织经历了所谓“由教育到政治”[③]的过程，而他们所主导的1626年的苏州民变以及1639年对阮大铖的攻击，都体现出他们作为一种新的政治力量参与政治运作所产生的诸多变迁与改变。

正是在充分认可、肯定这种新的政治力量所带来的政治变迁的基础上，身处明末清初之际的黄宗羲，才能够提出所谓“从君民一元的专制向‘富民’分权的专制”[④] 的政治改革方案。无疑，明代中晚期以来所经历的上述经济与社会的剧烈变迁，为他的方案提供了现实的经济基础、社会根基和参与主体。可惜的是，明代政府并没有意识到晚明所出现的这些状况的积极性，反而将其当成自己的专政对象予以处置，这样的认知最终严重地影响了明帝国在对外与对内政策方面的判断与处理，就对外政策而言，“使现代读者很难以理解的是，（明代）中国没有一贯地和合理地利用它相当强的经济实力去支持它的外交目标”[⑤]。就对内政策而言，“人口和经济的发展超出了明代中国曾经经历过的任何事情，明朝的国家不能灵敏及时地评估伴随这些变化的社会转型的深度”[⑥]。

---

① 参见李京圭《论黄梨洲的民本思想与经世思想》，载吴智和主编《明史研究专刊·第九期》，明史研究小组1989年版，第119页。

② 陈宝良：《明代儒学生员与地方社会》，中国社会科学出版社2005年版，第403—412页。

③ William S. Atwell, “From Education to Politics: The Fu She”, Edited by Wm. Theodore de Bary and the Conference on Seventeenth-Century Chinese Thought *The Unfolding of Neo-Confucianism*, New York: Columbia University Press, 1975, pp. 357 – 358.

④ ［日］沟口雄三：《中国前近代思想的演变》，中华书局2005年版，第261—265页。

⑤ ［美］牟复礼、［英］崔瑞德编：《剑桥中国明代史》，中国社会科学出版社1992年版，第431页。

⑥ ［加］卜正民：《为权力祈祷——佛教与晚明中国士绅社会的形成》，江苏人民出版社2005年版，第313页。

明朝政府对于晚明以降政治—社会的转型的迟钝与误判，使之失去了一个正视自身缺陷，完成自我转型，从而实现重构一个更为开放、多元、自信的政治体制的机遇与可能。

三 一元意识形态专制体制的崩溃

汉唐以降，以“三代”作为衡量后世政权合法性的标准与尺度，不仅仅是儒生们的共识，也同样是所谓“开明君主”们的共识。相关理念也影响到了朱元璋关于“政”与“教”的观念。就政的层面而言，朱元璋讲求儒家以仁义治国的理念，如洪武元年，上曰：“仁义，治天下之本也。贾生论秦之亡，不行仁义之道。夫秦袭战国之弊，又安得知此!”① 就教的层面而言，朱元璋更是期望以儒家教化百姓，如元顺帝至正二十六年，“命有司访求古今书籍，藏之秘府，以资览阅。因谓侍臣詹同等曰：‘三王、五帝之书不尽传于世，故后世鲜知其行事。汉武帝购求遗书，《六经》始出，唐、虞、三代之治，可得而见……孔子之言，诚万世师也’”②。

可以看出，“三代传统”尽管在秦以后日渐凋零，但是随着以“复古”为己任的儒家群体自汉武帝之后的得势，这一优良的远古传统一直得到了上自君主下至平民的尊重与保存。这一传统也进一步体现在政治制度与政治运行程序之中，如我们在《唐六典》中就可以看到，“周礼”与“汉制”都是其效仿的对象，在解释每一个职官名称时，往往以《五经》或《汉书》为依据。③ 换言之，“三代传统”在秦汉以后的漫长的岁月中，已经被帝制中国所接受、改造、重组，然后直接融入后世的政治传统之中。

由于唐制是明制的主要参照对象，此即所谓“太祖定法律，遵用唐律，为一代之制”④。且洪武元年就有“诏衣冠如唐制”⑤ 的复归唐代传统的做法。因此，唐制中所含有的那些具备“先王之制”特征的内容，

---

① （清）谷应泰撰：《明史纪事本末·卷十四》，中华书局1977年版，第190页。

② 同上。

③ （唐）李林甫等：《唐六典》，载于萧榕主编：《世界著名法典选编·中国古代法卷》，中国民主法制出版社1997年版，第212—378页。

④ 孟森：《明史讲义》，中华书局2006年版，第64页。

⑤ （清）张廷玉等撰：《明史》，中华书局1974年版，第20页。

部分地体现在了明制之中。这样一种以承继儒家传统为己任的做法，也为朱元璋建立一元政治体制的思路提供了意识形态与道德高度，在明代，“帝国的政府以古代的理想社会作基础，依赖文化的传统而生存。这也是洪武皇帝强调复古的原因”[①]。朱元璋对于思想与文化的复古倾向，再加上严厉的言论控制与牵连甚广的“文字狱”，最终确立起明代政府在言论与意识形态方面的基本取向与目标。正如学者所言：“在一个非常真实的意义上，明代政府是一个值得信赖的对于来自久远过去的继承者。这不是一个侵略性的、向前看的、追求新目标的过程，而是一个保存那些由先王们所遗留下来的传统的过程。”[②]

时代的变迁逐渐从思想与文化的角度改变了朱元璋关于帝国意识形态的主要意图。随着时间的推移，明代经历了从朱元璋所力图建构起来的“一元化的思想、文化体系”向“多元化的思想、文化体系”变迁的过程。

明初，通过朱元璋的努力，“不管它是好是坏，明初的国家力图给官民的公私行为定出一个统一的意识形态的基础，以此巩固其政权”[③]。这种统一的“意识形态”就是以程朱学派为正统的儒家思想。朱元璋尽管对作为“亚圣”的孟子进行过激烈的抨击，并一度想将孟子的牌位从孔庙中废除掉。[④] 但对孔子却一直采取了敬仰的姿态，如他在接见孔氏父子时一再强调：“您祖宗留下三纲五常垂宪万世的好法度。”“为尔祖明纲常，兴礼乐，正彝伦，所以为帝者师，为常人教，传至万世，其道不可废也。且尔祖无所不学，无所不通，故得为圣人。”[⑤] 完全承认了孔子作为“帝王师”与“圣人”的地位。通过对孔子的表彰，以及将程朱学派立为科举考试的唯一内容，甚至通过对其他宗教进行强制

---

① 黄仁宇：《万历十五年》，生活·读书·新知三联书店 1997 年版，第 158 页。

② Charles O. Hucker, *The Traditional Chinese State in Ming Times* (*1368 - 1644*), Tucson: The University of Arizona Press, 1961, p. 79.

③ ［美］牟复礼、［英］崔瑞德编：《剑桥中国明代史》，中国社会科学出版社 1992 年版，第 3 页。

④ 参见张佳佳《〈孟子节文〉事件本末考辨》，载《中国文化研究》2006 年秋之卷，第 84—93 页。

⑤ （明）叶盛：《水东日记》，中华书局 1997 年版，第 188—189 页。

性的压制[①]，如“（洪武六年），令郡县止存大寺观一，僧道并居焉。禁女子四十下者为尼”[②]。朱元璋试图将大明帝国的整个思想与文化限定在他所认可的儒家传统的框架之内。

事实上，即使在朱元璋的时代里，这种力图“树立儒家道德秩序”的努力也是失败的，因为他本人的施政方式，更多地采取了法家式的霸政而不是儒家式的仁政。[③]

不过，朱元璋这种以政治力量统合意识形态资源的努力被其儿子朱棣所继承，在朱棣的统治时期内，通过他的认可与儒家学者们的努力，编纂了诸如《五经·四书大全》《性理大全》《永乐大典》等学术巨著，“由这些学术著作所培养起来的意识形态的一致性，使得皇帝俨然变成了一位圣君，一位人民的导师，一位学识的庇护人。它们也使一种经籍和文献的集成广为传布，这个集成对于学术研究，对于阐述伦理和权威问题上的正统观念，对于科举考试，对于定出公共行为的官方法典来说，都是有用的……总之，它们形成了士大夫阶级的理智观和文化观，同时又为帝国政府奠定了意识形态的原理。”[④] 吊诡的是，也正是在永乐时期，大概由于朱棣对建文帝诸儒臣的残酷政策让士人们难以接受，明代部分著名的儒家学者，开始像他们的宋代理学前辈们一样，展开了一场面向儒学但远离政府的、重塑儒家“道统”的努力，事实上，这种在政治势力之外寻求“传斯文”“尊道统”的努力自宋代开始，历经元、明二代一直没有中断过。[⑤] 而在明代，这一努力最初以吴与弼[⑥]为代表，此后，其学生陈白沙、胡居仁等将这一传统予以继承发扬，到王

① 由于朱元璋年轻时与佛教的渊源，明代的佛教一直与现实政治尤其是皇帝们的好恶联系在一起。（周齐：《明代佛教与政治文化》，人民出版社 2005 年版，第 1—104 页。）

② （清）谷应泰撰：《明史纪事本末·卷十四》，中华书局 1977 年版，第 210 页。

③ 参见［美］芮乐伟·韩森《开放的帝国：1600 年前的中国历史》，江苏人民出版社 2007 年版，第 353—354 页。

④ ［美］牟复礼、［英］崔瑞德编：《剑桥中国明代史》，中国社会科学出版社 1992 年版，第 245—246 页。

⑤ 参见 Pefer K. Bol，“Neo-Confucianism and Local Society, Twelfth to Sixteenth Century：A Case Study”，Edited by Paul Jakov Smith and Richard Von Glahn *The Song-Yuan-Ming Transition in Chinese History*，Cambridge（Massachusetts）and London：Harvard University Asia Center，2003，pp. 241 - 283。

⑥ 吴与弼于 19 岁时（永乐七年）开始潜心道统，无心举业。除天顺元年应上之召有过短暂的北京之旅外，其一生与当时政治时局无甚关系。有关吴与弼的事迹，可参见杨希闵编《明吴康斋先生与弼年谱》，“台湾商务印书馆”1981 年版。

阳明那里达到顶峰，形成了席卷天下的明代“心学运动”的主脉络。可见，吴与弼所开创的传统极其深远地影响到了明代哲学史与思想史的发展，这或许也是黄宗羲将《崇仁学案》立为《明儒学案》中的“第一学案”的主要原因所在。[①]

从明代政治展开的进程而言，明代儒生士大夫们所选择的这种远离政治、重塑道统的努力，还仅仅是打破朱元璋父子所力图建立起来的思想与文化一元化框架的第一步，而且，从某种意义上，这些“道统”的创立与维护者同样期望着“政教合一”状态的出现，他们或许并不认可明代皇帝们建立在暴力、威权体系上的“政教合一”，但他们并不否认甚至极为向往远古那种立足于道德、礼仪基础上的“政教合一”。[②]

真正从根本上挑战了明初以来所力图确立的一元化思想体系的，是所谓“市民文化”的兴起，尤其是通俗文学与艺术的兴起。“由于经济的发达，带来生活的富足，人们除了求取温饱，已有较多的余裕从事其他需要的满足。文学与艺术，这个时候更成为富贵中人讲求雅致精神生活的表征。读书对他们而言，产生了前所未有的意义，它不再只是求取功名，改换门楣的踏脚石，而纯然成为个人性情的陶冶。另外，市民阶层的兴起，也增加了对通俗文化的需求。”[③] 这种新的经济与社会格局导致了思想与文化格局的新变迁，一方面，根据需求量的增大，以及科举事业的普及，使得明代文人的数量大大增多，远远超过政府所需要的程度；另一方面，由于城市下层民众对于通俗文学的庞大需要，明代文化明显地体现出“下移”的倾向。正如学者所言：“按照文学史的普遍观念，明代的诗歌、散文的成就无法与唐代相比，甚至不及宋代。然就文人数而言，则明代远远超过唐、宋两代。显然，这是明代文学趋向下层民众及通俗文学日渐发达的理想结果……从某种程度上说，文学已不再是士大夫或有钱人的专利，其读者和创作者已扩大到下层知识分子或

---

① 参见（清）黄宗羲《明儒学案·卷一·崇仁学案》，中华书局1985年版，第14页。

② 李泽厚就认为：“理学把盛行于唐代的佛教吸收过来，把宗教还原为世俗伦常，又把世俗伦常赋予宗教本体的神圣性质，建立起中国式的政教合一的统治系统，力求使政不脱离‘教’。”（李泽厚：《中国古代思想史论》，安徽文艺出版社1994年版，第271页。）

③ 林鹤宜：《晚明戏曲刊行概况》，载汉学研究中心《汉学研究》第九卷第一期，1991年6月，第289页。

平民。”[①]

这种远离精英阶层长久独占的“政统”与“道统”之外的民间文化，以及为民间文化而创作的文人们，从“需要”而不是“教化”的角度出发，开始了他们不同于此前讲求“文以载道”的儒士们的新的写作历程。当然，这种现象并非明代所独有，“早在宋朝，中国士大夫和商人的界限业已呈模糊之势……到清代，这种转化趋势更加明显，出现了一个跨越士商界限，包括书院、学派、藏书楼等机构的社会机制。学者们利用这一机制研究和传播考据学知识”[②]。但是，与其他朝代不同的是，明代中晚期所出现的这一新的商业化与世俗化的潮流完成了对明初所建立起来的传统意义上的“政教合一”体系的致命打击，严重地威胁到明代政府的权威与社会的秩序，从而引起了当权者的强烈反弹。可以看到，这种市民阶层自发形成的政治、经济、文化力量（不同于农民运动中的暴力倾向）居然达到严重威胁各级政府的程度，这一现象大概是明代所独有的。

对于统治者而言，更为可怕的事情是这一世俗化、民间化、情欲化的倾向日益得到了部分士大夫的认可与支持，这种不同于主流意识形态的士大夫们与同样不同于主流意识形态的下层民众之间的结盟，形成了所谓“平民儒学”[③]，进一步摧毁了政府统治在城市中的民众基础。朱元璋所建立起来的“以吏为师”“利出一孔”的法家式中央集权体制最害怕的就是这种不依赖于政府而存在的、能够在社会上引起广泛关注的、被法家人物称为“五蠹”之一的“以文乱法”（《韩非子·五蠹》）的“文士”群体的出现，更何况这一群体与同是“五蠹”之一的“舍本趋末”的“商工”群体之间所形成的同盟！这也引起了明代政府的高度关注与担忧。

可以看到，不论在当时还是在现代文化视野中，明代中晚期都是一个极为特殊的时代，“是一个‘邪教横流’‘异端’泛滥的时代，是一个突破唐宋以降数百年的儒学统治，重新寻找和建立理论思维和文化结

① 陈宝良：《明代文人辨析》，载汉学研究中心《汉学研究》第十九卷第一期，2001 年 6 月，第 195 页。

② ［美］艾尔曼：《从理学到朴学：中华帝国晚期思想与社会变化面面观》，江苏人民出版社 1995 年版，第 60 页。

③ 鲍世斌：《明代王学研究》，巴蜀书社 2004 年版，第 202 页。

构的思想解放时期。"① 在士大夫阶层，这种新的历史形态主要表现在两个群体的努力之中：一方面，以王阳明为代表的"讲学者们"不仅在主流意识形态上极大地刺激了当局者，而且由于他们都关心基层组织的建设从而具备了挑战地方甚至中央政府的可能性，因此，为了维护其权威，各级政府禁毁书院的行为在明代中晚期一再上演②；另一方面，以李贽为代表的"异端们"同样既在主流意识形态上极大地刺激了当局者，而且在地方拥有广泛的影响与支持，致使以"正统"自居的掌权者们必欲置之死地而后已。③

至此，明初建国者们所建立起来的一元化的意识形态格局已被彻底打破了，人们开始根据自己的兴趣、喜好而不再是政府的教导、规定，在一种自我的、自立的、自足的，甚至是自由的意境中进行创作、学习、改造、传播"新"的知识与文化。

第四节　小结

尽管在立国之初，明太祖朱元璋就力图建立起一个完全由皇帝所掌控的一元化的政治、经济、社会、文化体系，亦即"所谓的皇帝一元化专制统治"。④ 这种体制在"政""教"方面都表现得极为明显，"本朝的政治组织为一元化，一元化的思想基础是两千年来的孔孟之道"⑤。但是，随着时代的变迁，这种一元化的体系也发生了极大的变迁。明太祖朱元璋所建立起来的这种一元体制，在其身后发生了极富戏剧性与悲剧性的变迁，朱元璋过度强化军权，大肆屠戮功臣的做法，直接恶果就落到了自己的孙子建文帝的身上。此后，同样以武力夺取政权的明成祖朱棣重新强化这种一元体制，并做出了迁都北京的举措，这进一步改变了明代的政治格局与经济命脉。

孤守北国的皇室与繁荣发展的江南之间，在明代社会、经济、文

① 郭英德：《明清文人传奇研究》，北京师范大学出版社 2001 年版，第 42 页。

② 余英时：《现代儒学的回顾与展望——从明清思想基调的转换看儒学的现代发展》，载《中国文化》1995 年第 1 期，第 5—6 页。

③ ［日］岛田虔次：《中国近代思维的挫折》，江苏人民出版社 2005 年版，第 139—142 页。

④ ［日］沟口雄三：《中国前近代思想的演变》，中华书局 2005 年版，第 468 页。

⑤ 黄仁宇：《万历十五年》，生活·读书·新知三联书店 1997 年版，第 171—172 页。

化、思想等不断变迁与转型的进程中，日渐走向相互对立、相互制约、相互抗争的格局之中。随着大明帝国自我发展进程的不断展开，明初朱元璋所建立并再次为朱棣所强化的一元体制，最终走向了彻底的崩溃之中。这一体制在中晚期的崩溃之前，建文皇帝及其儒生臣僚们试图调整太祖的政策与法令的做法，给史家们留下了深刻的印象，因其惨烈的失败，也给历史留下了“如果他们成功了，明代将会怎样”的假设性迷思。

第三章　心学运动及其修正：明代政治转型的思想先锋

正如现代学者所注意到的，明代儒生们的文字，往往与当时的政治权力有着千丝万缕的联系①，而儒生们通过文字所表达出来的政治思想、哲学理念、写作风格、文学标准，往往也体现出明代政治的变迁与转型的种种端倪。随着明代政治、经济与社会的日益多元化，在思想领域也开始出现新的不同于往昔的"新"传统，而王阳明"心学"的确立，完成了对于这一变动之中的历史进程的总结与提升，最终成为中国儒学在形而上学领域的最后的高峰，并从某种意义上为儒学划定了最后的界限，所谓"阳明心学是儒家思想（或者是中国思想）的极限，超越阳明心学，儒家思想本质上就已经不再是儒家思想了"②。在阳明心学的激荡下，整个晚明的思想氛围为之大变。因此，阳明心学及其展开也就成为这个时代中至关重要的事件之一。

学界对于处于晚明时代变迁之中的儒家人物与儒家思想的研究，主要有以下三种展开理路：第一，从政治与制度变迁入手，认为此时期所体现出来的积极参政的"东林、复社运动"对中国的政治史产生了极大的影响，如明末清初之际的顾炎武、黄宗羲、王夫之等人对传统政治体制与政治思想的批判与重构。③ 第二，从经济与社会变迁入手，认为这一时期所展现出来的繁荣的"商品经济"特征是"资本主义萌芽"，而将处于晚明以降的儒家思想人物，划归为所谓由"资本主义萌芽"

---

① 参见 Adam Wilder Schorr, *The trap of words: Political Power, Cultural authority, and language debates in Ming Dynasty China*, Ph. D. University of California, Los Angeles, 1994, pp. 1 – 16。

② ［日］岛田虔次：《中国近代思维的挫折》，江苏人民出版社 2005 年版，"序"第 4 页。

③ 参见［日］小野和子《明季党社考》，上海古籍出版社 2006 年版。

这一社会基础所“决定”的“启蒙思潮”之中。[①] 第三，从思想与文化入手，认为这一时期的思想与文化在承继了宋代以来的“新儒学”的基础上继续前进，从而将中国内在的优秀资源（诸如自由主义）发挥到了一个新的高度。[②] 无论从哪个角度入手，都高度肯定了晚明变迁的重要性与积极性。本书有关这一变革时代的思想问题的研究，也将充分借鉴以上理路。

第一节　官学与私学：晚明思想变迁的体制性背景

如果单从制度上而言，明代的学校体制可谓极其完备，“明代学校，有师儒，有弟子员，视汉唐为备”[③]。这一成就主要归功于朱元璋，作为马上得天下的君主，他在开国之初就已经意识到了文治的重要性，如洪武二年（1369），“诏天下郡县皆立学。上谕中书省臣曰：‘学校之设，名存实亡。兵革以来，人习战斗。朕谓治国之要，教化为先。教化之道，学校为本’”[④]。通过他的努力，明代从中央到地方建立起了一整套教育体制，从国家机构而言，有国学、州府县学、宗学、社学、武学等，就民间机构而言，有书院、义学、乡学等。[⑤] 但是，同样自朱元璋始，明帝国设立学校之目的并不是对普通国民进行基础性的教育，而是为了储备人才以应对组建庞大的“文官组织”这一政治与行政上的现实需要，此即所谓“太学育贤之地，所以兴礼乐、明教化，贤人君子之所自出。古之帝王建国君民，以此为重”。“其才学优赡、聪明俊伟之士，使之博及群书，讲明道德通经之学，以期大用”[⑥]。

在明代初期，以太学为代表的官办学校或许为政府提供了大量的文职管理人才，但是，随着科举考试日渐成为儒生进入仕途的唯一路径，整个帝国的学校体系基本上成了科举制度的附庸，不再发挥教育的主要功能，严重地影响了明代学校教育的效果与地位。这种情况下，一方

---

① 参见侯外庐《中国早期启蒙思想史》，人民出版社 2004 年版。

② 参见［美］狄百瑞《中国的自由传统》，联经出版事业公司 1983 年版。

③ 陈宝良：《明代儒学生员与地方社会》，中国社会科学出版社 2005 年版，第 97 页。

④ （清）谷应泰撰：《明史纪事本末・卷十四》，中华书局 1977 年版，第 204 页。

⑤ 参见陈宝良《明代儒学生员与地方社会》，中国社会科学出版社 2005 年版，第 97—166 页。

⑥ 龙文彬纂：《明会要・卷二十五》，中华书局 1956 年版，第 396 页。

面，尽管呼吁重视学校教育的呼声不断，但基于学校与科举之间缺乏必然的联系，因此一直没有引起官方的高度重视，而官办学校也日益处于衰败、无序的状态之中。[①] 就连最低层次的“社学”，也因为“与科举制度脱节，吸引力反不如村塾家塾”[②]。另一方面，学校的老师也成了最没有出息的职业，不仅位卑，“元朝的教授尚有八品官，明朝一矫其‘九儒十丐’之劣习，乃竟将教授降为从九品，并降学正之从九品为不入流，成为与首领官、杂职官同一类的杂职”。而且俸薄，“州学正不过每月米二石五斗，县教谕每月米二石，跟七品知县的七石五斗固然差得甚远，与一般民众之生活水准也距离不小”[③]。无怪乎明人要强调“重师儒”了。[④] 此外，学校势轻，学员自然三教九流缺乏质量了，此正清人所谓“古之学校所以养才，而今以收不才。名徇其旧似甚贵，而实失其据则甚辱。久之，秽滥而无可别，并其名亦不足贵，则何以兴天下之学而成天下之材也？”[⑤]

与官办学校的惨淡经营相比，明代私立学校，尤其是书院的兴盛却是有目共睹的事情。类似的现象在宋代就出现了，“从宋代开始，私人书院而不是只是为了通过科举考试的官办学校，吸引到了许多有天赋的更关心自身儒学修养的年轻人”[⑥]。这一趋势在明代由于王阳明学派的兴起更是达到了空前的盛况。书院的兴盛伴随着新的对于政治的关注，并进一步促使了有组织的独立于朝廷之外的政治行动。[⑦] 这一趋势不仅导致了官员与学者们之间的张力，而且也引起了最高掌权者们的警惕，并最终于1537—1538年、1579年、1625年导致了三次以权力镇压书院

---

① 参见 Sarah Schneewind, *Community Schools and the State in Ming China*, Stanford California: Stanford University Press, 2006, pp. 55 – 56。

② 何朝晖：《明代县政研究》，北京大学出版社2006年版，第252—253页。

③ 龚鹏程：《晚明思潮》，商务印书馆2005年版，第375—376页。

④ 参见（明）叶春及《重师儒》，载（明）陈子龙等选辑《明经世文编·卷三六六·叶絅斋集》，中华书局1962年版，第3945页。

⑤ （清）侯方域：《重学校》，载（清）魏源《魏源全集·第十六册：皇朝经世文编·卷五十七·礼政四·学校》，岳麓书社2004年版，第177页。

⑥ Benjamin A. Elman, “Imperial Politics and Confucian Societies in Late Imperial China: The Hanlin and Donglin Academies” *Modern China*, Vol. 15, No. 4, Oct., 1989, p. 387.

⑦ 参见 Chun-shu Zhang, “Reviewed: Chinese Government in Ming Times: Seven Studies” *The American Historical Review*, Vol. 75, No. 7, Dec., 1970, p. 2108。

的行动。[①] 此后，这一教育私人化与政治民间化的趋势在以复社为代表的晚明结社活动中，再次得到强化。[②] 可以看到，讲学运动的兴起极大地触动、打击了明代一元意识形态体系，使得儒生士大夫群体进入了一个全新的以自我为衡量标准的思想世界之中。

此外，既然明代官办学校的目的是吸纳官员，那么，与此目的直接相关的科举制就成了明代的重要体制。与学校的设立相比，科举制的设立与定型则经历了几起几落的过程。

元至正二十七年（1367），"始设文武科取士"[③]。但是，由于所得到的人才并不能满足现实的需要，此即朱元璋所谓"朕以实心求贤，而天下以虚文应之，甚非所以称朕意也"[④]。因此，洪武六年（1373），"谕暂罢科举，察举贤才"[⑤]。直到洪武十五年（1382）"复社科取士，三年一行，为定制"[⑥]。可以看出，后人对于明代科举制度导致崇尚虚文的尖锐批判，在朱元璋这里就已经得到了清醒的认识，他也付出了巨大的努力试图解决这一问题。然而，日久生弊，后来之科举取士日渐脱离了其原初的目标，而完全落入"虚文"之中。此外，永乐十二年（1414），明成祖召集儒臣，编修《五经·四书大全》，"仅用一年时间即完成。大部分内容是抄录宋、元人经说，略去姓名，杂凑而成。……已将古注疏全部摒弃"[⑦]。更为糟糕的是，这部草草编纂而成的《五经·四书大全》，成书之后，立刻被成祖下令，确定为明代科举考试的标准教材。其结果，一方面导致了汉唐经学的彻底衰败，此即顾炎武所谓"经学之废，实自此始"[⑧]。另一方面则导致了士子的浮躁之风，无须认真研读历代经书，而只需翻阅《五经·四书大全》，就可以通过科举考试。此后，明代的科举考试更是越来越陷入"虚文"之中，无法

① 参见 Wolfgang Franke, "Reviewed: Chinese Government in Ming Times: Seven Studies" *T'oung Pao* 通报, Vol. LX, 1974, pp. 198－200。

② 参见 William S. Atwell, "From Education to Politics: The Fu She", Edited by Wm. Theodore de Bary and the Conference on Seventeenth-Century Chinese Thought *The Unfolding of Neo-Confucianism*, New York: Columbia University Press, 1975, pp. 333－358。

③（清）张廷玉等撰：《明史》，中华书局 1974 年版，第 15 页。

④（清）谷应泰撰：《明史纪事本末·卷十四》，中华书局 1977 年版，第 209 页。

⑤（清）张廷玉等撰：《明史》，中华书局 1974 年版，第 28 页。

⑥ 同上书，第 40 页。

⑦ 林庆彰：《明代经学研究论集》，文史哲出版社 1994 年版，第 83—84 页。

⑧（清）顾炎武：《日知录》。

自拔。

当然，作为延绵了几百年的取士之道，科举制度虽然饱受质疑，但是，也获得了很多人的认可，此即清人所谓："自汉以来，皆以言取士，而议者独咎明制，至谓八股一日不废，则人材一日不出。呜呼！亦甚矣！愚以为八股之不可不变者，其势也；因八股而议明制之失，则非也。原夫有明立法之初，实取历代之法而折衷之，其为具盖至备也……然则明制之所以为得者，在乎其具之备。而其所以为失者，亦正以其求备也欤！且夫天下固无久而不弊之法也。八股之制行之已三百余年，士子之心思才力毕竭于其中，不可复有所加矣。"① 明人亦称："今之士，学校教之举业，科目取之文词，非古也，然不可废焉。"② 可见，明初确立起来的科举考试制度，也获得了后人的肯定与认可。明清儒者的这种认可科举制度的观念，或许就来源于他们对科举制度在长久的帝制历史中所发挥的积极作用，以及对明清时代政治体制的极端重要性的认识。

在明代，不仅文官的选拔主要来源于科举考试③，甚至连文官的任命与升迁同样受到其出身的影响，"所谓'出身'，即是进士、举人、监生、吏员。随着科举日盛，进士最重，举人次之，监生又次之，吏员最轻。在选除时，多授予举人、监生、吏员低级官职，而在升迁时又给进士以更多的机会"④。但是，这种单纯以科举制作为取士的方法存在着极大的问题，所谓"今日举子，不必有融会贯通之功，不必有探讨讲求之力，但诵坊肆所刻软熟腐烂数千余言，习为依稀仿佛，浮靡对偶之语，自足以应有司之选矣。学术至此，其又可悲也。夫今九州之广，四海之远，聪明才辩，固自不少，皆科举之学误之也"⑤。因此，"在科举

---

① （清）黄中坚：《制科策》，载（清）魏源《魏源全集·第十六册：皇朝经世文编·卷五十七·礼政四·学校》，岳麓书社2004年版，第185页。

② （明）崔铣：《政议十篇》，载（明）陈子龙等选辑《明经世文编·卷一五三·崔文敏公洹词》，中华书局1962年版，第1527页。

③ 尽管也有例外，如举荐制、贡监制、吏员制、捐纳制、任子制和世袭制。但科举日重，其他途径自然日轻了。（王兴亚：《明代行政管理制度》，中州古籍出版社1999年版，第106—132页。）

④ 唐克军：《不平衡的治理：明代政府运行研究》，武汉出版社2004年版，第360页。

⑤ （明）陆深：《国学对策》，载（明）陈子龙等选辑《明经世文编·卷一五五·陆文裕公文集》，中华书局1962年版，第1558页。

考试的热潮中，成功与失败成为两极，大部分的士人都生活在落榜的梦魇中，他们的心中除了举业外，的确已容纳不下所谓的礼义廉耻了”①。这种堕落激起了部分儒生的强烈反弹，他们在一个卑微的、被放逐的处境中开始了全面而深刻的、主要立足于哲学的自我反省与自我定位，从而开启了一条“新”的寻求失去已久的“先王之道”的历程。

这一寻求“道统”的历程，首先源自唐宋之际的整个文学、思想形态的大转折，“从非常广义的角度来讲，我把北宋的思想文化看作是存在于古文中的一种张力的开展，这是一种存在于个人修养和生活政治责任之间的张力，它在唐代古文奠基者韩愈的文章里十分明显”。其特征就在于：“韩愈为文学实践提出了新的标准，他重新定义‘好’的学，他所谓好的‘学’意味着思考价值观，特别是思考那些指导了圣人的价值观，即圣人之道，因为它们能够从典籍传统中引发出来。”② 而到了南宋，这一趋势进一步得到强化，“哲学开始受到高度重视”③。影响了此后整个中国与东亚文明发展方向的程朱学派，就是在这样的背景中产生、发展、成熟的。这种追寻“圣人之道”而不是现实功名的长久努力，最终促成儒学内部两次有效的“自清运动”：“第一次的自清运动，可以宋朝的理学家为代表……他们热心于书院讲学，希望透过教育以培养知识分子的高度人格，要先内圣而后外王……举业的压力，至明朝更为严重，而士大夫的堕落到明朝也更加明显，于是有王阳明学派掀起第二次的自清运动。这一次的自清运动与宋朝的自清运动大不相同……宋朝理学家要改革的对象是上层士大夫，而王阳明学派则注意到下层社会。尤其是泰州学派，他们看穿士大夫的腐败堕落已到无可救药的地步，于是将目标放在社会大众。他们到处讲学，深入农村社会，希望将教育普及各阶层。”④

与韩愈等人的“古文运动”相比，这两次发生于儒生士大夫内部的以“理学”“心学”为代表的“自清运动”，尤其是第二次以阳明心学

---

① 黄景进：《社会变迁中的知识分子》，载台湾政治大学中文系所主编《汉学论文集》，文史哲出版社 1982 年版，第 30 页。

② ［美］包弼德：《斯文：唐宋思想的转型》，江苏人民出版社 2001 年版，第 5、131 页。

③ ［美］刘子健：《中国转向内在：两宋之际的文化内向》，江苏人民出版社 2002 年版，第 23 页。

④ 黄景进：《社会变迁中的知识分子》，载台湾政治大学中文系所主编《汉学论文集》，文史哲出版社 1982 年版，第 30—32 页。

为主体的自清运动是本章所要讨论的主要内容。其中，第一次以程朱学派为代表的“自清运动”构成了第二次以王阳明学派为代表的“自清运动”的先驱。而且，王阳明所建构的新的哲学体系也是完全以朱熹的哲学体系为基点与目标的。我们可以看到，宋明以来的儒学传统是一个“开新”的过程，儒家内部所进行的“自清运动”至少从文化上（“内圣”）重塑了一个新的帝国形态，当然，遗憾的是这一传统并没有进一步成功地在政治与制度上（“外王”）塑造新帝国。①

在进一步展开对阳明心学运动的论述之前，我们似乎需要先澄清一种根源于“现代人”的“优越感”所导致的对上述运动的严重“误读”。有学者在标题为“中国现代性发展历程中的前五次反经学高潮”的文章中，根据所谓“现代性”理论所提倡的“现代”与“传统”之间的二元对立模式，试图在中国的传统中寻求双方的对应物。其结果就是将官方化的甚至非官方化的儒学（在他们这里是所谓“经学”）作为传统与落后的代表，而将所有“反经学”（儒学）的行为当作现代与先进的代表，“在近一千五百年的时间里，中国现代性的发展共出现过六次大的高潮，即魏晋时期以王弼、嵇康为代表的反经学高潮，唐朝由于佛学对儒学的排斥而形成的反经学高潮，宋明以陈亮、叶适、李贽为代表的反经学高潮，清初黄宗羲民主启蒙思想对经学的挑战，近代西学对传统经学的冲击，‘五四’及其以后的科学、民主思想对经学的最终瓦解”②。这样一种以后来者的身份拿着西方的理论模式，主观而荒谬地在传统中划分敌我、设置阵线、寻求假想敌的做法，不仅是时空的错位，而且是概念的混淆。试问：我们真的能够将玄学、佛学、功利主义儒学、阳明后学、经世致用之学、西学、民主科学作为“统一阵线”放置在同一理论范畴之下吗？

本书之所以在这里讨论这一问题，目的就在于提醒自己与读者，随着现代学者日益以“现代人”自居，已经不知“古代人”的生活、思想、情境为何物了！作为“不在场”的后来者，我们真正需要做的是尽量回到古人的历史与生活情境之中，从其思想传统的内部发展与自身

---

① 参见牟宗三《政道与治道》，“台湾学生书局”1991年版，“新版序”第9—11页。

② 卢政、霍俊国：《中国现代性发展历程中的前五次反经学高潮》，载《贵州社会科学》2003年第6期，第89页。

演变的理路而不是我们所强加的所谓现代与传统的“战争”入手，展开对各种学派、思潮、转变的研究。

第二节 必要的妥协：王阳明与政治“下行路线”

黄宗羲曾这样总结有明一代的学术：“有明文章事功，皆不及前代。独于理学，前代所不及。”[①]此外，他在“白沙”与“姚江”两《学案》中，又一再强调：“有明学术，至白沙始入精微……至阳明而后大。”[②]“有明学术，白沙开其端，至姚江而始大明。”[③] 可以看出，以宋元“心学”为根基，起自“白沙”、成于“阳明”的“心学”是整个明代学术的代表[④]，王阳明更是被誉为“宋明五百年道学史上一位最有光辉的人物”[⑤]。他的出现从总体上改变了明初以来学术、思想界的沉闷与单调，“一扫二百余年蹈常袭故的积羽，而另换一种清新自然的空气”[⑥]。

从明代政治体制的变迁而言，王阳明的真正成功之处并不在于他是否直接改变了“权力”本身，而是他试图重新为“权力”的行使与扩张划出清晰的界限，从而为地方、社会、自我、个体等权力的承担者留下生存、发展、自立、自足的空间。亦即，对于明代以来极度强化的专制权力，王阳明并不是从积极意义上予以直接的批评与制约，而是从专制权力的对立面入手，通过重塑作为被动方的“地方”“自我”“个体”等的独立性、自主性的方式，最终为专制权力的行使与扩张限定了底线。这完全不同于宋儒们立足积极意义上的“教化皇权”[⑦] 的上行路线，而是一种消极意义上的“抵御皇权”的下行路线。这种强调专制权力对立面的做法此后在黄宗羲、顾炎武等人身上再次强烈地表现出

① （清）黄宗羲：《明儒学案·发凡》，中华书局1985年版，第17页。

② （清）黄宗羲：《明儒学案·卷五·白沙学案》，中华书局1985年版，第78页。

③ （清）黄宗羲：《明儒学案·卷十·姚江学案》，中华书局1985年版。

④ 参见罗义俊《从王阳明到黄宗羲》，载《中国文化》1993年第1期，第40页。

⑤ 嵇文甫：《晚明思想史论》，东方出版社1996年版，第1页。

⑥ 耿湘沅：《晚明小品文蔚盛的原因》，载台湾政治大学中文系所主编《汉学论文集》，文史哲出版社1982年版，第202页。

⑦ “（南宋）高宗遗产中最为重要的，是一个倾向于绝对独裁的君主专制权力。那个时代的许多知识分子都再明白不过，一切都仰赖皇帝的决策。皇帝个人，不依靠任何官僚，制定国家政策。从此，知识分子们意识到，政治必须从皇帝的教育开始，别的都还在其次。”（［美］刘子健：《中国转向内在：两宋之际的文化内向》，江苏人民出版社2002年版，第94页。）

来，他们进一步从政治体制的角度强调“封建制”“富民制”“清议制”等带有“分权”意味的制度的重要性，也就是将王阳明在哲学上所体现出来的上述“下行路线”进一步发展到了政治制度上，力图从“下”而不是仅仅从“上”限制权力的行使与扩张。

具体而言，在王阳明这里，这种对“权力”本身的界限的划定主要涉及以下三组对立的概念：（1）中央集权与地方自治；（2）世俗权威与自我意识；（3）整体秩序与个体空间。

第一，有关中央集权与地方自治这一问题，在王阳明之前，宋代儒者就已经力图从“皇权”入手改变现实政治，寄希望于对掌权者进行人格教化与道德感召①，这种重视教化的努力是对宋代皇权高度集中这一政治现实的一种直接的反映。这一努力存在着严重的矛盾之处：“一般而言，新儒家支持专制政体，但仍然固执地表达其理想主义的一面，并继续在有限的范围之内进行自我完善。”② 与宋儒不同，“阳明说教的对象根本不是朝廷而是社会。他撇开了政治，转而向社会上去为儒学开拓新的空间，因此替当时许多儒家知识分子找到了一条既新鲜又安全的思想出路。专制君主要使‘天下之是非一出于朝廷’，现在阳明却说：‘良知只是个是非之心。’而良知则是人人都具有的。这样一来，他便把决定是非之权暗中从朝廷夺还给每一个人了。从这一点来说，致良知教又涵有深刻的抵抗专制的意义。这是阳明学说能够流行天下的一个重要的外缘”③。

王阳明处在明代社会开始出现转型的时代，一方面，由于正德皇帝的昏庸放肆，明初以来高度集中的中央权力日益减弱；另一方面，由于内乱不断，导致明初所建立起来的乡村制度如保甲体系，以及军事制度如卫所制度等开始全面解体。但是，同样在这个时代里，整个政治体制的控制力还没有完全崩溃，皇帝仍然可以通过自己的亲信组织严密地控制着文官系统与各级政府，如果他愿意，甚至可以进一步控制社会的各个方面。王阳明对此时发生的所有这些变化以及皇权体系的残酷性都有

---

① 参见李泽厚《中国古代思想史论》，安徽文艺出版社 1994 年版，第 278 页。

② ［美］刘子健：《中国转向内在：两宋之际的文化内向》，江苏人民出版社 2002 年版，第 23 页。

③ 余英时：《现代儒学的回顾与展望——从明清思想基调的转换看儒学的现代发展》，载《中国文化》1995 年第 1 期，第 4—5 页。

着亲身的体验。首先，就权力体系的残酷性而言，他早年因反对刘瑾而差点儿受杖而死，后被发配到贵州龙场驿，在贵州的艰难困苦之中，终于悟道，被李贽称为“困而知之者”。[①] 此后，刘瑾败，任官南京。正德十四年六月宁王宸濠造反，王阳明在三个月之内就将其预谋了多年的造反一举平定。然而，这次胜利并没有给他带来荣耀，正德皇帝在获得捷报的情况下继续强行亲征，随行的军官与宦官们又急于抢功，这种处境再次将王阳明逼入绝境。[②] 直到正德十六年武宗去世后，才“录平宸濠功，封王守仁新建伯”[③]。种种现实的境遇使他更为清醒地认识到了专制权力的问题。

正是在这样的现实格局中，王阳明将其对于政治的热心放在了地方性的“保甲制”与“书院”的建立上。对于前者，阳明在正德十二年任巡抚南赣都御史时，就已经放弃前人多调“狼军”平乱的做法，而是整顿地方力量，增强其自保的能力，“于是各县屯戍既足防守，而兵备招募者，又可应变出奇，盗贼渐知所畏”[④]。此后在任江西巡抚时，又一再“申谕十家牌法”，认为这种带有“保甲制”意味的制度能有效治理地方，甚至认为“但循此而润色修举之，则一邑之治，真可以不劳而治”[⑤]。此外，王阳明对地方书院的建设极为热心，这一方面是由于明代学校在基础教育方面的失败，如他在一篇文章中为地方兴建书院进行了辩护：“惟我皇明，自国都至于郡邑咸建庙学，群士之秀，专官列职而教育之。其于学校之制，可谓详且备矣。而名区胜地，往往复有书院之设，何哉？所以匡翼夫学校之不逮也。夫三代之学，皆所以明人伦；今之学宫皆以‘明伦’名堂，则其所以立学者，固未尝非三代意也。然自科举之业盛，士皆驰骛于记诵辞章，而功利得丧分惑其心，于是师之所教，弟子之所学者，遂不复知有明伦之意矣。怀世道之忧者思

---

① 参见（明）李贽《续焚书·答马历山》，中华书局1975年版，第2页。

② 参见（清）谷应泰撰《明史纪事本末·卷四十七》，中华书局1977年版，第703—705页。

③ （清）张廷玉等撰：《明史》，中华书局1974年版，第216页。

④ （清）谷应泰撰：《明史纪事本末·卷四十八》，中华书局1977年版，第712—713页。

⑤ （明）王阳明：《巡抚江西申谕十家牌法》，载（明）陈子龙等选辑《明经世文编·卷一三二·王文成公集三》，中华书局1962年版，第1303页。

挽而复之……今书院之设，固亦此类也欤？”[①] 另一方面则是士大夫们能够在国家体制之外寻求到制度性的认可，地方书院是“讲学运动”得以兴起、壮大的体制性根基，此后形成的直接对抗国家权力的“东林”“复社”运动，就是在讲学运动的基础上发展起来的。通过讲学，王阳明及其后学影响到了上自首辅（支持者如徐阶，反对者如高拱，先支持后反对者如张居正）下至庶民的整个明代社会，其政治影响大到非得通过权力镇压不可的地步。[②]

可以看出，尽管在王阳明本人这里，他并没有直接挑战国家的权威体系与政府的权力运作，而是将他的质疑与反思融入自己的“形而上”的哲学思考与“形而下”的地方治理之中。也就是说，王阳明是通过自己的实践而不是理论回应自己所处的有关权力过度集中这一时代性的问题，这也恰恰是他自己所提出的“知行合一”[③]理念的完美注脚。正如杜维明所言，“我们不能说阳明身心性命之学讲得很好，但他没有讲到经世，没有开出其他，这种看法是由于我们对他所要讨论的问题了解得不够”。事实上，“阳明把哲学的理念和他的生活实践完全融合在一起”[④]。

第二，就世俗权威与自我意识这一问题而言，王阳明明显地抛弃了上述面对权力问题时所存有的顾忌，而是进行了直接的、态度明确的讨论。

明代初年，由于官方的提倡，程朱学派成为科举取士的标准，儒家学者们基本上都是恪守程朱门户，“此亦一述朱，彼亦一述朱”[⑤]，没有

---

① （明）王阳明：《王阳明全集·文录四·万松书院记》，红旗出版社 1996 年版，第 883—884 页。

② 参见陈时龙《明代中晚期讲学运动（1522—1626）》，复旦大学出版社 2007 年版，第 140—147 页。

③ 有意思的是，作为行动者与革命者的孙中山虽然极为赞同王阳明的“知行合一”观念对传统的“知易行难”观念的突破，但是，他认为还需更进一步以“知难行易”观念彻底打碎人们习惯中的因循苟且的思想，所谓“倘能证明知非易而行非难也，使中国人无所畏而乐于行，则中国之事大有可为矣”。（孙中山：《建国方略》，辽宁人民出版社 1994 年版，第 4—5 页。）

④ 杜维明、东方朔：《杜维明学术专题访谈录》，复旦大学出版社 2001 年版，第 12、15 页。

⑤ （清）黄宗羲：《明儒学案·卷十·姚江学案》，中华书局 1985 年版，第 178 页。

体现出太多的创造性。不过，以“纯然一乡村老儒”①的吴与弼为代表的注重“涵养”与“躬行”的民间学者们却对宋儒的“圣人之道”与“自我修养”两方面继续持守与发挥②，从而开启了明代独立于政治权力之外的学问道路。③ 在他的影响下，明中期以后，由于白沙、阳明之学遍天下，“人人能道良知之说”，整个明代的学术才有一大变迁。④ 由于心学的激荡，“明代许多学者的研究和著述充满了个人主义，有时甚至是英雄主义精神，他们醉心于尚未开拓或研究的知识领域”⑤。

事实上，王阳明对于以程朱学派为中心的思想、学术权威的挑战是极为彻底的。在治学中，他主要讲求学问与思想中的自我意识而不是世俗权威的观点，所谓：“夫学贵得之心。求之于心而非也，虽其言之出于孔子，不敢以为是也，而况其未及孔子者乎！求之于心而是也，虽其言之出于庸常，不敢以为非也，而况其出于孔子乎！”⑥ 这种将是非的判断标准交给个人之心的做法，无疑是对每个个体的自我意识的肯定与抬高，同时也是对现实世界中讲求“政教合一”的独断权力的挑战与制约，在“求之于心”的语境中，作为掌权者的“政统”力量已经无法同时以“道统”的名目对其他人进行教导与控制了，他们或许还能继续拥有“独断权力”，但肯定无法再拥有“独断命题”了，因为任何一种命题都需要通过“心”的检验。而这种需要被每一个个体的“心”

---

① 古清美：《明代理学论文集》，大安出版社 1990 年版，第 19 页。

② 参见 Pefer K. Bol，“Neo-Confucianism and Local Society, Twelfth to Sixteenth Century：A Case Study”，Edited by Paul Jakov Smith and Richard Von Glahn *The Song-Yuan-Ming Transition in Chinese History*，Cambridge（Massachusetts）and London：Harvard University Asia Center，2003，pp. 269 – 273。

③ 有学者对黄宗羲将吴与弼列为《明儒学案》之首不以为然，认为“吴与弼是朱学的信徒，他是极端拘守的，而且学问简陋，除‘四书五经’、宋儒著作外，几乎都不注意的……他的思想自然很容易做古人的奴隶了”。（容肇祖：《明代思想史》，台湾开明书店 1982 年版，第 19—20 页。）事实是，吴与弼一生清苦，心性刚愤，克服此二事就成为其砥砺自我、躬行先儒之道的目标，而且勤于体任，极少著述，处处严格按照古人的标准行事，从而显得与世隔绝、与流俗格格不入。但是，也正是这种对于先儒之道的执着与追求，才进一步感染了此后那些力图在科举考试与世俗功利之外寻求自己的追求与信仰的儒家学者。

④ 有关明代前期的思想与学术的发展与变迁，可参看古清美的《明代前半期理学的变化与发展》一文中的相关论述。（古清美：《明代理学论文集》，大安出版社 1990 年版，第 1—41 页。）

⑤ ［美］艾尔曼：《从理学到朴学：中华帝国晚期思想与社会变化面面观》，江苏人民出版社 1995 年版，第 31 页。

⑥ （明）王阳明：《王阳明全集 · 传习录中》，红旗出版社 1996 年版，第 78 页。

所检验的命题，就是一个“公”的命题，而不再是“私”的命题。所谓：“夫道，天下之公道也；学，天下之公学也，非朱子可得而私也，非孔子可得而私也。天下之公也，公言之而已矣。故言之而是，虽异于己，乃益于己也；言之而非，虽同于己，适损于己也。益于己者，己必喜之；损于己者，己必恶之。然则某今日之论，虽或于朱子异，未必非其所喜也。君子之过，如日月之食，其更也，人皆仰之，而小人之过也必文，某虽不肖，固不敢以小人之心事朱子也。”① 可以看到，王阳明这里所言及的“公道”“公学”等概念，可以与黄宗羲等人所言及的以“公天下”为代表的“公权”同样看作宋明儒学内部逻辑演变的结果。正如沟口雄三所指出的：“公原本仅指君主一人的政治道德，现在飞跃式地横向扩大到普通的一般人（实际上以士大夫阶层为中心），内部从个人的精神世界，外部到与社会生活相关的伦理规范，即宋学所谓天理之公、人欲之私的普遍之命题。”② 这种在学问与思想上鄙视世俗权威、尊重个人自我意识的做法在后来被黄宗羲总结为：“学问之道，以各人自用得著者为真。凡依门傍户，依样葫芦者，非流俗之士，则经生之业也。”③

这种将判断“是非”“好坏”“真假”的标准完全交给个人，从最本质的角度而言，这是对每个个体的人格、理性、智慧、道德等的尊重与认可，也是对每个个体独立性的直接肯定。孔子、朱熹尚且不能垄断“是非”，世俗权力更是没有理由这样做了。在一个讲求“以吏为师”“以儒为师”、以上对下的“教化”为本的国度里，这是少有的真正将“人”的自我觉醒、自我独立的可能性交还给自我的努力——“我”而不是“师”，才是万物的尺度；“我”而不是“师”，才是决定“我是谁”的最终裁判！

第三，就整体秩序与个体空间而言，王阳明首先将孟子意义上的“人皆可以为尧舜”（《孟子·告子章句上》）这一“可能性”命题扩充为“满街皆是圣人”这一“肯定性”命题。

---

① （明）王阳明：《王阳明全集·传习录中》，红旗出版社 1996 年版，第 80 页。

② ［日］沟口雄三：《中国公私概念的发展》，载杨雁斌、薛晓源选编《冲突与解构：当代西方学术叙语》，社会科学文献出版社 2001 年版，第 297 页。

③ （清）黄宗羲：《明儒学案》，中华书局 1985 年版，“发凡”第 15 页。

在儒家的语境中，“圣人”是充满宗教意味的“即凡而圣”[①]的“人”，在这种思维模式中，“圣人”既是可以“参赞化育”、影响天地运动的人，又是可以“无为而治”、为人世带来福音的人。[②]因此，宇宙与人类的整体秩序都被统合在“圣人”这一概念之中。在远古，“圣人”主要是指能“沟通天地人”的“圣王”，从这种意义上，孟子所谓“人皆可以为尧舜”的命题可以转化为“人皆可以为王”，尽管他将这种可能性同样赋予了每个个体，但最终能够“成圣”“成王”的人却永远只是少数人而已，因此，只有少数人（君子与圣王）能够在“整体秩序”中发挥积极作用，而更多的普通人则处于被动的状态之中，作为精英阶层的“儒生—士大夫”集团一直承担着“做人成圣”与“治国安邦”的双重功能。[③]但是，到了宋代（尤其是南宋）以后，由于君主专制的进一步强化，儒者们在“治国安邦”方面受到了严重的挫折，因此，以理学家为代表，他们更多地将注意力转向由个人的“修身养性”直至“做人成圣”这种不依赖于外在权威的自我修养与自我满足上，此外，为了应对佛道二教在哲学、宗教方面的挑战，理学家们也越来越注意到儒家思想的超越性与宗教性。也正是在这个意义上，辜鸿铭才会认为儒学虽然不是西方意义上的“宗教”，但在现实生活中可以承担“宗教”的相关功能。[④]而儒家在后世被称为“儒教”[⑤]，儒生则被称为“宣教士”。[⑥]

这种有关个人如何成圣的探讨在王阳明这里再次发生了颠覆性的转变，他所提出的“满街皆是圣人”这一命题将“人”“圣”“宇宙”直

---

① ［美］赫伯特·芬格莱特：《孔子：即凡而圣》，江苏人民出版社2002年版，第6页。

② 参见黄勇军《“回归”、“弑母”与“超越”——对先秦诸子“无为”观念的三维解读》，载林存光主编《先秦诸子政治哲学研究》，辽海出版社2006年版，第138—140页。

③ “依照传统的说法，儒学具有修己和治人两个方面，而这两方面又是无法截然分开的。但无论是修己还是治人，儒学都以‘君子的理想’为其枢纽的观念：修己即所以成为‘君子’；治人则必须先成为‘君子’。”（余英时：《内在超越之路》，中国广播电视出版社1992年版，第103页。）

④ 参见辜鸿铭 *The Spirit of the Chinese People*，外语教学与研究出版社1998年版，第28—30页。

⑤ 参见刘述先《儒家思想与现代化》，中国广播电视出版社1992年版，第311页。

⑥ “所谓士，乃人群中能志道明道行道者，承担着中国社会文化教育与政治的双重责任，负担传统文化理想与传统文化精神，其宗教信仰即为儒家思想与家族观念，是双料和尚或半和尚，是人文教的宣教士。”（转引自方克立、李锦全主编《现代新儒家学案（中）》，中国社会科学出版社1995年版，第454页。）

接相连，三者之间不再有隔阂。这一对“做人成圣”的直接肯定塑造了整个明代中后期的思想氛围，正如有学者所言：“产生明学的根本气氛，是要直接参入宇宙之中的一种浪漫的热情，是离开死文字，离开所有中介而亲身触及那生生不穷之物的热望。”[①] 通过这种“直接参入宇宙之中”的努力，任何人都可以参与到自然与人世的变化、运转之中，从而将“整体秩序”缩小到每个“个体空间”之中。尽管空间的大小有差别，但没有本质上的不同，正所谓“圣人之所以为圣，只是其心纯乎天理，而无人欲之杂。犹精金之所以为精，但以其成色足而无铜铅之杂也。人到纯乎天理方是圣，金到足色方是精……故虽凡人而肯为学，使此心纯乎天理，则亦可为圣人；犹一两之金比之万镒，分两虽悬绝，而其到足色处可以无愧”[②]。由于儒家强调“人性本善”且心有“四端”，因此，不论大小，其心终有“精金”者，而“满街皆是圣人”就是对每个人内心之“善”的直接体认，而无须外在判断。有学者就认为程朱坚持“良知良能，皆无所由，乃出于天，不系于人”。“这种思路是化良知为天理，使良知行上化。而王阳明则认为良知不仅出于天，而且是系于人的，是贯通行上与行下的……所谓‘系于人’就意味着良知与人的存在息息相通，因此良知又呈现出直觉性。”[③] 如果我们套用现代西方学者将自由分为“消极自由”与“积极自由”的做法[④]，或许可以这样说，程朱学派追求“积极成圣”，而王阳明学派追求的则是“消极成圣”，也就是说，作为一个个体，我可以不追求成为掌握权力的“圣王”或是“君子”，但没有人能够因为没有掌握权力而否定我的作为“圣人”的特性，每个人内在所具备的“圣人”特征是不证自明而且不能被剥夺的。

这是一种并不同于宋元儒学的新趋势，如果说以程朱学派为正统的“理学”在其实践上离不开“王”的存在与配合的话，那么，到了王阳明这里，重要的已经不再是“王”的问题，而是“人”的问题。宋儒在关注自身修为的同时，极度关注对掌权者的“成圣”的教化，而明

① ［日］岛田虔次：《中国近代思维的挫折》，江苏人民出版社2005年版，“序”第4页。

② （明）王阳明：《王阳明全集·传习录上》，红旗出版社1996年版，第29页。

③ 鲍世斌：《明代王学研究》，巴蜀书社2004年版，第41页。

④ 参见［英］以赛亚·伯林《自由论》，译林出版社2003年版，第39页。

儒在同样关注自身修为的同时，却将这种“成圣”的教化的目标转向了大众而非掌权者。在这样的语境中，掌握权力的人与普通人之间已经没有了本质上的差别，这就为每一个个体留下了自我生存、自我修养、自我表达、自我抗争的空间。这无疑是对明代建立在“等级制基础”上的“一体化秩序”的根本否定。

也就是说，王阳明从“讲学”“自我”“个体”三个方面为芸芸众生重构了一套可以独立于专制权力之外的生存体系。在这个新的生存体系中，由于立足于“满街皆是圣人”这一自我呈现式的对于“人”的独立性与完整性的肯定，每个“人”都可以因为其作为“人”的身份而获得“主体”上的自足与自立性，从而不需要任何来自外在的权威的“管理”或“教化”，因此，在王阳明的语境中，作为“圣人”的“人”，而不是作为“圣人”的“王”，才是人类社会的核心组成部分，对“生命”的保障，而不是对“权力”的占有，才是人类社会存在的价值与意义所在。此正李贽所谓：“圣人不责人之必能，是以人人皆可以为圣。故阳明先生曰：‘满街皆圣人。’佛氏亦曰：‘即心即佛，人人是佛。’夫惟人人之皆圣人也，是以圣人无别不容己道理可以示人也，故曰：‘予欲无言。’夫惟人人之皆佛也，是以佛未尝度众生也。”①

通过王阳明的努力，儒家思想日益凸显其主体意识、自我修养、下行传道、经世济民等特征，而此后阳明后学们的努力更是将这些特征发挥到了极致。正如岛田虔次在评价小野和子的《明季党社考》一书时所提及的：“著者在论述东林派的党争时，时时指出，平等式的思考、志向，这是被所谓的党人自觉地、热情地追求的东西，而这种情况，是由明代独特的学问阳明学所带来的，或者说由其进一步激发起来的新风。”② 因此，如果说宋代理学家们寄希望于教化皇权从而使皇帝能够行仁政的话，那么，到东林党人这里，随着阳明心学的兴起，已经开始转化为直接参与政治过程、对抗专制权力，以迫使中央权力采取行动或做出妥协，从而达到自己的政治目标。

然而，对于帝制中国政治史与政治思想史而言不幸的是，尽管阳明

---

① （明）李贽：《焚书·答耿司寇》，中华书局 1975 年版，第 31 页。

② ［日］小野和子：《明季党社考》，上海古籍出版社 2006 年版，“岛田虔次：序”第 2 页。

学在明代社会取得了广泛的影响力①，但是其生存状态却与被官方立为“正统”的程朱学派极为不同，王阳明学派尽管也试图通过将阳明学塑造为“颜子之传”以图在儒家的“道统系谱”中争取“正统”的地位②，但是，与朱子学先被南宋政府称作“伪学”而被禁，但不久又被南宋政府当作“正统”而推广的巨大转折不同，阳明学在明清几百年的历史中一直没有得到官方的认可。出现这一结果有多方面的原因，其中之一大概就是阳明学的思想内核与官方的意识形态需要之间的距离太远，因而无法被官方所彻底接受、吸纳、改造，从而获得“正统”的地位。

第三节　异端的力量：阳明后学的推进

王阳明之后，“王学的分化是不可避免的，由他们对本体—工夫关系的不同认识，大致可以分为本体、工夫和介于二者之间的归寂三大系统”③。有学者则称之为王学左派、右派与修正派。④ 它们从各自不同的路径上推进着王阳明学派的发展与繁荣。但是，在本书看来，它们之间在现实的政治作为上的差异远远没有它们在哲学思想上的差异那么大，无论哪一派都关注诸如“传道”“讲学”“地方治理”“批判集权”“寻求正统”等问题。具体而言，“讲学运动”与“地方治理”是它们共同的作为。有学者认为：“从某种意义上可以说，阳明学的思想展开过程，就是一部‘讲学运动史’。”⑤ 黄宗羲也对“讲学”推崇不已：“有明事功文章，未必能越前代，至于讲学，余妄谓过之。诸先生学不一途，师门宗旨，或析之为数家，终身学术，每久之而一变。”⑥ 而这种“讲学运动”与“地方治理”具有一致性：“无论是从民间讲学或地方工作的角度来看，都有其一致性的趋向，既是两宋‘化乡’理想的重新实现，

① 参见［日］沟口雄三《中国前近代思想的演变》，中华书局 2005 年版，第 39—40 页。

② 参见吕妙芳《颜子之传：一个为阳明学争取正统的声音》，载汉学研究中心主编《汉学研究》第十五卷第一期，1997 年 6 月，第 74 页。

③ 鲍世斌：《明代王学研究》，巴蜀书社 2004 年版，第 134 页。

④ 参见嵇文甫《晚明思想史论》，东方出版社 1996 年版，第 16 页。

⑤ 吴震：《明代知识界讲学活动系年：1522—1602》，学林出版社 2003 年版，“引言”第 5 页。

⑥ （清）黄宗羲：《明儒学案》，中华书局 1985 年版，“自序”第 7 页。

也可说是王学的‘觉民行道’路径的实践，同时也是寻求‘合理秩序的重建’的一种方式。”①

首先，就讲学的目的而言。沿着王阳明所开启的“满街皆是圣人”的“平民圣化”这一路径，明儒讲学的首要目的就在“自救”与“救人”二事上。分而言之，“自救”在内，“救人”在外；合而言之，“救人”就是“自救”。在王阳明学派中，更多地体现出“合”而不是“分”，在他们看来，如果只讲“自救”就会成为佛道“出家人”那样的“自了汉”，而如果只讲“救人”就会陷入“己不正而正人”的矛盾之中。因此，“自救”与“救人”合一就成为他们理想与现实追求中的最高境界。以胡直为例，他的一生之中经历了以下历程：学程朱之学应科举失败——放弃儒学与举业——学道教以求无病——学佛教首次悟道——学阳明学重归儒学——在阳明学的语境下再次悟道。他的第一次“悟道”与第二次“悟道”之间的差别就在于，前者体验到了佛教中的“不动心”之“道”，也就是“物我两忘”，实现了“自救”，感受到了肉体的解脱，后者则更进一步体验到了儒学中的“不动心”之“道”，也就是“己欲达而达人”，表现出“救人”的冲动，感受到了生命的现世意义。② 他的这种“悟道”的经历在晚明士大夫中是极为典型而普遍的。③ 这也是对宋儒以来一直强调“民胞物与”这一传统的继承与发扬。

那么，“悟道（自救）”之后如何才能“救人”呢？在王阳明这里，“自救”与“救人”之间的关节点就在一个“致良知”上，“呜呼！今之人虽谓仆为病狂丧心之人，亦无不可矣。天下之人心皆吾之心也，天下之人犹有病狂者宜，吾安得而非病狂乎？犹有丧心者矣，吾安得而非丧心乎？……今诚得豪杰同志之士扶持匡翼，共明良知之学于天下，使天下之人皆知自致其良知，以相安相养，去其自私自利之蔽，一洗谗妒胜忿之习，以济大同，则仆之狂病，固将脱然以愈，而终免于丧心之患

① 张艺曦：《社群、家族与王学的乡里实践：以明中晚期江西吉水、安福两县为例》，“国立台湾大学出版中心”2006年版，第397—398页。

② 参见 Rodney L. Taylor，“Proposition and Praxis：The Dilemma of Neo-Confucian Syncretism” *Philosophy East and West*，Vol. 32，No. 2，Apr.，1982，pp. 188 – 193。

③ 参见吴震《明代知识界讲学活动系年：1522—1602》，学林出版社2003年版，第146—148页。

矣，岂不快哉！”[①] 阳明的这种认识与努力进一步被他的后学们所延续，他们同样“连被谩骂为狂、被嘲笑为丧心之人也都无所谓，而惟独只关心如果圣学不复旧苍生将如何——这样的传道的热情，即贯穿其学说的全部理论之根底的并使之生生不息的热情，才是给阳明学赋予了决定性意义的东西。而且，这个热情，是天地生意之谓，是道生生之谓，毋庸多言，它也就成为宋学之根本精神志向的一个环节”[②]。“讲学”是王阳明及其后学实现所有人“皆能自致其良知”的主要途径，而通过“讲学”就能达到“自救”与“救人”的完美结合。如有学者认为阳明后学们以“信徒般的精神”拼命讲学，其意义就在于“聚会讲学，不惟成人，亦以成己。在一种讲学空气中，人已融成一片，熏蒸鼓舞，即教即学，此之谓教学做合一”[③]。也正是在这样的意境与氛围中，黄宗羲才会如此强调为讲学提供基础的学校的重要性，并进而力图将学校当作连接整个社会的组织性机构。

其次，随着“讲学运动”的日益兴盛，阳明后学们的“讲学”行为也开始出现制度化的倾向，具体而言，“王学会讲大致可以分为两大类别，一是同志会，也就是精英的以讲学为主的义理研讨会；二是乡会，即与大众合并的以进德为主的劝德归过会。前者的宗旨在学术，后者的宗旨在教化。”[④] 有学者甚至将这种不同的“会讲”区分为“社团事业”与“社区事业”，认为前者属于“内圣”，后者属于“外王”。[⑤] 有关明儒所进行的“外王”努力，余英时予以了高度的肯定，认为这是“明清思想基调转移”的主要表现之一，而且“明儒无论在朝在野多以‘移风易俗’为己任，故特别重视族制、乡约之类的民间组织，不但讨论精详，而且见诸行事”[⑥]。

这种“民间组织”在阳明后学那里，都是与“讲学”联系在一起的，以何心隐的“聚合堂”为例，“它实际上已经是一种社会组织形式，除了讲学之外还具有政治、经济诸方面的功能……因此，何心隐的

① （明）王阳明：《王阳明全集·传习录中》，红旗出版社 1996 年版，第 83 页。

② ［日］岛田虔次：《中国近代思维的挫折》，江苏人民出版社 2005 年版，第 17 页。

③ 嵇文甫：《晚明思想史论》，东方出版社 1996 年版，第 16—19 页。

④ 鲍世斌：《明代王学研究》，巴蜀书社 2004 年版，第 108 页。

⑤ 参见季芳桐《泰州学派新论》，巴蜀书社 2005 年版，第 11—12 页。

⑥ 余英时：《现代儒学的回顾与展望——从明清思想基调的转换看儒学的现代发展》，载《中国文化》1995 年第 1 期，第 5 页。

聚合堂是一个集政治、经济、焦化等功能于一身的社会组织形式”[①]。这种做法与他们讲学的对象往往具有向下的平民性而不是向上的精英性特征相关，这无疑是以“大人之学”（《大学》）为目的的儒学历史上的一大变迁，在上述向下的“外王”努力中，阳明后学尤其是泰州学派将孔子“有教无类”的信念发挥到了极致，“泰州学派深入民间讲学，学生包含三教九流，官、绅、士、农、工、商、匠、卒、仆、阉、囚、童，莫不从学麇集，其中庶民为数比例甚高，可以说是中国教育史上最能发挥‘有教无类’精神的平民学派”[②]。

阳明后学试图通过讲学达到“有教无类”目的的精神，是帝制中国历史上力图打通“精英文化”与“民间文化”之间的漠视与隔阂的最有效的努力。这种打通最终体现在政治、社会组织与权力网络的重构上，在讲学过程中，他们将五伦中的“师友”关系极大地凸显出来，使之成为新的人际关系与社会交往的准则。以何心隐为例：“在何心隐看来，师友关系是社会关系中最根本的，其他的君臣、父子、昆弟、夫妇等关系也是以此为基础的……（因此），主张建立一个以友朋之伦为基础的理想社会，这个社会的基本组织形式不是以父母、昆弟、夫妇关系为基础的家庭，而是以师友关系为纽带连接起来的‘会’。”[③] 这种凸显“师友”关系的努力在之后的李贽那里得到了进一步的推进，其所谓：“嗟夫！朋友道绝久矣。余尝谬谓千古有君臣，无朋友，岂过论欤！”[④] 而且在清末激进的改良者谭嗣同那里同样得到了回应，他认为：“五伦中于人生最无弊而有益，无纤毫之苦，有淡水之乐，其惟朋友乎！顾择交何如耳。所以者何？一曰‘平等’；二曰‘自由’；三曰‘节宣惟意’。总括其义，曰‘不失自主之权而已矣’。”[⑤]

从这种建立在“友朋”关系上的“会”推广开去，可以重构帝制中国的整个政治体系与权力网络：“在何心隐的会中，人们的社会关系发生了重要的变化，是‘生民以来未有之身之家’，会中的领导人物

① 鲍世斌：《明代王学研究》，巴蜀书社 2004 年版，第 227 页。

② 黄文树：《泰州学派的教育思想及其影响》，载汉学研究中心主编《汉学研究》第十六卷第一期，1998 年 6 月，第 132 页。

③ 鲍世斌：《明代王学研究》，巴蜀书社 2004 年版，第 229—230 页。

④ （明）李贽：《焚书·答耿司寇》，中华书局 1975 年版，第 29 页。

⑤ （清）谭嗣同：《仁学》，辽宁人民出版社 1994 年版，第 86 页。

‘主会’是其他人之师，但之间也是友朋关系。何心隐根据《大学》修、齐、治、平的次序，认为会要从基本的宗族做起，然后逐渐推广至全国乃至全天下。那么整个天下也就是一个最大的会，主会在会为师，在天下则为君。这个君已经不是传统意义上的专制君主……君亦是民，民亦是君，君并非世袭，而是轮流担任的。”①

在何心隐这里，我们已经可以看出黄宗羲在《明夷待访录》中所力图建立起来的以“相”为领导、以“学校”为组织、以“士人”为主体的整个政治改革方案的雏形了！在黄宗羲的方案中，“相”是推举出来的“贤人”，亦即何心隐所谓“会主”；“学校”是众人议政、讲学之所，即何心隐的“讲会”；“士人”是通过学术、路线集中在一起的以“自主”为标准的“友朋”。此外，有关君臣关系，黄宗羲无疑也受到了何心隐等人的直接影响，除了在《原臣》篇中强调君臣都是为天下而不是为一人的平等关系之外，他还在一篇墓志铭中称：“古之君臣，亦惟师友；后之人臣，仆妾奔走。师友之言，春温秋肃；仆妾之言，屈曲从俗。”② 可见，立足于相互平等与相互尊重基础上的“师友”关系是他确立国家政体的基本原则。如果这一路径能够得到实现，那么，帝制中国的政治格局将发生极大的改观。然而，遗憾的是，由于外在的政治压力，不论是王学的讲学运动，还是清初黄宗羲等人的下层经世，都没有取得最后的胜利，如果说在明代因为社会与政治的变迁还有实现的可能性的话，到了异族统治下的清代则彻底从历史舞台上退出了。“清初的下层经世之风，既可视为明中晚期儒学地方工作的延续，王学所行的地方工作因政治压力而无出路的内在危机，在清初异族高压政权下仍然无解，于是政治高压终于成为压垮骆驼的最后一根稻草，清初的这股经世风潮也在不久后衰落。”③ 一直到民国期间由梁漱溟发起的“乡村自治运动”，才再次承接上阳明后学尤其是泰州学派所开启的“民间讲学”与“地方治理”的道路，但这一路径在建国后再次被抛弃。④

---

① 鲍世斌：《明代王学研究》，巴蜀书社 2004 年版，第 230—231 页。

② （清）黄宗羲：《南雷杂著稿 · 皇明中宪大夫太仆寺少卿赠太尝寺卿松槩姜公墓志铭》，载《黄宗羲全集 · 第十一册》，浙江古籍出版社 2005 年版，第 44 页。

③ 张艺曦：《社群、家族与王学的乡里实践：以明中晚期江西吉水、安福两县为例》，“国立台湾大学出版中心”2006 年版，第 398 页。

④ 参见李善峰《传统儒学现代化的一次努力——以梁漱溟的理论和实践为个案的研究》，载《孔子研究》2004 年第 5 期，第 10—11 页。

可以看到，阳明之后，学者们继续沿着阳明所开启的质疑“政”“教”的两大路径继续前进。从历史的进程来看，以泰州学派为代表的王学左派继续推进对“教”的质疑，其中，李贽可以看作这一“解构独断命题”努力的“终结者”，有学者认为：“一种浑然未分化的精神，在进入宋代以后开始了自我分化，理论理性开始强烈地追求其自律性。心学运动正是这样的中国近代精神的自我主张运动，李卓吾是这个心学运动的最后的领袖。”[①] 此外，以东林派为代表的王学修正派则继续推进对“政”的质疑，而黄宗羲则可以看作这一“解构独断权力”努力的“终结者”，“梨洲构想乃一新外王构想。唯其精神仍承阳明外王指向而来，‘君害论’即‘格君心之非’说之直接发展。承阳明内圣学而欲开新外王，此即是从阳明之学到梨洲之学所展示的精神方向。此亦是宋明儒整体精神必有之方向”[②]。有意思的是，尽管作为后来者的黄宗羲对李贽颇有敌意，但他们都自称是阳明心学的继承者，而且也都被现代学者们冠以“启蒙思想家”的头衔[③]，甚至在“文化大革命”期间都被讲求“儒法斗争”的人划入“先进”的“法家”阵营之中[④]，这种情况无疑意味着黄宗羲与李贽二人尽管分歧明显，但他们一方面可以代表王阳明学派的不同潮流；另一方面，他们的努力也分别在“哲学”与“政治”两个层面上完成了王阳明所开启的道路的最终总结。

事实上，阳明学所体现出来的这种对“政”与“教”的双重突破的可能性正是其不能最终被官方吸纳为“正统”的关键所在，他试图在“国家权力”之外寻求个体、社群、社会的自我存在、自我发展、自我治理的空间与可能性，这也是程朱学派所追求但没能进一步发展的路径。在阳明及其后学这里，还是走质疑“教”而不质疑“政”的

① ［日］岛田虔次：《中国近代思维的挫折》，江苏人民出版社 2005 年版，第 117 页。

② 罗义俊：《从王阳明到黄宗羲》，载《中国文化》1993 年第 1 期，第 48 页。

③ 参见王记录《论清初三大思想家对李贽的批判——兼谈早期启蒙思想问题》，载《河南师范大学学报》（哲学社会科学版）2002 年第 6 期，第 56 页。

④ 在这些学者的论述中，王夫之、黄宗羲、顾炎武等人与李贽、张居正一道，都作为“法家的重要代表人物”得到了赞赏，并认为他们是当时“儒法斗争”的主力军。有关这一问题，可分别参见肖任武与傅衣凌两人的文章。［肖任武：《评明清之际三大进步思想家王夫之、黄宗羲、顾炎武》，载《文史哲》1975 年第 1 期，第 49—95 页；傅衣凌：《从明末社会论李贽思想的时代特点》，载《厦门大学学报》（哲学社会科学版）1975 年第 1 期，第 65—72 页。］

“下行路线”，而到了东林、复社那里则直接开始了质疑“政”的“上行路线”。而李贽恰好处在这两种思潮的转折之处，他对于“教”的彻底质疑，导致了此后各种以“护教”为名的反对者的评判，而反对者们又往往在延续这种“彻底质疑的精神”去质疑“政”。于是，以阳明心学为主线的明代儒者们所做出的“解构独断命题”的哲学路径最终走向了“解构独断权力”的政治路径。而与此后发生的“解构独断权力”的政治性努力相比，王阳明学派“解构独断命题”的努力最终在李贽这里画上了句号。

第四节　德性挺立：来自东林党的修正

正如作为东林党后人的黄宗羲对李贽多有非议与批判所体现出来的立场之争，东林党人对于阳明后学，尤其是对作为“异端”的李贽的批判可谓不遗余力。从当时晚明的政治与社会整体格局的角度上，我们可以看到，东林党人与李贽等人之间的对立，主要表现在政治理念与学问背景两个方面。

就政治理念而言，晚明的张居正、海瑞、李贽等人，不论其现实作为有多大差别，但他们于政治理念上都是“功利主义儒家”的信奉者，这与信奉“道德主义儒家”的东林党人可谓势不两立。他们之间的巨大差异，一方面促使亲东林党的士人们对李贽展开了持续的批判与打压，最终导致了李贽的狱死；另一方面则导致了朝廷的“党争”，而党争的结果却使得东林党人被掌权者所打压，一片腥风血雨。万历末年，“时廷议所宣持者，唯禁道学一事，吏治边防，俱置不理”①。而至天启四年（1624），“一时尽黜，部置皆空”②。可以看到，不论是李贽还是东林党，最终都难逃被现实权力者所捕杀的悲惨命运。也正是在这个意义上，东林党人对于泰州学派尤其是李贽等人所带来的“空疏之风”的抵制与批判，才具备了更深层次的意义。“即使那些接受王阳明思想革新的人也易抓住正德年间以来对学术实践上某些发展的责难，诸如公共讲学的普及，来表达他们对士风如何衰坏的震惊……岛田虔次和其他

① （清）谷应泰撰：《明史纪事本末·卷六十六》，中华书局 1977 年版，第 1038 页。

② 同上书，第 1043 页。

人认为，泰州学派知识分子的这种极端的文化姿态和他们受到的正统学者的责难都最好被联系到商业化和大众文化正在晚明士绅社会起作用的这种转型。士绅的世界正在发生变革，思想争端使得地方社会和经济生活的变化这一事实在文化层次上有目共睹。”①

换言之，王阳明与泰州学派面对的是一个虽然危机重重，但却仍然高度集权的政治体制，而当时的明代乡村又处于“保甲体制”开始解体的时期，因此，他们在日益发展的地方经济与日益分化的地方利益中，开始避开政治权力的锋芒而转向民间发展，力图将儒家的理念扩充至“愚夫愚妇”。但是，到了东林党的时代，随着在后文中还将予以详述的“内阁宰相化运动”的展开与失败，帝国高度集权的体制不再那么强有力，国家权力不论对文官集团还是对地方社会的控制力都日渐下降，于是，以东林党人为代表的士大夫们开始推行上限君权、下控乡村的双重努力。东林党人对于李贽、王学左派的批判就来源于对自身所处的这一政治—社会状况的清醒认识。在这个时代中，一切曾经具有权威的、神圣的、严肃的观念与行为都被放入肆无忌惮的语境之中消解殆尽，从而以“人”的存在而不是“社会”的运转作为其思考的目标与对象所在，这导致了力图重塑社会秩序的学者们的恐慌与抵制。以晚明的笑话②为例，岛田虔次认为：“笑话的流行——至少是某种笑话的流行——肯定可以说它只是社会的迷混、社会的危机（我认为文化烂熟时代基本上就是这样的时代）的象征。把万历作为顶点的一个时代，就士大夫存在而言正是‘祸将安及’这种隐藏着深刻危机的时代。而且因为那不是由外在的新兴阶级引起的，所以在理论上其克服必须依靠士大夫自身的自肃，而且依靠这种自肃无论如何都要能够暂时避免危机。来自朝廷一侧的弹压奏了效。看破了阳明学的本质，排斥阳明学而提倡回归程朱，强调回复儒家矩矱，强调砥砺名节的东林学派奋起了。他们阐明了人的理念是‘君子’。”③

---

① ［加］卜正民：《为权力祈祷——佛教与晚明中国士绅社会的形成》，江苏人民出版社2005年版，第316页。

② 龚鹏程就曾在《腐儒、白丁、酸秀才——晚明笑谈里的读书人》一文中对晚明笑话中关于读书人的辛辣讽刺进行了研究。从中可以看到当时的人对待所谓“读圣贤书”的书生的嘲讽态度，而正是被嘲讽的书生中的那些幸运者管理、控制着整个明帝国，因此，这无疑就是对政治本身的一种嘲讽。（龚鹏程：《晚明思潮》，商务印书馆2005年版，第370—383页。）

③ ［日］岛田虔次：《中国近代思维的挫折》，江苏人民出版社2005年版，第141页。

东林党所代表的这种思想上的转移所导致的一个直接的影响，就是以解决现实政治、社会问题为目标的“实学”的兴起。其中，与李贽“援佛入儒”强调人人皆佛以解决人的自我挺立不同的是，东林党人开始在儒学内部通过“援朱入王”以解决现实政治问题，正如学者所言：“虽然顾宪成与高攀龙在本体观上都主王学之论，但他们都强调由工夫而见本体，而针对当时良知现成论者径任本体、取消为善去恶的现实，因此援朱入王，试图以朱学工夫来彰显阳明学之本体，使学风返于笃实。”①

对于儒学的发展而言，东林党人的上述努力，可谓终结了一个时代而开启了另外一个时代。

首先，它终结了宋明以来通过融合“三教”尤其是佛教以建立自己的形而上学体系的儒家努力，从而开启了独立面对、独立研究儒学与佛学的路径，“如果东林式保守性的对佛教的攻击在一切方面获得成功，那么这就是使人相信问题已被解决。从此，这个伟大的传统不再求助于佛教，也不再编造精致的论证，打开或关闭穿越儒佛这两种哲学思想体系之间的障碍的通道。问题在都市人的话语层次上得到解决和搁置。但是恰恰是这种解决给佛教带来了使它因其自身而受人激赏、使它从儒学中分离出自己的领域而受人尊重的自由——这是黄宗羲应该赞成的一种看法。儒家士人也自由地汲取他们所选择的东西的灵感，只要他们不企图融合或等同两种不同传统的思想观念。18 世纪儒家学术世界的专业化紧随着这种消除佛教影响的倾向而来。这种学术关切的划分结果使得儒家士人承认佛教有一个独立的哲学传统，可以对它进行研究，也可以毫无挂怀地将它搁置一边”。②

其次，它终结了宋儒以来所重视的哲学上的“身心性命（内圣）”之学，从而开启了关注现实政治的“经世致用（外王）”之学，“明代以来，中国专制传统发展到最高峰，儒者不能‘行’其道于外，只有‘藏’其心于内，这是一种无可奈何的遭遇。但儒家并未完全丧失其原始的‘用’的冲动，固此每当政治社会危机深化之际，‘经世’的观念

---

① 鲍世斌：《明代王学研究》，巴蜀书社 2004 年版，第 262 页。

② ［加］卜正民：《为权力祈祷——佛教与晚明中国士绅社会的形成》，江苏人民出版社 2005 年版，第 80—81 页。

便开始抬头，明末与清末都是显例”。而“明末真正能开辟经世的风气者则必须以东林学派为重镇”[①]。这一路径的影响极其深远，使儒学的发展经历了“从理学到朴学”的转变过程，“社会规范的变化经常导致新的学术领域的诞生，宋明理学向清代考据学的转变已证实了这一点。新学术的冲击改变了儒学的追求，使之由追求道德理想人格的完善转向对经验性实证知识的系统研究。在江南学界的这一革命性变革过程中，追求客观性的思潮史如何压倒内圣理想的，这即是我们探讨的主题。在西方学术传统重，社会环境类似的变化曾促使18世纪启蒙运动的出现”[②]。侯外庐等人也一直以“启蒙思潮”概括这一时期的思想潮流。[③]

这种与西方“走出中世纪”的历史过程相比较的做法在国内学界极其兴盛。[④] 本书并不想对“启蒙”问题进行论述，因为即使没有与西方的比较，我们也能够看出这一趋势所含有的积极性因素所在。以“经世文编”为例，“万历之后，‘经世文编’明显增多，渐成风气……其中影响最著者，即为《皇明经世文编》……记录了有明一代各个时期的政治、军事、经济、文化、民族关系、对外关系等各个方面的具体情况和典章制度，真实地反映了明代270余年间的风云变幻、治乱兴衰。陈子龙等复社君子呕心沥血编印《皇明经世文编》，其目的是为了转移晚明‘士无实学’的空疏学风，开创‘通今’‘实用’的新风，挽救明末的社会危机”[⑤]。此外，“‘经世致用’既是明清之际儒学的一般倾向，因此我们不能把主张‘经世’的学者看成一个‘学派’。事实上，当时多派的人都同样注重‘经世致用’”[⑥]。而且他们之间的目的也并不完全一致，有学者就将他们分成了九个派别，并一一进行了比较之后认为：“晚明实

---

① 余英时：《经世致用》，载韦政通主编《中国哲学辞典大全》，世界图书出版公司1989年版，第692—693页。

② ［美］艾尔曼：《从理学到朴学：中华帝国晚期思想与社会变化面面观》，江苏人民出版社1995年版，第27页。

③ 参见侯外庐《中国早期启蒙思想史》，人民出版社2004年版。

④ 近年来，仍有很多人从这一路径上对黄宗羲等人的思想进行研究，如刘岐梅的博士学位论文就是如此。参见刘岐梅《走出中世纪——黄宗羲早期启蒙思想研究》，山东大学历史系博士学位论文，2005年5月。

⑤ 冯天瑜、黄长义：《晚清经世实学》，上海社会科学院出版社2002年版，第42—43页。

⑥ 余英时：《经世致用》，载韦政通主编《中国哲学辞典大全》，世界图书出版公司1989年版，第695页。

学虽然同时并起，流派纷立，可是论其目的却每彼此互异。东林派旨在尊崇程朱，端正人心，改造政治；程朱派旨在强调学问工夫，维护儒学实用传统；王学改良派旨在复返程朱，以补王学空虚；考据派旨在综览群籍，通经致用；经世派旨在重视当世之务，裨益于国家社会；科学派旨在讲求实用科学，改良国计民生；补儒易佛派旨在倡导天主教义，冀补儒学的不足；孔教派旨在使儒教宗教化，而恢复其原始的用世精神；佛学派旨在研究佛教经典，以禅净一致而救枯坐参禅之弊。或关政治人心；或关学术思想；或重工艺器械；或重国计民生；或涉军事国防；或涉宗教社会。可见此一反玄学思想运动所涵盖的层面是何等的广泛。”①

第五节　小结

明代中晚期以来的思想传统中最为关键的就在于阳明学的兴趣与盛行，而这一思想的内核所关注的是“人”的问题，也就是作为个体的“人”的存在价值与意义的问题，在阳明学的语境中，“人”与“圣人”之间开始处于相等的状态之中，亦即所谓“满街皆是圣人”，这种对于“人”的“此在状态”所进行的终极意义上的直接肯定，无疑将每个个体纳入了一个平等、自在、自足的体系之中。阳明心学的广为流传，为晚明的思想界开创了一个完全不同于以往的新气象。此后，以对于个体独立性的肯定与追求为目标，泰州学派、李贽、东林党人、复社诸人，甚至包括部分宰辅与官员们，分别从各自的视角与立场出发，接受、发扬、传播、践行王阳明所提出来的政治观念与思想命题。

然而，身处不同立场、不同境遇的儒生士大夫们，往往都从自己的视角与理解出发，解读、宣扬、践行、捍卫，甚至批判、诋毁、质疑、压制阳明心学，这样一种新的思想性运动，最终发展成为政治性、制度性的运动，引起了各个阶层的关注与参与。从中也可以看出，在明代政治转型这一宏大的历史背景之下，思想、学术、意识形态所具备的转型特征与发展趋势。

---

① 王家俭：《晚明的实学思潮》，载汉学研究中心主编《汉学研究》第七卷第二期，1989年12月，第296—297页。

第四章　内阁宰相化运动：应对变局的体制性努力

有学者认为，帝制时期“政事之要，首为组织，除皇权外，安内以行政为主，驳外以军事居先，司法组织所以处理讼狱也，监察组织所以纠弹官吏也”①。明代所建立起来的政府机构也正是这样一种在皇权的控制下对整个帝国行使控制、管理功能的组织。与以往不同的是，由于朱元璋废除了宰相制度，明代所建立起来的庞大的文官集团成为存在着致命缺陷的、缺乏首领的政府组织，这一格局在明代政治史的演进过程中日渐成为政治斗争的矛盾中心所在。随着皇帝的昏庸、无能，以及社会的分化、经济的发展，导致皇权控制力从整体上被逐步削弱，在此过程中，由于在缺乏宰相的文官集团与端居深宫的皇帝之间存在着一个巨大的权力真空，从而带来了一系列政治问题，为了弥补、消解由此所带来的各种不利因素，后代的内阁阁臣们（尤其是首辅们）试图通过“内阁宰相化”，以强化对帝国政治的有效控制，但是，与此同时，宦官集团与六部官员（尤其是言官们）同样期望提高自己的地位，以弥补这一权力空缺。于是，皇帝、阁臣、宦官、六部官员之间为了争夺原本属于宰相的权力进行着不断的政争，并导致了朝政的涣散，“党争”崛起，所有的努力都未能挽救明帝国最终覆灭的命运。

面对明帝国皇权控制力每况愈下的状况，那些力图有所作为的官员开始进行重塑中央权威的工作，期望重新将日益滑出政府权力之外的社会力量重新纳入既有的政治体系之内。其中，最为引人注目的就是所谓“内阁宰相化运动”，也就是试图通过提高内阁的地位与权力的努力，一方面弥补明太祖废除宰相制度之后所留下来的权力真空，另一方面替

---

① 陈顾远：《中国法制史概要》，三民书局1964年版，第3页。

代无能的皇帝行使以“独断权力”为特征的“国家主导权”[①] 对整个帝国的一元化的控制与管理。由于“明内阁首辅之权最重”[②]，因此，这一运动主要是围绕着首辅的权力展开的，有学者称之为：“首辅的相权化趋势”[③]。可以看到，这一运动的展开是明代特有的现象，它将重塑“帝国一元化体系”与重塑“政府权力结构”两大问题放在了同一个框架之内，亦即通过提高“秘书性机构”[④] ——内阁的权力，以期实现代理皇帝行使“独断权力”，并继续在“一元化体系”下完成对这个庞大帝国的控制与治理工作。正如学者所言，在帝制时代，“君相关系实际上决定着朝廷的运作方式，仔细研究这一关系将有助于深入理解朝廷政治”[⑤]。我们从相关的论述中可以看到，这一“相权化”的运动在取得了极大的现实政绩的同时，也将明代本就存在着严重缺陷的体制带到了彻底崩溃的边缘，它的失败，预示了大明帝国虽然自知自己渐入覆灭危机，却又无法自拔的艰难处境。

第一节　宫府悬绝：明代文官政治的主要特征

唐宋以来，立足于科举考试基础上所组建而成的文官集团，逐步成为帝国政府的实质控制、管理者。这一趋势，到明代时达到了一个新的高度，“在本朝历史上除草创时期的洪武永乐两朝外，文官凌驾于武官之上，已成为绝对趋势”[⑥]。这种“重文轻武”的态势使得明代文官集团充满了吸引力，“每隔 10 年就有新的一批能干的、急于在为政府的服务中谋求个人前途的人。每当某一部分人因官场失意而意志消沉下去时，另一些热心的替补者就马上递补了上来。尽管王朝的治理步履蹒跚

① ［日］沟口雄三：《中国前近代思想的演变》，中华书局 2005 年版，第 408 页。

② （清）赵翼著，王树民校证：《廿二史札记校证 · 卷三十三》，中华书局 2005 年版，第 767 页。

③ 谭天星：《明代内阁政治》，中国社会科学出版社 1996 年版，第 70 页。

④ 杜乃济：《明代内阁制度》，“台湾商务印书馆” 1980 年版，第 86 页。

⑤ ［美］刘子健：《中国转向内在：两宋之际的文化内向》，江苏人民出版社 2002 年版，第 74 页。

⑥ 黄仁宇：《万历十五年》，生活 · 读书 · 新知三联书店 1997 年版，第 54 页。

而很不得力，但它的文官制度却是生动活泼，在后世也是无与其匹的”①。

然而，由于制度上废除宰相的原因，庞大的明代文官体系其实是一个严重受损的体制：“在这九卿之上，更无首长，所以明制是有卿而无公，成了一个多头政府。刑部不能管吏部，吏部不能管户部，政府诸长官全成平列，上面总其成者是皇帝。”② 因此，其日常运行往往受制于皇权：“文职官僚在明代尽管势力庞大和唯我独尊，却并不坚如顽石，而在两个方面命运却取决于强大的皇权：第一，为了它的实际存在。帝位和官僚真正互相依存……明代的君主制的独裁统治和官僚垄断权而这在中国历史上都达到顶点……第二，官僚体制需要一个强大的果断的皇权来现实地行使它得自于‘天’的最终权威，并借以抑制官僚体系的派系纷争。”③ 这样一种既缺乏首领又严重受制于皇权的政治格局，在明代政治史的演进过程中，最终导致了所谓“不平衡”状态的出现，“终明一代，政府各种权力、国家与社会之间的利益以及社会各种利益之间，基本上处于不平衡的状态，而且愈演愈烈，以致无力回天。”④

如果我们从明代自身的历史状况出发，就会发现，无论其文官体制在架构上与运行中面临着怎样的困境，有一点却是毋庸置疑的，那就是，文官集团有效地承担了对于这一庞大帝国的控制与治理。因此，虽然存在着一系列严重问题，文官集团仍然对明代中国进行了长达 270 余年的有效治理，即使在现在看来，这也是一个了不起的成就。有学者在讨论明代的中国是否被治理得很糟的问题时，认为“我们不妨这样提一个问题：在明代的那个世界上究竟有没有哪个国家比明王朝治理得更好一些（其他国家没有遇到中国这么大规模的问题）……试以明政府所要执行的任务来说，它既要维护这么广大疆域上的统一和同舟共济的意识，又要表现出充分的自我振兴的面貌，以便在和平而有秩序的情况下使社会哪怕是缓慢地，但却是灵活地发生变化，所以它的成就给了人们

① ［美］牟复礼、［英］崔瑞德编：《剑桥中国明代史》，中国社会科学出版社 1992 年版，第 7 页。

② 钱穆：《中国历代政治得失》，东大图书公司 1977 年版，第 97 页。

③ ［美］司徒林：《南明史：1644—1662》，上海书店出版社 2007 年版，第 8 页。

④ 唐克军：《不平衡的治理：明代政府运行研究》，武汉出版社 2004 年版，第 430 页。

很深刻的印象"[①]。有学者甚至认为，"总体而言，明代官僚是从广泛的背景基础上选出，体现了庞大、复杂与平衡的景象"。因此，"它是前现代世界政治上的一个奇迹"[②]。

就政治制度与运行程序的角度而言，明代文官体系在面临着诸多困境的情况下仍然取得了上述成就的关键性因素，就在于虽然宰相的职位设置被剥夺，不过，在中央与地方政府的不同层面上，明代文官体制拥有着一系列相对独立的决策与行政的运行过程。

在中央政府的层面，明代中央政府在重大政治事件的决议过程中，"有部议、集议、票拟、封驳或抄参四个重要的环节"[③]。

首先，"部议""集议"的过程以其所体现出来的"集体决策"的性质，最为引人注目。相关制度在现实政治运行的过程中，则主要体现在了"廷议"与"廷推"上，"明制，凡朝廷有大政事，或缺文武大臣，必令廷臣会议，然后请旨定夺。其关于事项得失可否之讨论者，谓之'廷议'；关于人事升补之拟请者，谓之'廷推'"[④]。可以想见，中央政府在面对重大事件时，必须通过集体商议并得出结论，方能进一步上升为国家政策。这样一种制度无疑有效地整合了中央文官集团的力量与智慧。当然，在明代，"廷议""廷推"的结果能否最终被采纳，皇帝或其他的皇权代理者如宦官、权臣能够起到关键性的作用，但是，这样一种集体商议国家重大决策的制度与程序，一方面为当时的官员们留下了发挥其能力、智慧与理性的空间；另一方面也为当时言论自由与舆论氛围的养成，塑造了具备有效性与可行性的路径与机制。严格而言，皇帝或许能够干预到这一集体决策的过程，但是，终究无法彻底推翻这一过程本身。更何况，群臣同样可以通过"上书言事""以死相谏""消极怠工"等方式，对皇帝们的命令与行为，进行抵制与抗辩。换言之，皇帝与群臣之间的博弈，本身其实也是一个具备很高的时间、物质、情绪、心理成本的过程，皇帝固然拥有至高权力，但是没有了群臣

① ［美］牟复礼、［英］崔瑞德编：《剑桥中国明代史》，中国社会科学出版社 1992 年版，第 7 页。

② James B. Parsons, "The Ming Dynasty Bureaucracy" *Monumenta Serica: Journal of Oriental Studies*, 华裔学志, Vol. XXII, Fasc. 1, 1963, p. 402。

③ 唐克军：《不平衡的治理：明代政府运行研究》，武汉出版社 2004 年版，第 11 页。

④ 张治安：《明代政治制度研究》，联经出版事业公司 1992 年版，第 1 页。

的拥护与维护，其权力也终将失去现实中的着力点。

其次，就明代内阁权力的运行而言，其主要的决策程序则是“票拟”。“票拟”是内阁的主要权力所在，作为皇帝助手角色的内阁制度起始于明成祖朱棣[①]，而内阁拥有实权的票拟制度则起始于宣宗时期，“宣宗屡幸内阁。中外章奏，宰相均用小票墨书，贴名疏面以进，谓之条旨”。此后，随着年幼皇帝的出现，其本身无法有效行使皇权，于是，部分行政权力进一步落入内阁的手中，使得内阁“票拟”权力急剧扩张，“英宗以九岁登极，凡事启太后。太后避专，令内阁议行。此票旨之所由始也”[②]。可以看出，内阁的“票拟”职权主要是对于朱元璋废除宰相制之后的一种折中办法，“洪武初年，政在中书，丞相出纳王命，取旨施行，本无所谓票拟之事”[③]。在废除宰相之后，皇帝又实在无法独自承担处理全部朝政的精力与能力，于是，需要内阁出面，协助处理日常政务。这样一种对废除宰相之后所产生的体制上的缺陷的折中处理，固然体现了内阁权力的增强，但与以往宰相本身就能决定政府日常行政事务的权力相比，内阁仍然处在一个较为尴尬的局面，因为内阁的“票拟”能否得到实施还取决于皇帝是否“批红”。更为严重的是，由于后代皇帝们怠于政事，“批红”之权就落入了司礼监太监们之手，最终导致了“阉宦之祸”，此即清人所谓“批答，宰相事也。前明中叶，司礼太监实主之。阁臣潜与交通，则共操厥柄”[④]。

最后，作为政治决策的一道安全阀，明代还赋予了六科给事中以“封驳”的权力，“所谓封驳，是指封还皇帝失宜的诏命，驳正臣下有违误的奏章”[⑤]。这一权力起始于明代立国之初，如洪武十七年(1384)，“上曰：‘朕日总万机，岂能一一周遍？苟政事有失，将为天下害。卿等能各悉心封驳，则庶事自无不当。’此六科稽查号件、封驳章奏之例也”[⑥]。当然，封驳之权的设置与行使，在此前各个王朝的历史中，就一直是极为重要的制度设计与运行程序，在唐代时甚至一度成

---

① 参见龙文彬纂《明会要·卷二十九》，中华书局1956年版，第466页。

② 龙文彬纂：《明会要·卷二十五》，中华书局1956年版，第466—467页。

③ 张治安：《明代政治制度研究》，联经出版事业公司1992年版，第78页。

④ （清）程晋芳：《章奏批答举要序》，载（清）魏源《魏源全集·第十三册：皇朝经世文编·卷十四·治体八·臣职》，岳麓书社2004年版，第616页。

⑤ 刘双舟：《明代监察法制研究》，中国检察出版社2004年版，第55页。

⑥ 龙文彬纂：《明会要·卷二十五》，中华书局1956年版，第645页。

为帝国政治运行的核心所在，“给事中的封驳权到了唐代达到了顶点。封驳是唐代门下省的法定权力”①。宋代政治运行中，由于有效承继了宋太祖设定的所谓“与士大夫共治天下”“永不杀言官”等政治传统，言官拥有的封驳权力，依然是很强大有效的。到明代时，虽进一步延续了这一制度与传统，但与唐代、宋代相比，由于缺乏制度上的法定权力与人身上的安全保障，其效果已远远不如从前了，“给事中究竟是太小的官位，那能拗得过皇帝”②。当然，我们从明代各朝言官的作为、势力与影响之中，依然能够看出，封驳制度的存在与运行，对明代政治运行还是起到极好的补充与制衡作用。

可见，虽然明代中央政府的上述行政过程存在着严重的问题，但是，其集体决策、六科封驳等制度与程序的存在，也为此后黄宗羲力图建立起由天子与宰相共同主导的“便殿议政”与“同议可否”③ 等政治体制改革思路，提供了现实的依据与基础。

与中央政府相比，有关明代地方行政问题相对而言要简单很多。由于明代立国之初就极其强调中央集权，因此，地方文官系统缺乏足够的独立性，有学者通过对汉、唐、宋、明的比较之后指出，明代的地方政府在人事权、财政权、军事权、司法权等方面都存在着严重的日益萎缩的现象，比如说不能自任下属，回避制度，财政有限，不能直接判死刑，等等。④ 这种将地方权力逐步收归中央的做法，在后来的政治运作中对双方都产生了极其严重的不良影响：“在官僚政治的体制中没有关于低层的独立自主办事的条令；新问题必须上达上层以求得解决。因此，上层有才华的人不得不自己处理所有的行政琐碎小事。”⑤

以明代州县官为例，地方官员的权力受到了以下几重制约：一是来自上层的阻力和障碍，如皇帝、内阁、六部、督抚、巡按、藩、臬、道、府、州等级别的官员，都能对州县官的日常事务进行干预；二是来

---

① 刘双舟：《明代监察法制研究》，中国检察出版社 2004 年版，第 55 页。

② 钱穆：《中国历代政治得失》，东大图书公司 1977 年版，第 101 页。

③ （清）黄宗羲：《明夷待访录·置相》，载《黄宗羲全集·第一册》，浙江古籍出版社 2005 年版，第 9 页。

④ 参见 Lien-sheng Yang，“Ming Local Administration”，Edited by Charles O. Hucker “Chinese Government in Ming Tines” New York and London：Columbia University Press，1969，pp. 15 – 20。

⑤ ［美］牟复礼、［英］崔瑞德编：《剑桥中国明代史》，中国社会科学出版社 1992 年版，第 567 页。

自左右的阻力和障碍，如同僚、乡绅、属官等对日常事务的压力与影响；三是来自下层的阻力和障碍，如吏胥、里老、百姓、豪强等的影响。[①] 不过，作为治理一方百姓的官员，他们还是拥有起码的职权的，以帝制中国最低一级的县官来说，他需要在处理好日常政务的同时，处理诸如司法、财政、治安、恤政、教化等事务。从某种意义上，县一级政府权力的有限性也预示了中央集权权力的有效性："一般认为，明代实行高度的中央集权，中央对地方的控制不遗余力。但中央权力向地方伸展并不是没有限度的……明代国家政权，只达于县一级。在县以下不再设行政机构，任命职官。大量的行政事务由胥役及里老等乡村职役完成。"[②] 如明代的"粮长制度"就是其中的代表性制度之一[③]。因此，"与西欧各国相比，前近代专制的中央集权国家中国与朝鲜，其统治的末端实际上没有到达农村，财政基础很脆弱"[④]。在这种情况下，地方政府根本无法承担安疆守土、富庶教化的功能。

明代文官体制除了在中央与地方政府的层面上，拥有以上制度性与程序性设计之外，就其政治理念与施政方式等方面而言，明代的文官体制还在以下三个方面展示出了其独特性。

第一，"理性"的特征。这是贯穿明代乃至整个帝制中国文官体制运行的主脉络之一，"由于封建官僚绝大部分是读书人，官僚队伍的文化构成是当时整个社会中最高的。再加上官僚队伍的不断更新和政治思想的竞争，使中国古代的政治生活具有许多特点，其中最显著的特点是富有理性……在处理重大政务活动时，差不多都贯穿着智谋竞赛，对于一件事情，常常会提出几种不同的方案，以供比较和选择"[⑤]。文官体制所具备的"理性"特征，一方面实现了对庞大帝国的有效治理，另一方面也构成了对君权的直接制约。从这个角度上，我们甚至可以将帝制时期中国政治权力结构之中，代表皇权与代表文官集团的不同政治理念进行以下区分："从权力结构方面着眼，我们首先应该将君权和官僚

---

① 参见柏桦《明代州县政治体制研究》，中国社会科学出版社 2003 年版，第 217—251 页。

② 何朝晖：《明代县政研究》，北京大学出版社 2006 年版，第 277 页。

③ 参见梁方仲《明代粮长制度》，上海人民出版社 2001 年版，第 11—23 页。

④ ［日］中村哲：《东北亚经济的近世与近代（1600—1900）》，载中村哲主编《东亚近代经济的形成与发展》，人民出版社 2005 年版，第 31 页。

⑤ 刘泽华：《中国的王权主义》，上海人民出版社 2000 年版，第 67 页。

制度区别开来。这一区别非常重要，因为以反智而论，君权的传统才是反智政治的最后泉源，而官僚制度的传统中倒反而不乏智性的成分……中国传统的官僚制度无论在中央或地方的行政制度方面，都表现着高度的理性成分。"①

第二，"仪式"的特征。在儒家获取帝国意识形态的漫长岁月中，礼乐教化、礼仪之邦、礼法之治等观念，深入人心，这既是儒家政治理念的普及的结果，也是现实政治运行困境的结果。"传统的官僚政治表面管辖广泛，实际掌握不深，其行政效率靠由上至下加压力，并非循照经济原则，所以只能铺摆场面，对数目字无法精密核算。"② 出现这种状况的关键性因素，就是因为我们这个帝国面临着疆域的庞大、人口的众多、统治技术的落后等困难，并最终导致了体制上的欠缺，"体制上有欠周全，文官集团更需要用精神力量来补助组织上的不足"③。具体而言，明代文官集团的"精神力量"的主要来源就在于传统伦理、道德与社会的综合体——儒学，因此，由熟读"四书五经"的儒生所组成的文官集团无疑在基本思想与超越于现实之上的政治理想层面拥有着相同的信仰与追求，这也成为当时文官集团与儒生士大夫们在治学、施政时的共同背景所在。换言之，我国古代之所以能够在极其落后的技术与经济水平的情况下成功地管理如此庞大的帝国，这种只求在超验的观念上寻求模糊的统一与和谐而不在现实的原则与规范上寻求精确与一致的统治方式无疑起了至关重要的作用。

第三，"有限"的特征。在我国古代，由于在各种技术手段上的局限性，使得文官集团无法完全控制这个国土面积上的国民，而家族与村社这两个组织的存在，既是对国家官僚集体的补充，同时也是对他们的制约。这一问题，陈顾远与戴炎辉都有极好的论述，陈氏认为："中国社会向为家族本位组织，且经儒家极力维持之，此一事更蒂固根深，成为定制。"故"家长不特对内有监督家属，管治家材，处理家政等权利义务，且对外为一家代表具有公法上责任，使其统率家人，以尽人民对于国家之义务"④。而戴氏对古代的村民自治问题则有以下描述，"朝廷

① 余英时：《中国思想传统的现代诠释》，江苏人民出版社 2003 年版，第 87 页。

② 黄仁宇：《赫逊河畔谈中国历史》，生活·读书·新知三联书店 1997 年版，第 109 页。

③ 黄仁宇：《万历十五年》，生活·读书·新知三联书店 1997 年版，第 94 页。

④ 陈顾远：《中国法制史概要》，三民书局 1964 年版，第 241、250 页。

及地方政府，因力量有限，仅能掌握兵马、财政、户婚、田土及重犯惩罚等重要事项。至于地方治安、微罪处罚、农桑、工贾及民事争执（钱谷、田土、户婚）等项，大率委任地方自治及同处。”[①] 从这个意义上，明代中国其实存在着基层自治的空间与可能性的，既然政府力量无法控制到社会的方方面面，那么，在政府力量之外的地域里，其治理的权力，无疑转向了更为社会化、民间化的力量与组织。这也是我们在后文中还将涉及的关于东林、复社运动得以兴起并广泛影响到民间层面的体制性根源。

上述三个特征之间的相互作用与相互牵制，最终确定了明以后中国政治的整体特征：“晚期中华帝国的社会政治结构最后可以被看作是下述两个‘世界’的互相试探：（1）一种农业经济和一个以地方的市场网络为核心的村庄社会；（2）由受过教育的人组成的帝国国家行政机构，这些人员是由严密的科举制度挑选出来的……实际上正是这两个因素的互相渗透创造并维持着一个不同寻常的统治阶级——中国士绅。”[②] 可以看到，明代的文官集团以及由此引发出来的“士绅阶层”在存在着严重问题的框架内，既能有效处理实际事物，又能维持广大疆域的和平与稳定，起到极其重要的作用。因此，“对于明代中国的政府，不可贸然予以等闲视之”[③]。不过，无论如何，明代的文官体制本身是一个缺乏首领的受伤的政府，这一个政府机构在现实的政治运行过程中，也将不断面临着来自各个方面的挑战与质疑，并逐步丧失自身的主动性与灵活性，成为“宫府之争”“文武之争”“阉士之争”等矛盾的中心，最终崩溃于内部的“党争”与外部的“武力”之中。

在大明帝国最终覆灭之前，明代政府官员中的有识之士们，就已经在想尽办法试图解决相关的问题、消解层出不穷的矛盾，并进行了一系列的改革与变法。其中最为引人注目的就是为了弥补明初废除宰相所带来的权力真空的“内阁宰相化运动”，这一运动的最高峰无疑是张居正变法。他们的作为，直接影响到了大明帝国的国运与气数。

---

① 戴炎辉：《中国法制史》，三民书局1966年版，第189页。

② T. 斯科克波尔：《辛亥革命前中国社会的危机》，载谢立中、孙立平主编《20世纪西方现代化理论文选》，上海三联书店2002年版，第1158页。

③ ［美］牟复礼、［英］崔瑞德编：《剑桥中国明代史》，中国社会科学出版社1992年版，第7页。

第二节　缺乏首领：废相与明代宪政之缺陷

明初，作为立国者的朱元璋为了维护皇权之绝对性，采取了废除宰相制度的举措，这一做法最终成为后人批评明代政治体制时的中心所在，这种批评在黄宗羲这里就已经极其尖锐了，他的“有明之无善治，自高皇帝罢丞相始也”[①] 这一判断，尽管也有相反的意见[②]，但总体上成为后代学者们的共识。如钱穆就认为：“中国传统政治，到明代有一大改变，即是宰相之废止。”这是这一时期中国“至少就政治制度来讲，是大大退步了”的关键所在。[③] 司徒林认为：“由于缺乏宰相制，君主的无能和派系的争执这两大古老难题，在明代越发难解了。”[④] 而杜乃济在研究完明代的内阁制度后，得出的结论也与黄宗羲基本一致：“单就制度本身而论，若使明代胡惟庸乱后，并不废相，则有明之国祚或将更长。”[⑤] 余英时也从“破坏官僚制度的自主性和客观性”，从而使帝国政治无法“走上合理的轨道”这个意义上，“同意黄宗羲的论断”[⑥]。可以看到，“废相”成为有明一代政治体制与权力运作的关键点所在。

在本书看来，由于宰相制度的废除，明代的权力结构在现实的运作过程中出现并存在着以下严重问题：一是法理缺陷；二是内外悬绝；三是缺乏平衡机制；四是形成“汰优机制”。

首先，就法理层面而言，按照黄宗羲的观点，后代“传贤不传子”的宰相制度是能够弥补“传子不传贤”的皇位世袭制度中所存在的巨大缺陷的，因此，一旦废除宰相制度无疑将皇帝制度本身的缺陷更大地

① （清）黄宗羲：《明夷待访录·置相》，载《黄宗羲全集·第一册》，浙江古籍出版社 2005 年版，第 8 页。

② 有学者认为黄宗羲的这一评价“政论意义远大于史评。后人不察，反借以指导历史研究，乃不知不觉陷入‘以论带史’的误区”。（潘星辉：《被扭曲与被辱没的历史：试论明史观的形成与嬗变》，载朱诚如、王天有主编《明清论丛·第六辑》，紫禁城出版社 2005 年版，第 193 页。）

③ 钱穆：《中国历代政治得失》，东大图书股份有限公司 1977 年版，第 95—96 页。

④ ［美］司徒林：《南明史：1644—1662》，上海书店出版社 2007 年版，第 10 页。

⑤ 杜乃济：《明代内阁制度》，“台湾商务印书馆” 1980 年版，第 199 页。

⑥ 余英时：《中国思想传统的现代诠释》，江苏人民出版社 2003 年版，第 92 页。

体现出来。

朱元璋废相的目的在于皇帝一人独裁，这在明代就已经是共识了，正如高拱所言："圣祖罢丞相，分其权于六卿，而上自裁决。"① 因此，整个国家的重大决策在法理的意义上都应当由皇帝做出，而不能由其他行政或非行政机构代行，"这就导致在六部尚书之上，只有皇帝才可以处理上达国家金字塔顶端的那些复杂而大量的例行公事。太祖几乎可以独自处理，然而他的子孙们既无此能力，也无此意愿，来负荷如此重任。接着，皇帝和行政机构之间的这个裂缝，是由'非法的'或'违宪的'成分所填补的：宦官和大学士。明朝受到宦官专权的困扰甚于任何王朝。他们扮演的荒诞角色被认为是君主专制的必然产物。但更准确些，不妨认为他们获得这种角色，是由于明代列宗在专制政体内充当专制君主（并非认为他们没有胡作非为）都不及格。大学士制度的演变在某种程度上也可作如是观"②。可以看到，朱元璋所完成的这种将最高权力完全收归皇帝一人的做法在实践中存在着严重的问题，这样的组织形式即使对皇帝本身也是一个难以忍受的障碍，因此，自明成祖始，就着手确立带有私人顾问性质（秘书性）的由大学士所组成的"内阁"，而到仁宗时，大学士们开始兼任六部尚书，"内阁"开始由私人顾问走向"专制诸司"的制度化路径。③ 不幸的是，同样是皇帝的顾问，而且与皇帝最为接近的宦官们的地位也日渐提升，并同样出现了制度化的倾向，"在制度方面，宦官注意扩大他们负责的官僚集团，并且注意使它取道不断加大的重要活动范围，以使统治者和政府比以往更加依赖他们"④。

此后，同是皇权代言人的内阁与宦官之间，在争夺无能的皇帝手中的过分集中的权力时，进行着你死我活的政争，任何一方胜利，都意味着他们拥有了代行最高权力的身份，从而具备了同样高度集权的特性。而与此同时，以六部为代表的整个文官集团又往往以太祖废相之成宪与

① （明）高拱：《论养相才》，载（明）陈子龙等选辑《明经世文编·卷三〇二·高文襄公文集二》，中华书局1962年版，第3194页。

② ［美］司徒林：《南明史：1644—1662》，上海书店出版社2007年版，第8—9页。

③ 参见龙文彬纂《明会要·卷二十九》，中华书局1956年版，第466页。

④ ［美］牟复礼、［英］崔瑞德编：《剑桥中国明代史》，中国社会科学出版社1992年版，第400页。

获得胜利的任一方进行着“擅权”与“分权”的同样是互不相让的政争。从明代中晚期以后的政治演变过程中可以看到，皇帝、内阁、宦官、文官集团四者之间的权力争夺战在明代的历史上一再上演，直至朝代彻底覆灭。

其次，就“内外悬绝”而言，帝制中国的政治权力与政府机构存在着所谓“内廷”“外廷”的区别，亦即“宫”“府”之别，以皇帝为首领的“内廷”（宫）与以宰相为首领的“外廷”（府）分别是“政权”与“治权”的代表，此即有学者所谓“我国古代，主权者为天子，掌权者为宰相”[①]。二者之间一直处在一种既合作又对抗的状态之下。

这种最高政治权力各有所属的体制在明代发生了根本性的改变，“明代中央官制可称为内阁制，其特点是以皇帝兼摄相权，以达到君主集权的目的，与汉唐两宋相权可以制衡君权的情形颇有不同”[②]。这样，由于宰相的废除，使明代的“外廷”即政府与文官集团失去了自己的法定首领，从而也就丧失了其自身的独立性与统一性，后代虽有内阁代行宰相之职，但无论对上还是对下，阁臣都缺乏直接行使宰相权力的合法性。从法理上说，对皇帝而言，阁臣只是助手；对六部而言，阁臣只是虚职；甚至对宦官而言，阁臣只是皇帝权力的另一个分享者。如果说皇帝、内宫、宦官都属于“内廷”，文官集团属于“外廷”的话，原本应当属于“外廷之首”的宰相在这里变成了“半内半外”的阁臣，在现实的政治生活中，他有时变成了“内廷”在“外廷”的代理，有时又是“外廷”向“内廷”施压的渠道。这样的格局导致的是一种“内外悬绝”的状态，“1380 年废除丞相之职从而使皇帝与在外廷有领导百僚地位的高级负责顾问隔离起来，这就可视为发展内阁和与正规官僚制度相应的宦官官僚制度（这两者是明代内朝的两要素）的起点。明朝政府的这些非正规——虽然它们最后变得高度正规化——的因素之间的错综复杂关系是明王朝整个政治史的主要焦点”[③]。这就使得作为“半内半外”的阁臣，一方面固然必须依靠皇帝或实权派宦官才有行使宰相权力的合法性；但另一方面也极其需要文官集团的通力配合。因此，一

---

① 杨树蕃：《明代中央政治制度》，“台湾商务印书馆”1978 年版，第 93 页。

② 陈捷先：《明清史》，三民书局 2005 年版，第 93 页。

③ ［美］牟复礼、［英］崔瑞德编：《剑桥中国明代史》，中国社会科学出版社 1992 年版，第 6 页。

旦文官集团与宦官集团或皇帝本人发生激烈冲突，作为阁臣将处于一个极为尴尬的位置上，如果阁臣站在宦官与皇帝的立场上，那么所谓“内”“外”之争在就会变成“外”“外”之争，这对文官集团是一个致命的打击；但如果阁臣站在文官集团的立场上，其地位将立刻受到来自内廷的威胁，很可能地位不保。

换言之，尽管内阁阁臣从一定意义上，具备代行宰相之职的方便性与合理性，“然而辅佐皇帝的难题未能由此化解，因为无论大学士的职能多么必要，它仍然属于模糊的惯例，很不舒服地高悬于皇帝与官僚之间，并且不被任何一方所充分信任”①。

再次，宰相的废除使得明代的政治格局中缺乏平衡机制。政治权力之间的相互制衡，历来就是一个王朝维持稳定的关键性因素，然而，由于宰相的废除，这就使得明王朝政治权力之间的平衡与稳定变得难以企及。

由于掌管外朝政务的宰相制的废除，皇帝需要直接面对百官，内廷直接面对外廷，一旦出现矛盾（这是常常发生的），他们之间的对抗将是直接而强烈的，阁臣对任何一方都无法予以强力压制或劝服。此外，由于明代对外戚、宗室、地方等政治力量的有效抑制，更使得这一场场权力竞争中缺乏新的变数，此即明臣所谓“国家之法，裁抑勋戚，防检亲近，内言不出外廷，宦官不预朝事，罢宰相而设内阁，列台省以司纠弹，散事权于部院，分兵柄于营府，凡以职亲地近，专擅易生，而曲为之防也”②。可以看到，明代的中央权力从总体上而言主要分化为以皇帝为首、以宦官为主体的“内廷”，以及以文官集团为主体的“外廷”这种两极格局，而不是包含外戚、皇族、藩镇、女主等多种政治力量的多极格局，更为重要的是，在这种两极格局之中又缺乏一个法理上的衔接、调停者（如宰相）。因此，在现实的政治生活中，往往容易导致一方压倒另一方的你死我活的政治斗争，而且，任何一方都难以得到有关生命、财产、荣誉、地位等各个方面的基本保障。

正如史官所称：“《老子》曰‘天道如张弓’，岂不然哉！诸珰恃宠

① ［美］司徒林：《南明史：1644—1662》，上海书店出版社 2007 年版，第 9 页。

② （明）沈一贯：《谴使论》，载（明）陈子龙等选辑《明经世文编·卷四三五·沈蛟门文集》，中华书局 1962 年版，第 4766 页。

乘时，明知身后无子孙计，为当时则荣，没则已耳，何乃杀士大夫如草芥？要亦士大夫有以成之。取快目前，近者五年，远者周岁，天道报施，固恢恢不漏也。”[①] 之所以出现这种势不两立的局面，其主要原因就在于废除宰相制度之后，整个明代政府高层中就缺乏一种行之有效的“平衡机制”。与“掌丞天子，助理万机”[②] 的宰相不同，对于现实政治问题，阁臣只有“票拟”的权力，而其“票拟”能否成为实际上的决定则取决于皇帝是否“批红”，在皇帝不问政事的情况下，代皇帝批红的司礼监太监们的决定就成为最后的决定。正如黄宗羲所看到的，实际上是司礼监太监而不是内阁大学士掌握了本来应当属于宰相的实际权力[③]。因此，一旦发生对抗，居于“内廷”的拥有“政权”的皇帝与宦官们更容易在与属于“外廷”的文官集团的对抗中取得直接的胜利，宦官集团往往成为最大的赢家。此即现代学者所言：“开国皇帝取消宰相的事实留下了一个严重受损伤的政府结构。对皇帝来说，宦官侍从是一个针对外廷领导遭到破坏的临时性的反应，在以前的朝代中，这种领导给统治者提供了可靠的行政协助。许多历史学家认为这是明代开国皇帝最严重的判断错误。它影响行政的许多方面，特别是它造成了内阁和主要的宦官之间棘手的关系，因为两者都被要求去填补这个空缺，宦官能够不费劲地把这种局势转化为适合他卑鄙目的的情况，在明朝大部分皇帝的统治中真是太明显了。”[④] 但是，文官集团同样可以通过获得皇帝的认可或者通过联合一部分宦官从而对另一部分宦官予以致命打击。

当“内廷”与“外廷”发生直接对抗时，处于居中调停、“开导斡旋”[⑤] 地位的阁臣们，一方面面对着掌握实权与暴力的皇帝或太监集团；另一方面面对着掌握事权与舆论的文官集团，作为法理上“半内半外”的内阁根本无法有效地对这种“内”“外”之间的矛盾、冲突进行协调与处理，这种格局使得明代的政治体制中缺乏有效的“平衡机

---

① （清）谷应泰撰：《明史纪事本末补编·卷五》，中华书局1977年版，第1600页。

② 杨树蕃：《明代中央政治制度》，“台湾商务印书馆”1978年版，第93页。

③ 参见（清）黄宗羲《明夷待访录·置相》，载《黄宗羲全集·第一册》，浙江古籍出版社2005年版。

④ ［美］牟复礼、［英］崔瑞德编：《剑桥中国明代史》，中国社会科学出版社1992年版，第399页。

⑤ （明）申时行：《答叶台山相公》，载（明）陈子龙等选辑《明经世文编·卷三八〇·申文定公集一》，中华书局1962年版，第4127页。

制”。也就是说，明代晚期所出现的“门户之争”之所以绝无调和之可能[①]，其实于体制上就早已设定了。

最后，明代宰相制度的缺乏使得帝国权力的最高层官员的选拔与考核机制日渐堕入“汰优机制”之中。

明代后期皇帝们长期不理朝政，其权力往往又被宦官们所持有，这种格局对于明代政府尤其是文官集团而言，无疑是一种致命的打击，“作为宦官政治发展的另一个后果，我们必须考虑到它对官员们士气的消极的影响，特别是对两京中其前程必然与宦官活动交织在一起的官员的士气的影响。宦官们造成的局势常常使与他们合作的‘卑鄙的’机会主义官员与‘正直’清廉的官员发生对立。可是没有一个高级官员能使工作卓有成效，除非他能取得与宦官领导集团的良好的工作关系”[②]。这样的格局导致了宦官在整个明代的政治作为中居于中心的地位，文官集团在很多时候都受制于宦官集团，甚至连阁臣的去留都受到了宦官的极大影响[③]，此亦明代政治之一大特征，所谓“历代宦官与士大夫对立，士大夫决不与宦官为缘。明代则士大夫之大有作为者，亦往往有宦官为之助而始有以自见。逮其后为他阉及彼阉之党所持，往往于正人君子亦加以附阉之罪名而无可辩。宪宗、孝宗时之怀恩，有美名，同时权阉若梁芳、汪直，士大夫为所窘者，颇持恩以自状，后亦未尝以比恩为罪。其他若于谦之恃有兴安，张居正之恃有冯保，杨涟、左光斗移宫之役恃有王安，欲为士大夫任天下事，非得一阉为内主不能有济。其后冯保、王安为他阉所挤，而居正、涟、光斗亦以交通冯保、王安为罪，当时即以居正、涟、光斗为阉党矣。史言阉党，固非谓居正、涟、光斗等，然明之士大夫不能尽脱宦官之手而独有作为。贤者且然，其不肖者靡然惟阉是附，盖势所必至矣。”[④]

---

① 谢国桢就认为在南明小王朝的时候，“两党不是没有合作的机会……但东林实在相迫过甚了。”（谢国桢：《明清之际党社运动考》，上海书店出版社 2004 年版，第 68—69 页。）但是，正如本书所论述的，两党之间不存在调和的可能性在体制上就已经确定了，至于双方是否过于意气之争则只是其中的一个方面而已。

② ［美］牟复礼、［英］崔瑞德编：《剑桥中国明代史》，中国社会科学出版社 1992 年版，第 405 页。

③ 有关明代通过宦官入阁以及得罪宦官被排挤出阁的阁臣名单，可参见张治安《明代政治制度研究》，联经出版事业公司 1992 年版，第 246—256 页。

④ 孟森：《明史讲义》，中华书局 2006 年版，“明史体例”第 6—7 页。

以不学无术的宦官领导通过科举考试的职业文官，这样的体制必然会导致整个文官体系中出现“劣胜优汰”的局面。当然，这种局面的出现也与明代最初设置体制时的情况直接相关。立国之初，太祖与成祖均以武力获得天下，加之承袭了蒙古的军事统治、种族歧视、一官二职、漠视文官等传统，因此，建国之初，就已经出现以武力清除异己、不信任文官、不尊重士大夫、不遵循儒家传统、任用宦官等情况，这与唐太宗与士大夫共治天下，以及与宋初“杯酒释兵权”“与士大夫共治天下”等格局相去甚远了。这就从体制上导致了更为全面的“汰优机制”。

具体而言，明代的“汰优机制”，主要体现在以下三个方面：(1)“取士已偏”，明代政府对待士人，完全是一种为我所用的态度，不论早期的察举还是后来的科举，都将人才限定在“为官”之一途，而有志于道德、圣学、绝学者，并无出头之日。(2)“任之而又疑之”，在文官集团外，又设有锦衣卫、东西厂等特务组织，对士大夫日夜监控，使人日日胆战心惊，无法有其作为。士人虽一时侥幸通过考试进入仕途，又面临着是否与阉宦同流合污的考验，而无法在既保持其独立人格的同时又能一展抱负。(3)“荣之而又辱之”，如前所述，明代政治斗争中缺乏基本的保障，尤其对士大夫而言，“廷杖”“充军”“流放”“连坐”“鞭尸”等事件时有发生，而且往往直接针对朝廷高官，“日杖几百人”“株连甚广”“戴罪充军”……这样的形容词在明代史料中比比皆是。故即使依靠权贵获得一时之荣耀，也往往是朝得显赫之名而夕则命丧身辱，全无尊严可言。如此种种，即本书所谓“汰优机制”者。

有明一代士气虽高，然对士气之摧残亦甚酷，长年累月，终无挽回之可能。对于这一格局，王夫之亦有以下议论：“夫子孙之有夷、厉，不能必之天者，均也。虎贲、缀衣之不谨，而且使寺人操政府之荣辱矣。三宅、三俊之不克灼知，而以资格为黜陟矣……天子无亲臣，大臣无固位，国蹙民贫，虽有贤者，亦坐叹无能为矣。屑屑然取四方之纲纪，责之深宫高拱之一人，而求助于刀锯刑余之厮贱；贤者无以治不肖而相与为窳，贵者无与治贱而相与为偷；不肖师贤者之窳而以淫，贱者师贵者主偷而以窃；筋力弛，手足痹，目盲耳聋，心顽思短，异类之强者，其不乘短垣而逾之也乎？”①

总之，“使有条不紊的行政程序趋于崩溃的全部潜力来源于明太祖坚持他的继承者必须发挥自己的宰相的作用的这种态度。那些不能或不愿发挥作用的继承者可能就简单地放弃了治国的大权而交给了见风使舵的人，而身处君侧的宦官往往更有条件来抓住这种机会”②。这种不合理的政治格局在明代就已经被政治家们所注意到并且力图予以改变，但是，其结果却极为悲惨。直至明亡后，汉族士人们在满族的朝堂之上继续坚持“门户观念”③，出现了所谓国亡而党争不亡的荒谬格局，此即黄宗羲所称的“朋党之祸，与国为始终，然未有本朝国统中绝，而朋党尚一胜一负，浸淫而不已，直可为一笑者也”④。就政治制度的角度而言，这正是明代高层权力体系中所出现的这种缺乏平衡机制的两极格局的悲哀所在。或许正是认识到了这一问题，黄宗羲主张在政府设置“独相”⑤以统合最高行政权力，同时以学校为政争之地从而在积极的意义上消解“门户之争”。即使以现代的眼光来看，这无疑也是一个极为高明的做法。

第三节　内阁宰相化运动：以张居正为中心

面对上述格局，明代的官员们也做出了各种努力以弥补体制上的欠缺。其中最为关键的一个环节就是部分阁臣（尤其是首辅）力图使内阁宰相化，从而在实际政治事务中承担起宰相之职，这一努力历时半个多世纪（嘉靖至万历初年），且取得了极大的成就。客观而言，这一运动的发生、发展自有其现实的合理性与必要性，“中国的官僚制度虽经

① （清）王夫之：《船山遗书·第一卷》，北京出版社1999年版，“尚书引义·卷五”第561页。

② ［美］牟复礼、［英］崔瑞德编：《剑桥中国明代史》，中国社会科学出版社1992年版，第393页。

③ 谢国桢：《明清之际党社运动考》，上海书店出版社2004年版，第80—98页。

④ （清）黄宗羲：《留书·朋党》，载于《黄宗羲全集·第十一册》，浙江古籍出版社2005年版，第8页。

⑤ 狄百瑞注意到了黄宗羲在政府机构中设立“独相”而不是传统的“二个、三个甚至多个宰相”的问题。（Wm. Theodore de Bary, *Waiting for the Dawn: A Plan for the Prince*, New York: Columbia University Press, 1993, p. 197.）

常受到‘君尊臣卑’的原则的干扰，但由于统一帝国的规模庞大，组织复杂，与此一规模与组织相应的官僚制度也具有抗拒干扰的巨大潜力。这一点或可以解释何以君权一再打击相权，而终不能完全禁绝相权的潜滋暗长”①。

内阁宰相化运动成为明中晚期政治变迁过程中极其引人注目的重大问题。当其盛时，内阁有“赫然真相”② 之称。在此过程中，内阁首辅不仅具备了类似于宰相的实权，从各个方面上压制、剥夺了六部所拥有的诸多权力，在这样的格局下，当时朝廷之中的诸如用人权、兵权、监察权等，都受到内阁的支配或制约。此外，明代中晚期出现了一批类似“权相”的内阁人物，如杨廷和、张璁、夏言、严嵩、徐阶、高拱和张居正等，他们在位之时对于中央机构运转方向的左右，对于皇帝的影响力都说明了这点。更为重要的是，当时这些内阁首辅所获取的职权受到了皇权的保护，并尽可能地避免了宦官的干预。可以看到，在明代中央政府的发展过程中，内阁职权的发展，在很长的一段时间里具备了首辅相权化的趋势。毫无疑问，这种趋势在张居正当政之时达到了顶峰。然而，这一内阁宰相化的努力终因法理上、制度上、舆论上、道德上、个人性格等各方面的原因，没能获得最终的胜利。

对于明代政治展开而言不幸的事实是，张居正等人的变革努力与反对者们的反变革努力之间的斗争，成为帝国政治逐渐走向没落的“党争”的缘由与借口，最终导致了帝国的覆灭。

面对明代政治的曲折历程，我们或许能够感受到现代学者的以下感慨：“从我们现代的观点看，当历史的读者因这个制度的不合理处没有被一代代敏锐的和忠心的官僚政治家们所克服而产生受挫的压抑情绪时，那也是完全可以理解的。”③ 当然，作为“后人”的我们所感受到的“受挫的压抑情绪”或许远远不及曾身处其中而又被迫超然于外的明末士大夫如黄宗羲等人所感受到的那种切身感与无力感，而这种情绪也是我们理解明亡后，整个儒生士大夫阶层面对明代政治思想与体系架构的反思的基点所在。

---

① 余英时：《中国思想传统的现代诠释》，江苏人民出版社 2003 年版，第 86 页。

② 谭天星：《明代内阁政治》，中国社会科学出版社 1996 年版，第 70 页。

③ ［美］牟复礼、［英］崔瑞德编：《剑桥中国明代史》，中国社会科学出版社 1992 年版，第 6 页。

那么，作为曾经权倾天下的首辅如张居正们，在内阁宰相化的运动中所追求的究竟是怎样的一种“新”格局呢？

第一，内阁首辅们无疑希望重新获取独立于皇帝之外的行政上的“独操之权”。

明代皇帝大权独揽，宦官又从中左右政局，真正属于文官集团的权力较之前代已大大减少，又从而分割之、牵制之、制衡之，更使其难以作为，王世贞就称有明官制“可谓详于弭乱而略于求治者也”[①]。而在和平年代里，文官集团所需要的就是“求治”之权，尤其是内阁的阁臣们更是需要拥有独立权力，以推动整个国家的日常事务与正常运转。

这种对于行政上的“独操之权”的渴望，甚至在并非阁臣的王阳明这里，得到了极好的阐述，他在写给一位身为阁臣的信中称：“自明公进秉机密，天下忻忻然动颜相庆，皆谓太平可立致矣。门下鄙生独切生忧，以为犹甚难也。亨屯倾否，当今之时，舍明公无可以望者，则明公虽欲逃避乎此，将亦有所不能。然而，万斛之舵，操之非一手，则缓急折旋，岂能尽如己意，临事不得专操舟之权，而侪事乃与同覆舟之罪，此鄙生之所谓难也……天下之事，果遂卒无所为欤？夫惟身任天下之祸，然后能操天下之权；操天下之权，然后能济天下之患。当其权之未得也，其致之甚难，而其归之也，则操之甚易。万斛之舵，平时从而整操之者，以利存焉，一旦风涛颠沛，变起不测，众方皇惑震丧，就死不遑，而谁复与争操乎。于是起而专之，众将恃以无恐，而事因以济。苟亦从而萎靡焉，固沦胥以溺矣。故曰：其归之也，则操之甚易者此也。”[②] 从王阳明的论述中可以看到，内阁首辅缺乏独操之权导致了政事不可为的状况，是当时官员与士大夫共同的担忧。但是，明代开国君主们对于臣下专权的忌惮使得从体制上对任何一种潜在的“独操之权”进行分割、制衡，因此，在平日里内阁阁臣们根本没有获得这种权力的可能性。

在张居正之前，真正获得过这种“独操之权”的士大夫或许只有经历了“土木之变”的兵部尚书于谦，这无疑是时势造英雄的结果，也

① （明）王世贞：《策》，载（明）陈子龙等选辑《明经世文编·卷三三五·王弇州文集四》，中华书局1962年版，第3588页。

② （明）王阳明：《寄杨邃庵阁老书》，载（明）陈子龙等选辑《明经世文编·卷一三二·王文成公集三》，中华书局1962年版，第1292页。

是王阳明所言能够于“风涛颠沛，变起不测”的环境中挺身而出，勇于任事的结果。到张居正这里，能够于太平之时，最终得到了“独操”的权力，无疑源自其敢于任事、敏于政争的个性与能力，如隆庆时，“阁臣自（徐）阶及李春芳，皆折节下士，居正最后入，独引相体，倨见六卿，无所延纳，间出一语辄中肯。人以是严惮之，重于他相”[①]。此外，从史官的以下总结性描述中更能看出张居正的“相体”及“相业”：“居正性深沉机警，多智数。为史官时，尝潜求国家典故，及时务之切要者剖析之，遇人多所咨询。及揽大政，登首辅，慨然有任天下之志。劝上力行祖宗法度，上亦悉心听纳。十年来海内肃清……力筹富国，太仓粟可支十年，冏寺积金，至四百余万。成君德，抑近幸，严考成，覆名实，清邮传，核地亩，一时治绩炳然。”而张居正的以上成就在很大程度上就源于其对于“独操之权”的获取与运用，当其盛时，“六曹之长，咸唯唯听命。至章疏不敢斥名，第称元辅”[②]。

可以看到，自从杨廷和趁正德帝已死而嘉靖帝尚未到京的一个多月的时间中开始全面扩张内阁首辅的实权[③]，此后，经历了嘉靖、隆庆二帝历任阁臣（如夏言、严嵩、徐阶、高拱等）的努力，到张居正于万历初年执政之时，内阁首辅的权力已然无人能及了。事实上，在所有这些首辅中，张居正的权力与功业更是有明一代所仅有的，初入内阁时，张居正给隆庆皇帝所上的《陈六事疏》中所谈及的“省议论”一条，未尝不是此后掌握了“独操权力”的张居正本人的行政风格，所谓“臣闻天下之事，虑之贵详，行之贵力，谋在于众，断在于独”[④]。当其出任首辅之时，大权独揽，其他阁臣“恂恂若属吏矣”[⑤]。

第二，期望实现排斥宦官，沟通“宫”“府”的政治目标。

明代政治运行过程中，在废除宰相之后所产生的“内外隔绝”的状态，以及由此产生的宦官干政问题，无疑都是力图掌握实权的首辅们所不乐意看到的，他们希望直接和皇帝对话而不是经由宦官从中牵引，这

① （清）夏燮：《明通鉴·纪六十四》，岳麓书社 1999 年版，第 1795 页。

② （清）谷应泰撰：《明史纪事本末·卷六十一》，中华书局 1977 年版，第 958 页。

③ “上之未至京师也，杨廷和总朝政者三十七日，中外倚以为安。”［（清）夏燮：《明通鉴·纪四十九》，岳麓书社 1999 年版，第 1317 页。］

④ （明）张居正：《陈六事疏》，载（明）陈子龙等选辑《明经世文编·卷三二四·张文忠公集一》，中华书局 1962 年版，第 3450 页。

⑤ （清）谷应泰撰：《明史纪事本末·卷六十一》，中华书局 1977 年版，第 946 页。

样在行使行政权力时能够获得更大的权威与认可。当然，这种努力不仅对于宦官集团是一个极大的威胁，甚至对于阁臣而言，也是一个直接的挑战。正如高拱所言："今日辅德之事未全，且莫说朝夕纳诲，格君心之非，即平日里何曾讲论个道理，商量个政事，纵急紧不得已事，亦只札子往来而已。书既不能尽意，而又先经内官之手拆视而后进上。机密之言，如何说得，君臣道隔，未有甚于此也。然事须面议，乃得其情，而面议不得开端，不止内官不乐人主与大臣说话，恐破其壅蔽。而辅臣亦不敢苦请面对，若忽然问一件道理未必能知，问一件事件未必能处，原无本领当面说个甚，所以亦不乐于面对也。"①

通过文官们的不断努力，到嘉靖时，内阁首辅的权力已经远远大于宦官头目的权力，"是时司礼之缺犹悬于阁臣之推荐与否，隆庆时阉权已较重于嘉靖间，然用否系于首辅之一言，相权固重于阉权也"②。高拱甚至有彻底摒弃宦官，从而将政府权力全部集中于内阁的宏愿，最终却被张居正与冯保联合挤倒。然而，到张居正时，尽管也依靠冯保做内应，但对于国家行政方针的制定与实施却与冯保没有太大关系，帝国的行政事务一应由张居正负责，"大权悉委之居正焉"③。可见二人在寻求内阁权力宰相化的过程中追求的是同样的目标，也起到了相似的作用，"高拱亦政事才，不失为救时良相……拱之才与居正相类，而气质之偏各不同，亦各有大过当之处"④。如果说高拱希望将内阁的权力与行事从宦官的干预中独立出来的话，那么，张居正则直接希望影响君主本人的作为，从而为其行使"独操权力"提供更强的背景与支持，"居正既柄政，慨然以天下为己任，中外想望丰采，一意尊主权，课吏实。尝言：'高皇帝得圣之威者也。世宗能识其意，是以高卧法宫之中，朝委裘而不乱。今上，世宗孙也。奈何不法祖！'具诏草请于上，召群臣廷饬之，百僚惕然"⑤。当时的万历皇帝还只是个孩子，并不具备影响现实政治的能力与欲望，因此，张居正"尊主权"的效果恰恰是为其自

---

① （明）高拱：《论辅臣面对》，载（明）陈子龙等选辑《明经世文编·卷三〇二·高文襄公文集二》，中华书局1962年版，第3193页。

② 孟森：《明史讲义》，中华书局2006年版，第275页。

③ （清）夏燮：《明通鉴·纪六十五》，岳麓书社1999年版，第1843页。

④ 孟森：《明史讲义》，中华书局2006年版，第266页。

⑤ （清）谷应泰撰：《明史纪事本末·卷六十一》，中华书局1977年版，第939页。

身行使独断权力提供合法性基础。

换言之，张居正之所以能够在执政期间排除宦官集团与文官集团的双重挤压，完全按照自己的意志重现改造帝国的行政系统，其关键不在于重新建立政治体制，而是在现有的体制下将自己的作为转化为皇帝的作为，于是，朱元璋所建立起来的以皇帝为核心地位的政治体制在作为皇帝代言人的张居正的强力领导下，再次焕发出明初诸帝统治下的光彩。然而，这样的角色转换存在着法理上与道德上的双重危险，极其容易受到他人的攻击，在张居正死后，不仅他在政事上的改革出现了“人亡政息”的结果，而且在个人的荣辱上更是遭遇到了“开棺鞭尸”的莫大侮辱。

第三，在政府的日常运作过程中，以“考成法”追求“行政效率”。

对于行政效率的重视是张居正行政的重心所在，他曾在一篇奏疏中对这一问题进行过详细论述：“臣等闻尧之命舜，曰询事考言乃言底可绩。皋陶之论治曰：率作兴事钦哉，屡省乃成。盖天下之事，不难于立法，而难于法之必行；不难于听言，而难于言之必效。若询事而不考其终，兴事而不加屡省，上无综覆之明，人怀苟且之念，虽使尧舜为君，禹皋为佐，恐亦难以底绩而有成也。臣等窃见近年以来，章奏繁多，各衙门题覆，殆无虚日，然敷奏虽动，而实效盖少……虽屡奉明旨，不曰着实举行，必曰该科记着。顾上之督之者虽淳淳，而下之听之者恒藐藐……望底绩而有成，岂不难哉！”①

在关于提高行政效率的问题上，张居正不仅看到了此时明代政府的积弊所在，同时也为自己树立了一个近乎不可能完成的任务。“当张居正出任首辅的时候，本朝已经有了两百年的历史。开国时的理想和所提倡的风气与今天的实际距离已经越来越远了。很多问题，按理说应该运用组织上的原则予以解决，但事实上无法办到，只能代之以局部的人事调整。这种积弊的根源在于财政的安排。在开国之初，政府厘定各种制度，其依据的原则是‘四书’上的教条，认为官员应当过简单朴素的生活是万古不变的真理。从这种观念出发组成的文官集团，是一个庞大

① （明）张居正：《请稽查章奏随事考成以修实政疏》，载（明）陈子龙等选辑《明经世文编·卷三二四·张文忠公集一》，中华书局1962年版，第3460—3461页。

无比的组织，在中央控制下既没有重点，也没有弹性，更谈不上具有随着形势发展而做出调整的能力。”① 此外，立国之初，按照朱元璋最初的设计，明代政府的运作方式主要是一种“下压式运作模式”，“政令出自朝廷，压力也得由朝廷施加。明初中央对地方官便以戒谕施以道德压力，以考课施以行政压力。此后为防止地方欺弊，委官堪实地方所报，并以巡按弹压地方。立法可谓严密。但随着皇帝怠于朝政，法松纪弛，政事多拖延。至张居正定‘考成法’以立限完政事，政事有所振作”②。换言之，张居正提高行政效率的做法，并不是进行政治与机构上的制度性革新，以消解明代建国以来所存在着的一系列体制性困境，而是进一步通过强化中央职权，以下压的方式迫使各级官员提高行政效率。

张居正这种力图在不变更帝国的基本体制的基础上，通过行政手段与高压政策来改变这种存在了近两个世纪的积弊，无疑是极其困难而且难以实现的。尽管这一手段取得了令人瞩目的成绩，但是，其后果也是极为严重的，“张居正的10年新政，其重点在改变文官机构的作风。这一文官制度受各种环境之累，做事缺乏条理。张居正力图振作，要求过于严厉，以至抗拒横生。在他有生之日，他犹可利用权势压制他的批评者，可是一旦身故，他的心血事业也随之付诸流水”③。更为严重的是，他的作为直接导致了此后延续不断的“党争”，这一变局是直接导致明帝国灭亡的几个主要原因之一。

第四，力图增强国力，重振国威。

为了达到这一目标，他在行政当中往往将国家利益而不是部门、地方、个人利益放在第一位，在必要的情况下，甚至不惜牺牲自己的身家性命，此即张居正所谓：“今主上幼冲，仆以一身当天下之重，不难破家以利国，陨首以求济，岂区区浮议，可得而摇夺者乎！”④ 正是在确立了自己的以上态度之后，张居正开始清理任何与国家利益相违背的侵吞行为与行政积习。

---

① 黄仁宇：《万历十五年》，生活·读书·新知三联书店1997年版，第93页。

② 唐克军：《不平衡的治理：明代政府运行研究》，武汉出版社2004年版，第73页。

③ 黄仁宇：《万历十五年》，生活·读书·新知三联书店1997年版，第62页。

④ （明）张居正：《答应天巡抚宋阳山论均良足民》，载（明）陈子龙等选辑《明经世文编·卷三二七·张文忠公集四》，中华书局1962年版，第3512—3513页。

一方面，通过清算土地、打击豪强，以增强国家的财力，“（万历五年）令天下度田。国初，天下土田八百五十万顷。至后渐减，岁久滋伪。豪民有田不赋，贫民曲输为累。民穷逃亡，故额顿减。张居正请料田，凡庄田、民田、职田，荡地、牧地，皆就疆理无有隐。其挠法者，下诏切责之”①。

在张居正看来，要想达到这一目的，就需要对官场中所流行的贪贿与姑息之风进行彻底打击，“自嘉靖以来，当国者政以贿成，吏朘民膏以媚权门。而继秉国者，又务一切姑息之政，为逋负渊薮，以成兼并之私。私家日富，公室日贫，国匮民穷，病实在此。仆窃以为贿政之弊易治也，姑息之弊难治也……故仆今约己敦素，杜绝贿门，痛惩贪墨，所以就贿政之弊也。查刷宿弊，清理逋欠，严治侵渔揽纳之奸，所以砭姑息之政也。上损则下义，私门闭则公室强，故惩贪吏者，所以足民也，理逋欠者，所以足国也。官民两足，上下俱益，所以状根本之图，建安攘之策，昌节俭之风，兴礼义之教。明天子垂拱而御之。假令仲尼为相，由求佐之，恐亦无以踰此矣！”②

另一方面，他还加强对军队的控制与支持以增强国家的战斗力，“隆、万间军事颇振作，高拱、张居正皆喜驭将……其（张居正）所用刘显、戚继光、凌云翼、李成梁、张佳允，皆一时敢战之将，应变之才尽在物色，而又发纵指示，明瞩万里”③。清代人称张居正为“救时之相”，对他在军事上的成就极为推崇，“一旦柄国，辅十龄天子，绸缪牖户，措意边防者为至。江陵匪直相也，而直以相将将，故南北守御，百粤滇蜀，必付托得人……以奠安中夏者垂十年。至江陵殁，而享其余威以固吾圉者，又二十年。此江陵所为举相职也”④。张居正以此为其行政之目的，自然会导致对整个官僚系统的严密监视与控制，“因此严重地威胁了他们的安全感”⑤。

相关做法即是他遭人忌恨的原因之一，但是，这种以天下为己任的

---

① （清）谷应泰撰：《明史纪事本末·卷六十一》，中华书局1977年版，第951—952页。

② （明）张居正：《答应天巡抚宋阳山论均良足民》，载（明）陈子龙等选辑《明经世文编·卷三二七·张文忠公集四》，中华书局1962年版，第3497页。

③ 孟森：《明史讲义》，中华书局2006年版，第279页。

④ （清）林潞：《江陵救时之相论》，载（清）魏源《魏源全集·第十三册：皇朝经世文编·卷十四·治体八·臣职》，岳麓书社2004年版，第602—604页。

⑤ 黄仁宇：《万历十五年》，生活·读书·新知三联书店1997年版，第72页。

做法也获得了后人的尊重，所谓“居正综覆名实，不避嫌怨，于其为国而不顾身家，只应尊敬，不当与怙权而得怨之说混而为一”①。此外，张居正自身的作为虽有欠缺，但终究强过其他弄权之人，如尽管张居正的权势盛于严嵩，但其律己亦严于严嵩，万历十二年（1584），“籍没张居正家，其产不及严嵩二十分之一”②。

第五，在思想与意识形态上，坚持“功利主义儒学”的理念。

有学者认为：“大致地讲，19 世纪前发展起来的中国传统思想在可称作政治—经济哲学的领域内提供了两种基本选择。其中之一是代表着儒家正统的主线；而另一个，就其起源而言，常与法家相一致，尽管它得到许多自认为是坚定的儒家的变相支持。儒家正统路线认为，国家的主要目的是支持和维护道德、社会和文化的秩序，以使天下和谐太平……与这种儒家政治—经济哲学对立的路线……（法家）的提倡者是一些‘政治专家’，他们在当时的统治者面前表明自己是自由行使权力的行家……‘富国强兵’成为压倒一切的座右铭。”③ 毫无疑问，张居正在很大程度上接受了“法家”关于“富国强兵”的观点，当然，儒家思想内部也有追求富强的声音，有学者认为：与“孔孟道统”这一“主流”相比，以“孔荀”为代表的“注重外王事功、务实进取”的“儒家思想的‘支流’”更是关注富强问题，而张居正本人，包括后来的李贽都受到了这一路径的影响。④ 这一点我们也可以从张居正自己的言语中看到，他在与朋友的信件中提到了自己执政以来的心路历程：“忆昔仆初入政府，欲举行一二事，吴旺湖与人言曰：‘吾辈谓张公柄用，当行帝王之道，今观其议论，不过富国强兵而已。殊使人失望。’仆闻而叹曰：旺湖过誉我矣。吾安能使国富兵强哉！孔子论政，开口便说足食足兵。舜命十二牧，曰食哉惟时。周公立政，其克诘尔戎兵。何尝不欲国之富且强哉！后世学术不明，高谈无实，剽窃仁义，谓之王道，才涉富强，便云霸术。不知王霸之辩，义利之间，在心不在迹，奚

① 孟森：《明史讲义》，中华书局 2006 年版，第 283 页。

② （清）谷应泰撰：《明史纪事本末·卷六十一》，中华书局 1977 年版，第 959 页。

③ ［美］史华兹：《寻求富强：严复与西方》，江苏人民出版社 1996 年版，第 8—11 页。

④ 参见张曙光《外王之学：〈荀子〉与中国文化》，河南大学出版社 1995 年版，第 189—194 页。

必仁义之为王，富强之为霸也！”[①]

以这样的政治思想作为自己的施政纲领，张居正的改革在后人看来，更接近于法家。无怪乎有学者对张居正做出以下评价：“综观江陵生平言行，尊主威，振纲纪，明赏罚，核名实，讲富强，重近代，孤立一身，任劳任怨，纯是法家路数。”甚至认为“江陵倒是很近乎商鞅，比荆公爽快多了”[②]。当然，与其认为他“纯是法家路数”，还不如说他是“功利主义儒家”的路数，张居正本人的论述中或许对宋代以来的“道德主义儒家”深表不满，但并不反对孔子与圣贤之道，可以说“王安石和张居正对意识形态的忠诚并不在元祐党人或东林党人之下”[③]。张居正认为“王霸义利”之辩“在心不在迹”的解读既是儒家思想中一个重要传统的延续，同时在明末复社士人那里也获得了进一步的认可，《皇明经世文编》的编者对此段有以下旁批：“江陵每言近来士大夫落晚宋习套，诚然！”[④] 此外，这种反对“道统”但并不反对“圣人”的做法在此后的李贽那里再次显现出来。而张居正对于“尊君”与“富国强兵”的追求同样在与张居正同时代的海瑞那里得到了极大的体现。

以海瑞为例，从尊君与富国强兵两个方面，都体现出了极为强势的观点。就“尊君”而言，海瑞将“养君之道”放在了政治行为的第一位，“天下第一事，以正君道，明臣职，求万世治安事。君者天下臣民万物之主也，惟其为天下臣民万物之主，责任至重，凡民生利瘼，一有所不得知而行其任为不称。是故养君之道，宜无不备而以其责寄臣工，使尽言焉，臣工尽言而君道斯称矣”[⑤]。就“富国强兵”的重要性而言，海瑞在与友人的信件中同样有与张居正极其类似的言论：“承谕：圣人无近攻速化，今日行之，明日见效，皆伯者诈术之私而已。此说似矣，实非！……今人每鄙书生迂腐无用，勇猛能操切，吏书仕宦，盛气于

① （明）张居正：《答福建巡抚耿楚侗谈王霸之辩》，载（明）陈子龙等选辑《明经世文编·卷三二八·张文忠公集五》，中华书局1962年版，第3512—3513页。

② 嵇文甫：《晚明思想史论》，东方出版社1996年版，第79页。

③ 杨阳：《王权的图腾化：政教合一与中国社会》，浙江人民出版社2000年版，第83页。

④ （明）张居正：《答福建巡抚耿楚侗谈王霸之辩》，载（明）陈子龙等选辑《明经世文编·卷三二八·张文忠公集五》，中华书局1962年版，第3512页。

⑤ （明）海瑞：《治安疏》，载（明）陈子龙等选辑《明经世文编·卷三〇九·海忠介公文集》，中华书局1962年版，第3255页。

世，正以书生知王道之迟，不知王道之速也……姑就速化一端言之，富国强兵，陋为伯术，儒者不屑，圣人不富国强兵耶？什一而徹，田猎讲武，富国强兵，天下之于圣人，莫是过也！谓圣人言义不言利，兵非得已，天下宁有这等痴圣人、死地圣人耶？”①

可以看到，张居正等人的“功利主义儒学”在整个晚明甚至明清之际都存在着广泛的影响，这也是黄宗羲等后来者追求政治制度变革的主要来源之一。当然，在黄宗羲那里是解构了君主的“独断权力”基础之上的“富国强兵”，他的立场更接近于东林、复社诸公的努力而与张居正等人存在着巨大差别。张居正的改革，一直遭受文官集团的强烈反对。张居正死后，上述追求内阁宰相化的努力也就画上了句号。而这一努力的失败也是明代专制政权寻求延续、复兴的失败，“张居正的不在人间，使我们这个庞大的帝国失去重心，步伐不稳，最终失足而坠入深渊”②。

在本书看来，内阁宰相化运动之所以失败，主要存在两个方面的原因：一方面，就社会变迁的总体趋势而言，张居正等人所进行的这种重塑一元化权力体系的努力难以应对日渐多元化的社会变迁以及由此而来的对于“分享”而不是“独享”的政治权力与经济利益的不断追求；另一方面，就政治制度的刚性而言，废除宰相制度所导致的法理上与实际中的种种问题也是在既有的权力结构与制度框架内难以克服的，要解决这一问题，需要对明帝国的政治体制进行更深层面的变革，但是张居正等人还没有这种大规模改革政治体制的能力、冲动与可能。因此，其自身改革的失败以及由此所带给明帝国的“党争”“亡国”等悲剧就显得难以避免了。

总之，与明帝国开国之时朱元璋等人所面对的战乱频仍、满目萧条、民不聊生、空地千里等困难格局从而需要而且能够在帝国内部实行一元化管理的状态不同，经过两百年的发展，到张居正执政时期，庞大的明帝国已经日益走向差异化发展之路，中央与地方以及各个地方之间开始出现分化、解体的趋势，江南的繁荣、富庶、文明与北部中国的状况处于严重对立之中，在这样的格局之下，想要重新回到开

① （明）海瑞：《复欧阳柏庵掌科》，载（明）陈子龙等选辑《明经世文编·卷三〇九·海忠介公文集》，中华书局1962年版，第3267页。

② 黄仁宇：《万历十五年》，生活·读书·新知三联书店1997年版，第79页。

国之初的一元化管理体系之中，无疑是势所不能的事情，不论是作为首辅的张居正，还是作为权宦的魏忠贤，甚至作为皇帝的朱由检都无法通过一人之专断完成对帝国的有效治理。正如晚明史展现给我们的那样，大明帝国无可避免地走向了多元、分化、混乱与煽动之中。

第四节 小结

正是看到了废除宰相所导致的一系列政治困境与悲剧，晚明儒生们一方面强力主张要在中央机构中设置宰相，并尽可能地关注地方利益，从而给地方政府以足够的自治权力。而他们的思考与方案，也确实是在明代中晚期的历史格局下继续将明帝国的政治—社会向前推进的有效路径所在。遗憾的是，不仅明帝国的掌权者们未能有效吸纳、实施这一思路，而且，在明帝国灭亡后，取而代之的满族统治者同样未曾听从明代士大夫们的意见，重新设立宰相，而是在继续通过皇帝的精明勤政，在不断扩大皇帝的“独断权力”的同时，更进一步地削弱了相权。可见，对于同一政治与历史教训，异族统治者的作为与晚明士大夫们所期望出现的改革可谓南辕北辙、背道而驰，所谓：“批答，宰相事也。前明中叶，司礼太监实主之。阁臣潜与交通，则共操厥柄。于是爵禄废置，生杀予夺之大权，移在幸门，而威福非由上出矣。我朝定鼎，取监夏、殷。票拟虽由政府，天子综核庶务，一一览披，毋或敢以意进退高下其间，盖宰相之权轻矣。”① 再后来，就直接以带有军事意味的“军机处”代行内阁之职。②“阁臣”这一曾经“无宰相之名而有其实”的职位就更加变得名实两无了。

换言之，自朱元璋废除宰相始，一直到帝制灭亡，中国政府就一直在一种缺乏法定首领的状态中存在了近六个世纪。也正因如此，晚明儒生立足于明代政治实践基础上提出来的以宰相为首领的带有分权意味的政治制度与权力结构的改革方案，在中国的政治史上具有更为独特而重要的价值与意义。

---

① （清）程晋芳：《章奏批答举要序》，载（清）魏源《魏源全集·第十三册：皇朝经世文编·卷十四·治体八·臣职》，岳麓书社 2004 年版，第 616 页。

② 参见（清）赵翼《军机处述》，载（清）魏源《魏源全集·第十三册：皇朝经世文编·卷十四·治体八·臣职》，岳麓书社 2004 年版，第 611 页。

第五章　东林运动：应对变局的知识性努力

从反对张居正“夺情”开始，直到明帝国覆灭，东林、复社运动历时70余年，涉及广泛，影响深远。总体而言，张居正（包括此后的皇帝、宦官）力图通过扩大首辅的权力恢复明太祖时期所确立的以“独断权力”统治整个帝国的状态，而东林、复社则期望通过扩大言论自由以确保分化社会的各种利益能够在政策中体现出来，从而使政府权力具有“公共权力”的性质。这两派政治势力所导致的这种“独断权力”与“公共权力”之间的差异与对立，恰恰构成了整个晚明政治史的两大主脉络，但最终都没有能够成功解决明帝国所面临的问题，也没能挽回明帝国灭亡的命运，“人们通常认为明朝的灭亡实际上是在万历中期，如果说明朝的专制体制在1582年已经与张居正的死一起寿终正寝的话，也未必不可以。这以后至1645年明王朝崩溃的数十年之间，是我们所谓的东林派人士的活动时期。在这个王朝崩溃的过程中，中国乡村地主阶层的主导权，在各个阶层和领域中不断得以强化。但明王朝没有把这种势力作为一种体制纳入自己的专制，所以说明朝在神宗的时代，其政治机构已经形骸化了”①。

第一节　东林运动：权力分散与道德凝聚的尝试

与张居正改革同步兴起的东林运动，是明帝国的官员与地方士绅为应对新的社会变迁所进行的努力的另一种方式，如果说张居正等人关注的是如何继续加强一元化政治体制的控制力的话，那么，东林党人则开

---

① ［日］沟口雄三：《中国前近代思想的演变》，中华书局2005年版，第408页。

始关注如何在一个日渐分化、多元化的体制格局中继续维持帝国的发展与政府的运转。因此，与寻求“宰相化权力”这一带有“独断”性质的最高行政权的首辅不同的是，东林党人更多的是期望获得更为广泛的带有“公共”性质的“舆论”的支持与认可。一种是自上而下的权力结构，另一种则开始带有自下而上的意味。

对于张居正与东林党之间在政治变革上所存在的上述差异与对立，国内外学界主要有以下三种不同的评价方式，第一种评价是贬东林而尊张居正，其中黄仁宇是从实现“数目字管理”这一技术性目标出发，认为张居正的改革促进了这一目标而东林党人更多的是以道德而不是技术作为行政的标准，因此，张居正的治理方式更接近现代资本主义这一目标，而东林党人“偏爱行政改革的空想，他们的运动在体制意义上可以被认为是倒退了一大步，是从高拱和张居正所采取的立场的重大的退却”①。而刘志琴更是从阶级立场出发，认为张居正追求“富国强兵”的政治改革是进步的，而东林党人则是代表地主阶级的落后的。② 第二种评价是贬张居正而尊东林，沟口雄三从历史演变的整体性趋势上，认为面对同样的时代问题，张居正是一种回归“皇权一元化专制”之中的“旧的”方式，是一种“反方向的”，而东林则是一种面向“脱离皇帝专制式”的“新的”方式，因而是一种“正方向的”。③ 余英时也从中国历史的内在展开这一理路上有类似的提法，认为东林党人的努力是“明清思想基调的转换”的主要力量。④ 第三种评价是既尊张居正也尊东林，如小野和子一方面对刘志琴的阶级划分模式进行了直接批评，认为其观点无法成立；另一方面也在肯定沟口雄三以“国家支配权的乡村支配权这一解说图式”的基础上，认为沟口雄三意义上的“新、旧”对立观点存在严重的问题，认为不论是张居正还是东林党他们都面临着新的政治、社会格局，因此也都试图做出“新的”努力，因而都是“‘新’的潮流”，只是他们的立足点与关注点有所不同而已。⑤

---

① ［美］牟复礼、［英］崔瑞德编：《剑桥中国明代史》，中国社会科学出版社 1992 年版，第 578—579 页。

② 参见刘志琴《晚明史论：重新认识末世衰变》，江西高校出版社 2004 年版。

③ ［日］沟口雄三：《中国前近代思想的演变》，中华书局 2005 年版，第 408—409 页。

④ 余英时：《现代儒学的回顾与展望——从明清思想基调的转换看儒学的现代发展》，《中国文化》1995 年第 1 期，第 4 页。

⑤ ［日］小野和子：《明季党社考》，上海古籍出版社 2006 年版，第 34—35 页。

本书乐意接受第三种评价。正如上一章中所论述的，“内阁宰相化运动”不仅对明代的政治体制有新的调整与修正，而且对后代政治与思想产生了直接的影响。这一运动所期望完成的是对于帝国最高层权力的重塑，本身具备正当性与合法性，事实上，“内阁的权力制约对象主要是皇权与宦权。皇权的至高无上，从而缺乏应有的制度化制约的力量，其腐化势所必然。更重要的是，皇权的腐化又引入了另一种腐化的力量即宦权扩大。内阁的权力制约恰恰在很大程度上制约的就是这样两种走向腐化的力量，使政治结构保持着稳态……这样，我们更可看到内阁权力膨胀的积极意义。内阁权力越高说明它与宰相制的距离越近，宰相之于皇权的那种制约在内阁身上就越明显”[①]。而我们在下文中可以看到，东林党人所关注的是在更大范围内与更大程度上的权力分化与共享的问题，这不仅涉及中央官僚体系内部的权力分化与共享的问题，更涉及中央与地方之间所存在的权力分化与共享的问题。有学者就认为，为了维护地方的经济利益与政治权力，“东林的追随者们期望实现皇帝与宫廷权力的下移，这样不仅可以将皇帝的官僚系统完全组织成为六部，而且也可以使地方官员们分享到那些能够影响帝国命运的决定权”[②]。为了实现这一权力下移的目的，内阁作为皇帝权力的一部分，无疑是应该取消的。

可以看到，面对明代政治运行过程中所出现的诸多困境与挑战，内阁首辅与东林党人各自存在着并不一样的问题意识，因此，他们给出的解决方案也有所不同。因此，本书主要考虑到的是他们各自解决的方案本身以及实施的成效问题，而不是予以直接评判。此外，正如有学者所批评的，沟口雄三、余英时二人在研究过程中都“显现出目的论史观的问题”[③]，而这一评价毫无疑问同样适合于黄仁宇、刘志琴、侯外庐等学者，他们往往将“现代西方”作为人类历史发展的模板与目标，从而以此为标准对中国历史中的相关事件进行评价与定性，甚至将主要注意力集中在所谓“东林党的历史作用，是积极的还是消极的，是进步的

---

① 谭天星：《明代内阁政治》，中国社会科学出版社 1996 年版，第 235—236 页。

② Benjamin A. Elman, “Imperial Politics and Confucian Societies in Late Imperial China: The Hanlin and Donglin Academies” *Modern China*, Vol. 15, No. 4, Oct., 1989, pp. 397 - 398.

③ 杨芳燕：《明清之际思想转向的近代意涵——研究现状与方法的省察》，《汉学研究通讯》第 20 卷第 3 期，2001 年 5 月，第 49 页。

还是反动的”[①] 这样简单二元划分的努力，无疑是有失偏颇的，这种研究倾向也正是本书所力图避免的。

既然东林党人期望建立起权力下移的政治体制，那么，他们首要反对的目标，就是试图实现内阁宰相化的首辅们。事实上，试图重新扩张首辅权力的张居正，就成为他们的直接目标所在，他们对张居正的改革和变法进行了持续的质疑与抵制。

总之，东林党人他们期望在消解过度集中的中央权力的状况中，重新寻找到促进权力下移的政治变革机会。具体而言，东林党人对于张居正的反对，主要体现在以下五个方面：

第一，个人品格。对于帝制时代的儒生士大夫而言，这样一个关于掌权者究竟应当是“道德者”还是“有能者”的问题，是政治辩论中的永恒主题。

对于东林党人而言，无疑倾向于道德者掌权的思维逻辑与任人准则，在他们看来，“解决问题的方法并不是在理论上对政策与战略进行辩论，而是任命好人（君子）去处理它们”[②]。因此，任何一个被认为是品行不良的官员都将遭到指责与弹劾，作为首辅的张居正更是首当其冲。以双方激烈冲突的“夺情之议”为例，张居正一旦被质疑为“不孝”，他的整个统治也将受到挑战。这种基于伦理、道德上的质疑，以邹元标的弹劾奏疏为代表：“昔古之硕辅元宰，措则正，施则行，建光明俊伟之业者，无他，上下交相信也。今居正冒丧而议国事也，天下之人皆曰居正不孝而固宠也，居正不孝而縻爵禄也，居正不孝而擅权也，虽有设施，谁则信之？居正之心，必曰天下之人，议我不孝而固宠也，议我不孝而縻爵禄也，议我不孝而擅权也，下稍有不从，祸流缙绅，天下以是疑居正，居正以是疑天下，上下交相疑，而祸不日深者，未之有也。”[③] 此次冲突的得胜者无疑是此时手中握有代皇帝行事这一至高无上的“独操权力”的张居正。他通过廷杖与流放的手段，将邹元标及其同党打发出京师之地。此后，在“夺情”争议中获胜的张居正，开

① 万明主编：《晚明社会变迁：问题与研究》，商务印书馆 2005 年版，第 463 页。

② Charles O. Hucker, *The Traditional Chinese State in Ming Times* (*1368 – 1644*), Tucson: The University of Arizona Press, 1961, p. 77.

③ （明）邹元标：《急斥辅臣回籍守制以正纲常疏》，载（明）陈子龙等选辑《明经世文编·卷四四五·邹忠宪公奏疏一》，中华书局 1962 年版，第 4890—4891 页。

始表现出对其同僚与下属的不信任与不屑，其执政的方式也越来越倾向独裁、武断，“始，张居正自矫饰，虽或任情，而英敏善断，中外群誉之，居正亦自负不世出……至是，益知天下不见与，思威权劫之矣”[①]。

第二，法理质疑。如前所述，张居正的改革并不是在重构体系的基础上进行的，而是在对原有体系的重塑上进行的，他不能从法理与制度上解决内阁宰相化所带来的法理上的问题，将是其作为遭受重大质疑的另一个原因，此即明臣所谓“道路无知之人，且直以宰相目之矣，不知大学士非宰相也”[②]。

这种“名实不符”的状态，对于寻求宰相化权力的首辅们而言，无疑是一个相当致命的问题，“学士入阁参机务，无宰相之名，而行宰相之实。夫无‘名’而行‘实’者，等于无‘权’而越‘权’也。此名实不符之制，纵天子优容，群臣则难甘服。既不甘服，于是抨击生焉”[③]。嘉靖三十二年，兵部员外郎杨继盛弹劾严嵩的“十大罪、五奸”中的第一大罪：“嵩无丞相之名，而有丞相之权；有丞相之权，而无丞相之责。坏祖宗之成法，一大罪也。”[④] 类似的批判与质疑，同样被东林党人用在了张居正的身上。最终，这种法理上的缺陷导致张居正改革所获得的成果付之东流，“张居正的最大弱点却在于他没有能力摆脱王朝统治方式的模式，这反过来意味着他改革帝国官僚政治的努力不可能系统化……由于张的严格说来是‘违制’的应变措施，以许多职能上分离的行政部门为特征的洪武皇帝型的政府又再次成为可以运转的了。但是，当其协调人，这位大学士，一旦去职，整个事业就不存在了”[⑤]。

第三，独裁统治。在帝国庞大的文官系统中分处不同职位之中的张居正与东林党人，在思考如何有效治理这个庞大的帝国事务时，其内心的观感与思路无疑是极为不同的。

对于位处政府中下层，并以代天下苍生请命的东林党人而言，他们首先关注的是如何将更为广泛的下层意见上达朝廷，从而引起政策上的

---

① （清）谷应泰撰：《明史纪事本末·卷六十一》，中华书局 1977 年版，第 951 页。

② （明）骆问礼：《喉论》，载（明）陈子龙等选辑《明经世文编·卷四七〇·万一楼集》，中华书局 1962 年版，第 5167 页。

③ 杨树藩：《明代中央政治制度》，“台湾商务印书馆” 1978 年版，第 93 页。

④ （清）谷应泰撰：《明史纪事本末·卷五十四》，中华书局 1977 年版，第 818—819 页。

⑤ ［美］牟复礼、［英］崔瑞德编：《剑桥中国明代史》，中国社会科学出版社 1992 年版，第 570—571 页。

转移。但是，对于处于帝国官僚体制最顶端的张居正而言，他希望看到的是整个帝国能够在中央政府的统一指挥，能够正确、迅速而有效地展开行动。在这样的政治思维下，东林党人希望广开言路，将帝国中下层的利益与观点传入朝廷，而张居正则希望控制舆论，减少干扰，实现政治稳定与行政目标。这就可以理解，追求行政效率的张居正在具体行政过程中使用的手段恰恰是“下压式的”，如“考成法”，这自然招致了东林人士的猛烈抨击，“在张居正进行的行政改革中，《万历疏钞》所收录的张居正反对派的疏奏激烈攻击的是考成法。因为这与《万历疏钞》所一贯主张的‘开通言路’相对立，是触及两者所设想的政治体制形态根本之处的问题……（开通言路）就是通过最大限度扩大从下到上，或者说是从地方到中央的言论渠道，试图改革政治”①。东林党人这种对“扩大言路”的追求，最后形成了晚明极具特色与影响力的“清议”格局。

第四，学术背景。帝制时期的政治运行，往往建立在非常严格的学术与思想的界限之上。作为饱肚诗书，最后通过科举考试进入官场的儒生士大夫而言，学术与思想上的亲疏感，往往胜过在日常行政事务之中所建立起来的共同的专业性与专业精神。更多的时候，他们更乐意与同僚们沟通学术、交换诗文，而不是行政技能与日常事务。

可以想见，这样一种对待学术与思想的态度，也终将成为不同政治派别之间相互攻击、排斥的阵地所在。东林党人与张居正之间，就存在着由于这种基于学术与思想立场的不同所导致的一系列冲突与对抗。具体而言，张居正与东林党人在学术上的主要分歧在于：张居正信奉的是“功利主义儒家”的基本原则，而东林党则毫无疑问地信奉“道德主义儒家”的基本原则。对于东林党人而言，往往强调以正统的儒家学术为安身立命之根本，“作为一个集团，东林党人以他们坚持儒家正统和他们严格遵守真正的道德行为而闻名”②。于是，他们对于更注重行政效率与日常事务的张居正，有着诸多非议。如亲东林的阁臣王家屏的以下论述可以视为对张居正等人追求功利主义的直接反对：“凡举事，最不

---

① ［日］小野和子：《明季党社考》，上海古籍出版社 2006 年版，第 7—8 页。

② ［美］牟复礼、［英］崔瑞德编：《剑桥中国明代史》，中国社会科学出版社 1992 年版，第 576 页。

可有功利之心，除却功利，无事可为，一有此心，便复害事。即如古人治水垦田，岂不是要兴水利、成田功，必勤胼胝者八年，而后水道始通，较丰凶于数岁，而后田赋始定。则知旦夕之功，目前之利，虽圣人不能图也……不佞因有感于国家之事，其为而无成，非独怠事者之过，而任事者不能从容计虑，次第举行，稍有急功利之念，亦必决裂破绽而不可久。”①

第五，讲学运动。如前所述，以王阳明学派的兴起为起点的明代讲学运动，在教育、思想、文化、政治、社会等各个层面上都产生了广泛而深远的影响，并进一步起到了鼓舞士大夫们参政、议政的作用，对明代政治格局产生了相当直接的冲击。

为了有效控制帝国的舆论，压制讲学运动所带来的一系列政治影响，尤其是出于对那些持有不同政见者的恐惧与排斥，明代中央政府进行了一系列禁止讲学、摧毁书院的政策与行为。张居正掌权时，同样推行了禁止讲学与关闭书院的政策。不过，张居正本人的态度与观点，其实有一个转变的过程。最初，张居正对王阳明学派与讲学运动均心存好感，但是，自出任首辅之后，方才日益由亲讲学走向反讲学。② 因此，我们可以推测，张居正对于讲学运动的弹压态度并不是天然的，而是来源于其严密控制帝国的需要，“关于张居正弹压书院，实际上进行到怎样的程度，虽说不是没有疑问，尽管因各地的地方官多少有所不同，然而因迫于考成法，事实上被封闭的还是不少。在实行弹压书院的同一年，泰州学派的思想家何心隐被杀害……何心隐四方奔走、狂热地宣传阳明学，对独裁者张居正来说，他毫无疑问是在本质上不相容的敌对思想家……这样，生员对政治的关心被严格禁止，书院被封闭，在野知识分子被‘钳口’，广义上的言路就这样被封杀了”③。

总体而言，出于各自不同的政治主张与政治目的，东林党与张居正之间在各个方面均发生了直接冲突。

作为反对力量的东林党在张居正执政期间被一再打压，并没有对整

---

① （明）王家屏：《答蹇理庵论水利屯田》，载（明）陈子龙等选辑《明经世文编·卷三九三·王文端公文集》，中华书局 1962 年版，第 4247—4248 页。

② 参见陈时龙《明代中晚期讲学运动（1522—1626）》，复旦大学出版社 2007 年版，第 122—140 页。

③ ［日］小野和子：《明季党社考》，上海古籍出版社 2006 年版，第 26—27 页。

个政治格局造成太大的影响。但是，随着张居正的去世，渴望亲政的皇帝与渴望实权的言官之间的短暂结盟将张居正直接由天堂打入地狱，遭到了抄家、鞭尸的羞辱。表面上，东林党人的努力似乎获得了最后的胜利。然而，这种胜利对于结盟的双方而言，似乎又都显得有些得不偿失，皇帝固然没有获得想要的没有制约的独断权力，东林党人则发现，张居正的倒台并不意味着追求“自上而下”的“独断权力”的消失，而是意味着被首辅们所争取到的原本属于“宰相”的权力再次回到皇帝与宦官的联盟手中。在后张居正时代里，并没有感受到政治转向自己预期的方向的东林党人，迅速改变战略，将反对首辅专权的斗争转变为反对君主独裁与宦官暴政的斗争。他们开始将批判的矛头转向皇帝本人，再往后则面对着更为可怕而且毫无原则的、同时拥有独断权力与暴力机构的宦官集团。从明代政治史的展开中，我们可以看到，东林党人在此后与魏忠贤等权阉的斗争中，所付出的代价远比与张居正的斗争中付出的要大得多。

换言之，真正从清算张居正的运动中获益的是那些机会主义者：“元辅张居正死后被清算，大伴冯保被驱逐出京，皇帝至此已经实际掌握了政府的大权。但是不久以后，他就会发觉他摆脱了张、冯之后所得到的自主之权仍然受到这种约束，即使贵为天子，也不过是一种制度所需要的产物。他逐渐明白，倒掉张居正，真正的受益者并不是他自己。在倒张的人物中可以分为两类。一类人物强硬而坚决，同时又顽固而拘泥。张居正的案件一经结束，他们立即把攻击的目标转向皇帝……另一类人则干脆是为了争夺权力……在张冯被劾之后在朝廷上空出来的大批职务，他们就当仁不让，安排亲友。”① 这些机会主义者往往在假借道德之名以获得东林人士的认可的同时还进而揣摩圣意以获得皇帝的支持，从而对其反对者进行着非此即彼的清算，最终导致了门户之争，致使整个文官体系无法正常运转。“居正既没，言官攻击不已，吴中行、赵用贤等以论夺情被杖，清议予之。至是号召群言，适中帝之积忌，而谤伤太过，适成顺旨希荣之捷径。阁臣许国愤而求去，疏言：‘昔之专恣在权贵，今乃在下僚；昔颠倒是非在小人，今乃在君子。意气感激，偶成一二事，遂自负不世之节，号召浮薄喜事之人，党同伐异，罔上行

① 黄仁宇：《万历十五年》，生活·读书·新知三联书店 1997 年版，第 79 页。

私，其风渐不可长。’自是言官与政府日相水火。”①

第二节 分权制衡：东林运动于中央层面的政治目标

对于东林党所发动的议政运动的总体发展而言，反对张居正的斗争还只是东林党人在帝国已有的官僚体制与政治格局内所进行的简单的抗议运动而已，尚处于萌芽状态之中。一方面，他们还没有形成真正的组织，他们之间的联合只是因为他们拥有共同的敌人——张居正；另一方面，他们自己的政治目标与政治理想在此时也还没有充分体现出来，在很大程度上，他们还只是在重复宋代以来“道德主义儒家”所宣扬的基本理念的同时，再根据自己的敌人——张居正的具体作为来确定自己的观点并提出相反的意见。只有在反对张居正的运动成功之后，东林党人的对于自身所具备的政治影响力的自信心方才得到充分树立，而在此后与皇帝、宦官的斗争中，他们的政治目标与政治蓝图日益得到显现。

在本书看来，东林党人所追求的政治目标主要有两个：第一，在中央层面限制皇帝、宦官、阁臣的独断权力，希望通过扩大言官的权力与影响制衡独裁体制；第二，在地方层面为士人争取政治权力的同时为百姓争取经济权力，从而为地方的经济、文化、政治争取到自治的可能性。

为了实现这两个政治目标，在张居正被清算之后，东林党人的注意力迅速转向皇帝本人与宦官集团，并从帝国政治的各个方面展开了新一轮的抗争，诸如争国本、争廷推、争言路、争矿税、争阉党、争疆场、争三案等。而所有的这些抗争都与上述中央层面与地方层面的总体目标息息相关。

在这一节里，我们将主要从如何在中央政府的层面实现制衡独断皇权的政治目标出发，对东林党人的努力进行进一步论述。

秦汉以降，如何制衡皇权的问题，一直以来是儒家学者所头痛的事情。对于明代士大夫而言，问题变得越发难以收拾，在这个皇权高度集中的时代里，皇权本身的存在是一个天经地义且毋庸置疑的问题，皇帝

① 孟森：《明史讲义》，中华书局2006年版，第287页。

个人的独断行为往往能够被容忍。[①] 此外，不论士大夫们身处其中的文官集团多么的强大，他们仍然需要皇帝哪怕是象征意义上的存在："文职官僚在明代尽管势力庞大和唯我独尊，却并不坚如顽石，而在两个方面命运却取决于强大的皇权：第一，为了它的实际存在。帝位和官僚真正互相依存……其次，官僚体制需要一个强大的果断的皇权来现实地行使它得自于'天'的最终权威，并借以抑制官僚体系的派系纷争。"[②]这一依赖皇帝的存在来统合并推动帝国的政治权力格局的现实也是东林党人所面对、接受的，正如沟口雄三所注意到的，尽管东林党人批判的许多问题直接来源于皇帝本人，但是，"皇帝却并未成为东林派人士攻击的对象……他们对皇帝专制体制自身，并没有任何反抗，在这点上清末的情况有着决定性的差异"[③]。有学者甚至认为这样一种对于皇帝与皇权的容忍，是东林党的议政运动失败的最主要的原因："东林党人把改革的希望过分地寄托在皇帝身上，他们虽然也批评皇帝的某些政策，要求用种种方法限制皇帝的为所欲为，但是从根本上讲，他们不反对皇权，并希望用加强皇权的办法来推行他们的改革。"[④]

在本书看来，作为后来者，我们在探究这一问题时，既不需要因东林党人保留皇权而从所谓"进步—落后""现代—传统"的视角对他们进行谴责，也不需要通过与英国的政治史比较的基础上强调"不必苛求东林和复社一定要推翻明廷的统治"[⑤] 为其辩护。事实上，对于东林党人及其后继者而言，他们所面临的真正问题在于，与此后感受到"资本主义西方"强大压力的清末士大夫们不同的是，仍然处于"世界中心"的他们除了在明帝国的体制内寻求改良之道之外，别无选择。因此，本书所关注的问题是：在明代的政治体制内，东林党人究竟面临着什么问题，拥有什么资源，他们改变了什么，创造了什么，为后来者又留下了什么。至于东林党人是否具有我们现代人所关注的所谓近（现）代性或者是民主、自由、启蒙等问题，并不是此处讨论的要点所在。

---

① 参见［美］牟复礼、［英］崔瑞德编《剑桥中国明代史》，中国社会科学出版社 1992 年版，第 555 页。

② ［美］司徒林：《南明史：1644—1662》，上海书店出版社 2007 年版，第 8 页。

③ ［日］沟口雄三：《中国前近代思想的演变》，中华书局 2005 年版，第 407 页。

④ 王天有：《晚明东林党议》，上海古籍出版社 1991 年版，第 103 页。

⑤ 万明主编：《晚明社会变迁：问题与研究》，商务印书馆 2005 年版，第 463 页。

如果我们使用所谓“移情”的方式，将自己的思考与感悟放入晚明东林党人活动着的那个时代之中去，就会发现，身处明代政治体制之中的东林党人，他们所面临的其实是一个即使是现代的中国人依然难以解决的两难困境：一方面是不可更改的皇权体制，另一方面却是需要对皇权体制下所产生的独裁与专制进行制约。为了应对这一困境，东林党人有效地抓住了两根“救命稻草”：“广开言路”与“政治成宪”。

首先，“广开言路”无论对于儒生士大夫而言还是对于明代政治体制的正常运转而言，都是极为重要的环节。

就儒学传统而言，在孔子那里就有所谓“天下有道则庶民不议”（《论语·季氏》）的论断；反之，如果天下无道，庶民议政则是正常而且应当的了，这无疑是东林党人所能获得的理论上的最大支持。甚至有现代学者也认为东林党人所坚持的广开言路是符合儒学的基本追求的，这是因为有此而产生的“言论自由（相对于权力自由）在儒教里，至少在中国的儒教里，带有本质的意义”①。就政治体制而言，明帝国的政治体制中本就含有以言路制约权力的意思，此即明臣所谓“臣惟国家张官置吏，以为民疾，独有官守言责二者而已。官守佐天子以理天下，而其职欲专，不专则散且乱，乱则窃弄者得而收其柄。言责佐天子以正天下，而其路欲广，不广则隘且私，私则侥幸者得而逃其奸。臣自通籍以来，窃见阁臣侵部院之权，台谏象阁臣之指，官失其守，言失其职。识者伤之久矣”②。可见“言路”对于明代儒生与政府的重要意义。

事实上，相关问题对于执掌政权的首辅们，同样是一个重要的问题。比如说早在张居正时代，对言路是打压还是支持这一问题就是政府与东林党人相互对立的焦点所在。此后，这一问题一再受到东林党人的关注，并取得了极大的成效：“后来的东林党人士，在后张居正时期，在主张监察权独立的同时，主张通过从言官的范围开始放开言论（即政治批判），扩大言路，使‘天下之公’‘天下之理’反映到中央政治上去。这个‘天下’，是把与各个地域性利益和具体问题相关联的‘地方’包摄在其中的‘天下’，是不仅仅包括士大夫，而且在理论上连草

① ［日］小野和子：《明季党社考》，上海古籍出版社 2006 年版，“岛田虔次：序”第 3 页。

② （明）史孟麟：《专职掌广言路以防阻塞以杜专擅疏》，载（明）陈子龙等选辑《明经世文编·卷四三〇·史公奏疏》，中华书局 1962 年版，第 4700 页。

莽匹夫也包括在内的‘天下’。君主权说到底应该由这‘天下之公’‘天下之理’来规定，为此而设的言论管道，就是言官或者言路。如果说张居正所希望的政治体制，是从上到下的话，那么可以说东林党派所追求的则是从下到上。或者说，张居正是想从中央来控制地方，东林派则是想由地方控制中央。”①

通过东林党人的努力，明代的言官与儒生士大夫将本来限制在政府权力运作过程中的“言路”扩展成为超出了政府控制范围之外的“舆论”（或“公论”），而且进而要求拥有独断权力的君主从中审核名实，论证是非，考虑到帝国全体的利益，而不是一味地独断独行。此正明臣所谓：“臣闻帝王制世，常使臣下尽言，而不使臣下烦言。尽言者，尽天下之心也；人各有心，心各有口，各是其是，各非其非，非可以一人之私议而掩之也。故曰：必使臣下尽言。若夫言尽矣，言之条理，与言者之心之本来，已了然自献于人主之前，而人主复沉沉墨墨，不为之一剖，则言者各以其言求胜。至言者各以其言求胜，不惟掩人之口，抑且自掩其发言之心，而天下从此多事矣。故不使臣下烦言，夫不使烦言者，非钳而制之也，以言责名，以名责实，执之甚简易，处之自安和。御臣之术，亦不出此。”② 这种对于“是非”的争论以及由此而来的对于权力的制约，在“国本”问题上体现得极为明显：“先是，国本论起，言者皆以‘早建元良’为请。政府惟王家屏与言者合，力请不允，放归。申时行、王锡爵皆婉转调护，而心亦以言者为多事。锡爵尝语宪成曰：‘当今所最怪者，庙堂之是非，天下必欲反之。’宪成曰：‘吾见天下之是非，庙堂必欲反之耳！’遂不合。”③

对东林运动评价甚低的黄仁宇也认为：“东林运动只实现了一个政治目标。它彻底阻挠了万里皇帝改变继位的企图。这证明皇帝没有他的官僚们的同意，绝不可能改变他们认为的王朝的根本法则。”④ 但是，在本书看来，这一胜利恰恰论证了东林党人所抓到的第二根“救命稻

① ［日］小野和子：《明季党社考》，上海古籍出版社 2006 年版，第 33—34 页。

② （明）缪昌期：《拟请圣断综核名实剖断是非以息群嚣定国是疏》，载（明）陈子龙等选辑《明经世文编·卷四九八·缪公集》，中华书局 1962 年版，第 5505 页。

③ （清）谷应泰撰：《明史纪事本末·卷六十六》，中华书局 1977 年版，第 1027—1028 页。

④ ［美］牟复礼、［英］崔瑞德编：《剑桥中国明代史》，中国社会科学出版社 1992 年版，第 588 页。

草"——政治成宪——的重要性，因为"嫡长子继承制"就是这些"成宪"之一。此后，在对抗魏忠贤的斗争中，这种以"言路"对抗独断权力的追求更为直接，遭到的反弹也更为猛烈。其中，在杨涟上疏劾"魏忠贤二十四大罪"没有得到皇帝的首肯后，"而国子祭酒蔡毅中，率合监师生千余人，请究忠贤二十四大罪。略曰：'学校者，天下公议之所从出也'"[①]。这与黄宗羲后来所强调的"学校议政"如出一辙。

这种"扩大言路"的做法也获得了明末清初的王夫之、顾炎武、黄宗羲等人的高度肯定，如王夫之所谓"公论者，朝廷之柄也"。以及"言路者，国之命也，言路芜绝而能不乱者，未之有也"[②]。顾炎武所谓"天下风俗最坏之地，清议尚存，犹足以维持一二。至于清议亡而干戈至矣"[③]。相比之下，黄宗羲在充分肯定这一做法的同时，更进一步试图在国家制度层面将其法理化、制度化、组织化，从而提出了"公其是非于学校"[④]。这一全新理念。这无疑是对当时整个明代言论政治的最好的总结。现代学者们对黄宗羲的这一努力极为重视，往往将其称之为"学校议政"而与西方"议会政治"相提并论。[⑤]

近年来，甚至有学者在当前我国所面临的"公议社会的建构"的需要上提出，对于黄宗羲的研究要完成从《原君》到《学校》的转换。[⑥]当然，我们或许并不需要与西方"议会政治"相比较也不需要与当前政治格局相衔接就能看出，这种源于东林党、集大成于黄宗羲的有关"扩大言路"的作为在帝制中国政治史中的重大价值与意义，这是一种将皇帝私人化的权力重新夺回到公众手中的政治斗争。相比之下，坚持所谓"民本的极限"的学者对于这一问题的以下批评就显得浅薄且缺乏实质性意义了："学校以'是非'制约君权还缺少经验的可操作性。

① （清）夏燮：《明通鉴·纪七十九》，岳麓书社 1999 年版，第 2201 页。

② （清）王夫之：《船山遗书·第五卷》，北京出版社 1999 年版，"读通鉴论·卷十四"第 3029—3030 页。

③ （清）顾炎武著，黄汝成集释：《日知录集释》，花山文艺出版社 1990 年版，第 598 页。

④ （清）黄宗羲：《明夷待访录·学校》，载《黄宗羲全集·第一册》，浙江古籍出版社 2005 年版。

⑤ 参见侯外庐《中国早期启蒙思想史》，人民出版社 2004 年版，第 164 页。

⑥ 参见彭国翔《公议社会的建构：黄宗羲民主思想的真正精华——从〈原君〉到〈学校〉的转换》，载吴光主编《从民本走向民主——黄宗羲民本思想国际学术研讨会论文集》，浙江古籍出版社 2006 年版，第 157—172 页。

天子的‘是非’在经验上一定不如太学祭酒吗？如果天子的学行高于‘当世大儒’，学校功能的发挥又当如何？是否也像在郡县学一样，天子也同样在太学主持‘是非’的讨论？实际上，比较天子与太学之间的对错是非，根本就是一个无法解决的麻烦问题。郡县官与郡县学之间的对错是非判断对比也是如此。”① 这种批评是作者建立在主观虚构的所谓以哲学上的“纯粹至善”来指导甚至决定现实政治生活中的“是非问题”所导致的严重误解。对于黄宗羲等人而言，他们追求的恰恰是一个能够对政治问题进行自由讨论的机会与制度，这种自由讨论中也绝不是要一决高下，而是希望在尽可能让国民参与对话的过程中，使上自天子下至庶民都能够对政治行为与政治需要达成基本的共识。

换而言之，黄宗羲并没有预设谁对谁错，而是期望不论谁对谁错，要想最后形成政治性决策，就必须有一个充分陈述、讨论、辩驳、说服的过程。这无疑是一个真正意义上的政治学问题，而不是所谓哲学问题——难道现代西方“多数投票通过制”不正是如此吗？

其次，本书所言“政治成宪”主要具有三个方面的内容：一是所谓“祖宗之法”，主要是指典章制度上的成例；二是所谓“圣贤之道”，主要是指施政目标上的成例；三是所谓“行政惯例”，主要是指行政程序上的成例。

对于“祖宗之法”的推崇，是明代官员普遍的态度，不仅东林人士如此，反东林人士亦如此，作为浙党领袖、时任内阁首辅的沈一贯同样以这一原则在“矿税”问题上批评万历皇帝，所谓：“治天下之道，以经常，不以权宜。经常者，在皇为皇极，在民为民极，又为成宪，为彝典，曰礼曰法，而后世谓之制度，谓之职掌，祖宗之所以授皇上，而皇上之所以授万世子孙者也。权宜之事，可以一行而不可以在行，如病者舍膏粱而服药石，病去当止，不止则药反为病，而不可救疗，故权宜之所以利天下者少，而乱天下者多，不可为也。”②“祖宗之法”对于后代皇帝而言，其约束力是极大的，“在制度安排已定，行政机构设置齐全以后，皇帝在处理帝国事务中不再起积极的作用……朝廷官员们开始把

① 张师伟：《民本的极限——黄宗羲政治思想新论》，中国人民大学出版社 2004 年版，第 205 页。

② （明）沈一贯：《权宜论》，载（明）陈子龙等选辑《明经世文编·卷四三五·沈蛟门文集》，中华书局 1962 年版，第 4769 页。

早期的施政安排恭敬地说成‘祖宗之制’，以此暗指破坏现存制度就是不孝……告诫所有的人——即使是皇帝——不要进行影响深远的改革”①。但是，在黄宗羲这里，这种对于“私天下”体制中的“祖宗之法”的持守并不认可，认为只是“此胶彼漆”而已。② 如果说“祖宗之法”主要体现在有迹可循的“制度”“职掌”上的话，那么，“圣贤之道”则主要体现在“民心”“仁政”等理念的层面，但是作为正统意识形态的儒家思想的影响力在许多问题上与典章制度具有同样的效力。

对于“圣贤之道”的推崇在东林党人李三才的奏疏中得到了极好的体现，他在第一疏中称：“自矿税繁兴，万民失业。陛下为斯民主，不惟不衣之，且并其衣而夺之；不惟不食之，且并其食而夺之……且一人之心，千万人之心也。皇上爱珠玉，人亦爱温饱；皇上爱万世，人亦恋妻孥。奈何皇上欲黄金高于北斗，而不使百姓有糠秕升斗之储？皇上欲为子孙千万年，而不使百姓有一朝一夕？试观往籍，朝廷有如此政令，天下有如此景象而不乱者哉！”这一奏疏并没有得到万历皇帝的理睬，于是他又在第二疏中称：“臣前疏非泛常，国脉民命之所关，天心祖德之所在也。人主能为万姓之主，然后奔走御侮。若夫休戚不关，威力是凭，窃夺之已耳！斩刈之已耳！……今乃驱之使乱，臣惧万姓不肯为朝廷屈也。”③ 这种以“圣贤之道”重述政治理想与施政目标的做法恰恰是黄宗羲所认可的。有学者就指出：“李三才的主张，如果考虑到这是在上疏这样的限制中叙说的话，可以说，那是几乎展开到了极限的君主批判和革命的论说……在读李三才的这些上疏时，我们感觉和《明夷待访录》的《原君》、《原臣》相仿佛，应当注意的是，围绕着矿税之祸，已经展开了这样尖锐的君主批判。可以说，《明夷待访录》就是把这样对个别的具体的君主的批判，扩大到一般的君主，在这样的前提之下，构想了限制君主权的政治体制。”④

最后，就“行政惯例”而言，本书主要是指“廷推”“廷议”“封

---

① ［美］牟复礼、［英］崔瑞德编：《剑桥中国明代史》，中国社会科学出版社 1992 年版，第 554 页。

② （清）黄宗羲：《明夷待访录·原法》，载《黄宗羲全集·第一册》，浙江古籍出版社 2005 年版。

③ （清）谷应泰撰：《明史纪事本末·卷六十五》，中华书局 1977 年版，第 1014—1015 页。

④ ［日］小野和子：《明季党社考》，上海古籍出版社 2006 年版，第 177—178 页。

驳”“经筵”等程序性的行政惯例。以“廷推”为例，万历皇帝曾在不经廷推的情况下任命阁臣，招致臣下的反对，陆光祖就认为：“夫爵人于朝，与众共之。祖宗定制：凡大臣员缺，吏部与九卿会推，请旨简用，至推吏兵二部尚书、各边总督及内阁大臣，则九卿之外，复益以六科十三道。盖其任愈重，则举当愈公，询谋佥同，方敢推用，实所以广忠集众，而杜偏听之奸，绝阿私之患也。”对这一质疑，万历皇帝也予以了首肯，自陈下不为例。[①] 这种廷推大臣的方式在现实政治生活中给独裁的皇帝带来了极大的麻烦，如万历二十二年（1594），“吏部推阁臣王家屏、沈鲤……不允。初，阁臣王家屏以谏册储罢归。至是，上谕有‘不拘资品，堪任阁臣’语，吏部遂以家屏等名上。上览不怿，下旨诘责，以宰相奉特简，不得专擅。吏部尚书陈有年争之，以为冢宰总宪廷推，自有故事，王家屏为相有名，若宰相不廷推，将来恐开捷径，因乞骸骨。上命驰驿还籍，以孙丕杨代之”[②]。可见，即使是皇帝本人，也受制于这一程序性的行政惯例。此外，如“封驳”，顾炎武认为：“人主之所患，莫大乎‘唯言而莫予违’。”因此，强调封驳之权的重要性，“明代虽罢门下省长官，而独存六科给事中以掌封驳之任。旨必下科，其有不便，给事中驳正到部，谓之科参。六部之官无敢抗科参而自行者，故给事中之品卑而权特重。万历之时，九重渊默；泰昌以后，国论纷纭，而维持禁止，往往赖科参之力。今人所不知矣”。[③]

黄宗羲对于上述于实际政治运作中所体现出来的制度性、目标性、程序性的惯例，无疑都是极其熟悉且予以充分吸纳的，正是在这个意义上，他做出了现代学者所谓“以制度制约权力”[④] 的“新”尝试。而在这个新尝试中，他最为看重的就是“程序性惯例”，这主要表现在“便殿议政”“政事堂议政”以及“学校议政”等各个方面。这种对于“程序性惯例”的重视无疑可以视为对现代学者所提出的以下质疑的回应：“黄宗羲的批判虽然激烈而且深刻，他的‘建构’却不能说是成功的。

① 参见（明）陆光祖《覆请申明职掌会推阁臣疏》，载（明）陈子龙等选辑《明经世文编·卷三七四·陆庄简公集》，中华书局1962年版，第4058—4059页。

② （清）谷应泰撰：《明史纪事本末·卷六十六》，中华书局1977年版，第1027页。

③ （清）顾炎武：《封驳》，载（清）魏源《魏源全集·第十三册：皇朝经世文编·卷九·治体三·政本上》，岳麓书社2004年版，第368页。

④ 孙宝山：《以制度制约权力——黄宗羲政治构想解析》，《晋阳学刊》2007年第4期，第71—74页。

他鼓吹的'学校政治'并不包含程序民主，只是高度泛道德化的政治，而现在人们都知道这样的政治容易走向'道德专政'。"① 如前所述，明代政治本身就含有许多影响力极强的程序性惯例，而黄宗羲所建构的体制则不仅立足于这些惯例的基础之上，而且还希望用唐代的体制与惯例来弥补明代的缺失。因此，认为他的建构只是"泛道德化"无疑是没有道理的。我们或许可以怀疑帝国政治中的"程序性惯例"是否具有自梁启超以来所认为的类似西方"民主"的实质性内涵。② 但是，如果我们彻底否定这种程序性惯例在现实政治生活中的意义与价值，而以所谓"道德专政"予以总括，无疑存在严重的问题。

对于黄宗羲而言，他需要首先处理的是如何避免不受限制的"独断权力"在违背既有程序做出决策时所导致的一系列恶果。而"学校议政"无疑是制约权力、看重程序，以消解这些恶果的第一步，至于实现了这一步之后，如何进一步在现实政治实际中规范、完善、推动所谓"程序民主"，或许并不是黄宗羲关心的首要问题。黄宗羲所需要处理的是他那个时代的问题，我们不能以我们的追求去质疑他的努力。

第三节　乡绅自治：东林运动于地方层面的政治目标

在地方政治层面，东林党人则主要试图为士人群体争取更多的政治权利。与此同时，也为地方的百姓争取更多的经济权利。议政运动中为地方争取政治与经济权利的努力集中体现在"重守令"与"重民心"上。

"重守令"一直以来是明代政府所关注的问题之一，而且也是治理这个庞大帝国的中坚力量，所谓"治化之行，自守令始。守令之当重，人孰不知，然徒有重之之虚言，而不副以重之之实事，亦未见其重也。重之之目有四：曰求之博而择之精也；曰礼之重也；曰责之专也；曰任之久也……在上既无轻弃之才，则下自无速化之术矣"③。为了实现对

① 秦晖：《传统十论》，复旦大学出版社 2003 年版，第 225 页。

② 参见梁启超《中国近三百年学术史》，东方出版社 2003 年版，第 52 页。

③ （明）李承勋：《重守令疏》，载（明）陈子龙等选辑《明经世文编·卷一〇〇·李康惠公奏疏一》，中华书局 1962 年版，第 882 页。

地方官僚的监督与管理，又设置了府按等官职。如何利用这一制度上的设置有效制约地方官府，从而为地方带来福音也是东林党人关注的内容，如赵南星所言："臣等看得我国家府按官之设，皆以巡为名，言古者天子巡狩之礼难复，而设官以代之，犹夫其自行也。府按之责，莫大于举刺，举刺当，则吏治清，而民生遂矣。举刺不当，则吏治浊，而民生苦矣。"① 地方官员不仅需要履行上述行政职能，维护地方的稳定、发展与繁荣，而且，在有些时候，还得抵制来自中央的非理性的干预与侵犯，从而保护自身行政管辖权，以及捍卫地方的政治、经济利益。在万历年间，由于皇帝身居深宫，却派遣宦官四处敛财，这一行为不仅给百姓带来了极大的经济负担，而且还严重地威胁到地方官员的权力与行政。因此，在东林党人的"议政运动"中所体现出来的"重守令"的特征，还具备了反对皇帝与宦官专权、维护地方稳定与利益的独特意义。换言之，如果说国家设守令是为了代理皇帝治理地方，而设府按是为了代理皇帝监控地方，因而都带有从属性的话，那么，立足于反抗矿税、抵制阉使的运动则恰恰把这一从属性地位转化为积极地反对皇权的运动之中。

有关宦官对地方官员的限制与影响，我们可以从以下事件中看出来，其中，有直接关押政府官员的，如万历二十八年（1600）七月，"陈奉道承天之金花滩，勒民黄金，拷及妇人，并拘知县邹尧弼，远近大震"②。有导致朝廷出面逮捕地方官员者，如万历二十八年（1600），"逮西安府同知宋言，税监梁永劾其激众倡乱也"③。有致使地方官无法正常履行职责的，如万历二十八年（1600），"武昌、汉阳民千余，集抚、按门，陈税监陈奉之毒，抚、按不敢理，民情益愤"④。类似的案件时有发生，而万历皇帝在处理时又完全偏袒宦官而无视百官对他们的不断弹劾。可以想见，连政府官员都受到直接冲击与牵连，以上承皇命自居的宦官及其爪牙们横行无忌的状态可谓历历在目了，这样的胡作非为导致了一系列的"民变"，致使整个帝国陷入崩溃的边缘："高淮激

① （明）赵南星：《覆陈给事疏》，载（明）陈子龙等选辑《明经世文编·卷四五九·赵忠毅奏疏》，中华书局1962年版，第5022页。

② （清）谷应泰撰：《明史纪事本末·卷六十五》，中华书局1977年版，第1015页。

③ 同上书，第1013页。

④ 同上。

变辽东，梁永激变陕西，陈奉激变江夏，李凤激变新会，孙隆激变苏州，杨荣激变云南，刘成激变常镇，潘相激变江西。当斯时也，瓦解土崩，民流政散，其不亡者幸耳！而深宫不省，疏入留中。"①

面对如此局面，不论在朝在野，东林党人都立场坚定地站在"民心"的角度上反对矿税，支持民变。此即李三才所谓："人主能为万姓之主，然后奔走御侮。若夫休戚不关，威力是凭，窃夺之已耳！斩刈之已耳！……今乃驱之使乱，臣惧万姓不肯为朝廷屈也。"② 吕坤亦称："自古帝王之求富者亦多矣，史册所载，开卷可知。陛下试观其时，治乎乱乎？其君安乎危乎？夫天下之财，止有此数，君欲富则天下必贫，天下贫则君岂独富？故曰同民之欲者，民共乐之；专民之欲者，民共夺之！天下民穷财尽，未有甚于此时矣。"③ 此后魏大中所谓："臣窃惟皇上今日所与共保此宗庙社稷者，独民心耳，民心不可重伤页，伤心之久，收拾已迟，失今不图，更派饷征兵，茫无再计，骚动天下，欲以御外寇，乃在内不可不深虑也。"④

更为有意思的是，万历皇帝自己似乎也认可这种反对意见，但却无法停止其敛财的冲动，如万历三十年（1602）二月，"上偶不豫，急召辅臣沈一贯入，谕以勉辅太子并及罢矿税、起废、释禁诸事。翌日，上安，诸事遂寝。停税谕已出，上悔，急令追之。太监田义谏曰：'谕已颁行，不可反汗。'上怒，几欲手刃义，义不为动。一贯恐，亟缴前谕，义唾之"⑤。李三才就此上疏曰："所以拯溺救焚，出民水火，转危而为安，易乱而为治，无如前日传奉之圣谕矣！故矿税之旋复，臣不必言，其弊政之当亟罢，建言之终斥，臣不必言，其忠良之当亟收，无辜之复系，臣不必言，其刑罚之当亟盖，臣不必言。盖圣心原无不照，圣智原

① （清）谷应泰撰：《明史纪事本末·卷六十五》，中华书局 1977 年版，第 1024 页。

② 同上书，第 1015 页。

③ （明）吕坤：《忧危疏》，载（明）陈子龙等选辑《明经世文编·卷四一五·吕新吾先生文集一》，中华书局 1962 年版，第 4498 页。

④ （明）魏大中：《恳乞圣明发帑以宽加派并敕详议调募团练事宜以杜乱萌疏》，载（明）陈子龙等选辑《明经世文编·卷四九七·魏忠节公集》，中华书局 1962 年版，第 5499 页。

⑤ （清）谷应泰撰：《明史纪事本末·卷六十五》，中华书局 1977 年版，第 1018 页。

无不周。”[①] 至万历三十三年（1605），“诏罢采矿，以税务归有司，释矿税在狱承天诸生沈机等十二人”[②]。三十四年（1606），“云南矿务太监杨荣被杀……事闻，上怒不食，曰：‘荣不足惜，何纪纲顿至此！’罪其首事。罢中使不遣，以税课归四川税使丘乘云”[③]。

可见，在内外舆论、暴乱的压力之下，皇帝自己的作为也是有所收敛的。士大夫与市民之间的合作有效地抵制了皇权与宦官的进一步入侵地方。这不仅为地方政府赢得了治理的空间，也为百姓赢得了利益。此后在与阉党的斗争中，这一士大夫与市民相结合对抗中央权力的模式继续得到了体现。魏忠贤迫害东林党人的行为引起了几起“民变”，如在逮捕周顺昌、黄尊素时民众对锦衣卫的袭击[④]。这充分说明东林党人在维护地方利益中所起的重要作用以及他们在民众心目中的英雄地位。

然而，在明代的政治格局之下，无论是地方政府还是地方舆论都没有法定的力量制约中央权力的暴政，所以他们的议政运动虽然取得了一些成就，但终究无法从根本上改变明代的政治格局，东林党的运动也就在阉党的暴力打压下，彻底失败，正所谓“一堂师友，冷风热血，洗涤乾坤”。有鉴于此，作为后来者的黄宗羲对于如何确立地方政府极为关注。他首先是希望通过恢复“封建”[⑤] 制度以分散中央权力，此后又希望设置方镇这样的带有自主治理权的地方一级政府，无论哪一种都可以实现对内以消减中央权力的过分集中倾向，对外可以有效阻止外敌入侵的双重目的。前者即所谓“外有强兵，中朝自然顾忌，山有虎豹，藜藿不采”。后者即所谓“既各有专地，兵食不出于外，即一方不宁，他方宴如”[⑥]。此外，他还认为应当废除胥吏，以士人充当地方官员的僚属，从而避免胥吏这种下层差役鱼肉百姓。可以看到，黄宗羲充分吸取了明

---

① （明）李三才：《国势病故繇疏》，载（明）陈子龙等选辑《明经世文编·卷四二一·李修吾奏稿》，中华书局 1962 年版，第 4583 页。

② （清）谷应泰撰：《明史纪事本末·卷六十五》，中华书局 1977 年版，第 1020 页。

③ 同上。

④ 参见（清）谷应泰撰《明史纪事本末·卷七十一》，中华书局 1977 年版，第 1153—1154 页。

⑤ （清）黄宗羲：《留书·封建》，载《黄宗羲全集·第十一册》，浙江古籍出版社 2005 年版，第 4—6 页。

⑥ （清）黄宗羲：《明夷待访录·方镇》，载《黄宗羲全集·第一册》，浙江古籍出版社 2005 年版，第 22 页。

代地方政府的缺陷，并力图欲以改革。同样，作为黄宗羲同时代的唐甄也直接地提出了地方官员的重要性，他认为："天下之官，皆弃民之官；天下之事，皆弃民之事。是举天下之父兄子弟，尽推之于沟壑也，欲治得乎？天下之官，皆养民之官；天下之事，皆养民之事。是竭君臣之耳目心思，而并注之于匹夫匹妇也，欲不治得乎？"[①] 所有这些执政理念的形成与扩展无疑都与"议政运动"直接相关。

此后，作为东林运动的承继者与突破者，复社运动在明代政治变迁中有着极为重要的地位。与人数少、组织松散且行动并不统一的东林党相比，复社在这几方面都有着长足的进展。首先，就人数而言，当时所谓的"东林党人榜"中所收录者只有309人，其中，尚有4人为逆案中人。[②] 而根据学者的统计，参与复社的人数达2232—3005人之多，且大多集中于以南京为主的江南。[③] 其次，就组织而言，黄宗羲并不认为东林党人具有组织，所谓"东林之起不过数人耳，未尝有名籍相标榜也"[④]。而复社在张溥、张采的领导下，则进行了组织化建构，尽管或许并没有现代学者所谓"政党化趋向"[⑤]，但其组织的有效性却是当时最强的。[⑥] 再次，就行动而言，东林党人在面对政敌时不能采取步调一致的行动是导致他们失败的重要原因之一[⑦]，如在反对魏忠贤的过程中，作为首辅的叶向高与作为大臣的杨涟等人之间的分歧致使这一行动没能一举成功。[⑧] 相比之下，复社人士往往能够统一行动，迅速造成声

---

① （清）唐甄：《为政》，载（清）魏源《魏源全集·第十四册：皇朝经世文编·卷十五·吏政一·吏论上》，岳麓书社2004年版，第15页。

② 参见王天有《晚明东林党议》，上海古籍出版社1991年版，"附录一"第114—115页。

③ William S. Atwell, "*From Education to Politics: The Fu She*", Edited by Wm. Theodore de Bary and the Conference on Seventeenth-Century Chinese Thought *The Unfolding of Neo-Confucianism*, New York: Columbia University Press, 1975, p. 343.

④ （清）黄宗羲：《留书·朋党》，载《黄宗羲全集·第十一册》，浙江古籍出版社2005年版，第10页。

⑤ 有关这一判断可参见万明主编《晚明社会变迁：问题与研究》，商务印书馆2005年版，第537—544页。在本书看来，将东林、复社的组织与活动同现代西方"政党运动"进行比较，往往导致问题重点的转移，我们与其辩论其是否是现代意义上"政党"，不如更多地关心他们究竟在帝制体制中改变了什么。

⑥ 参见谢国桢《明清之际党社运动考》，上海书店出版社2004年版，第110—111页。

⑦ 参见万明主编《晚明社会变迁：问题与研究》，商务印书馆2005年版，第544页。

⑧ 参见（清）夏燮《明通鉴·纪七十九》，岳麓书社1999年版，第2201—2204页。

势，以达到目标，无论是天启六年（1626）由于东厂逮捕周顺昌所引起的由复社士人参与的“民变”[①]，还是崇祯十一年（1638）反对阮大铖的《留都防乱公揭》[②]，都是如此。更为重要的是，相对东林党人而言，复社参与政治斗争有着更为实际的政治目标与政治手段，他们一方面通过各种途径将组织中的佼佼者送入政府，从而直接影响政局，“如果说最初东林讲学的目的是‘冀执政者闻而药之’，复社则力求直接获得重要职务，以控制朝政”[③]。另一方面，他们还通过自己的影响力，扶植亲东林、复社的周延儒政府，实现了部分政治目标。[④] 此外，他们还通过诸如《皇明经世文编》这样的著作，“在收集同时代的政治、经济、社会有关根本性的史料的同时，对关于明王朝当‘今’应该采取的政策，开始进行了全面性的研究。复社的同仁们所拥有的‘经世致用’的实践意欲，通过复社这个组织，试图使之成为同时代人们所共有的东西”。然而，对于复社士人而言，历史并没有给他们足够的时间与机会让他们能够一展抱负，“事态已经到了复社所考虑的那样的体制改革再也无法含糊的地步。张溥等实现的周延儒内阁，虽说在若干政策上作了改进，但面对紧迫而来的满洲的侵入和农民的反乱，没能够打出任何有效、根本的政策就这样崩溃了。这已经不是政策水平上的问题，已到了必须从根本上追究、改造政治体制本身的存在样式的状态了”[⑤]。这种格局为黄宗羲所亲身经历、见证，因此对他具有极大的促动，在对整个晚明设置整个帝制时代的政治格局进行了全面而深刻的反思，并进一步予以总结与提升，最终在《明夷待访录》中开始了这一“从根本上追究、改造政治体制本身的存在样式”的努力。但是，他失去了现实层面进行进一步实践的机会，因为作为异族入侵者，“警惕的满族统治者确保他们的工作只在理论上继续演进”[⑥]。

---

① 参见（清）夏燮《明通鉴·纪八十》，岳麓书社 1999 年版，第 2224 页。

② 参见（清）夏燮《明通鉴·纪八十六》，岳麓书社 1999 年版，第 2378—2379 页。

③ 万明主编：《晚明社会变迁：问题与研究》，商务印书馆 2005 年版，第 549 页。

④ 参见（清）谷应泰撰《明史纪事本末·卷六十六》，中华书局 1977 年版，第 1058—1059 页。

⑤ ［日］小野和子：《明季党社考》，上海古籍出版社 2006 年版，第 308—309 页。

⑥ William S. Atwell, “*From Education to Politics: The Fu She*”, Edited by Wm. Theodore de Bary and the Conference on Seventeenth-Century Chinese Thought *The Unfolding of Neo-Confucianism*, New York: Columbia University Press, 1975, p. 358.

明代灭亡之后，复社士人们迅速卷入了毫无获胜希望的抵抗运动之中。清朝人的剃发令，导致了江南士人的强烈抵抗，这一方面是政治与文化之间的较量，“在满清征服中国的年代里，各地以抵制削发令为中心意象出现了许多可歌可泣的抵抗运动。在很多地方社区，要让人们团结起来，与其呼吁他们去效忠已经濒临灭亡的明朝政治秩序，毋宁召唤他们以抵制剃光前额来表现出捍卫自身文化尊严的决心……我们同样可以看到，这个文化的焦点对于满洲入侵者也有着重要意义，促使他们在武力的使用上直指抵抗运动最顽固的中心。这样一来，削发令又成了一项极为精明的行动：与其让那种不温不火对待新政权的消极态度得到滋养生长，毋宁让这种抵抗一下子爆发出来而迅速予以荡平”①。满洲人在江南的血腥镇压导致了臭名昭著的“扬州十日”“嘉庆三屠”等惨案。另一方面，也是儒家思想中所含有的在平时难以观察到的“狂气”“侠气”与“血性”的激烈表现，“本来在阳明学中，就存在着一种可称为狂气的因素。在抵抗运动中，也存在着想停也停不住、任凭本能行动，以及从利害和世间常识难以想象的、和阳明学也相通的那种狂气。儒和侠本来是相对立的概念，但是在那个时代，所需要的却既是儒也是侠，是尽管没有权力却要行天下国家之事……也许正是在毫无办法的状况下，为了开辟时代，那些任侠之人才是需要的”②。

第四节　道德与政治的界限划分：东林运动的缺陷与自我修正

由于东林党与复社的努力正处在帝制中国出现内在转型与发展的历史端口上，因此，他们的努力不仅为明清之际的黄宗羲等后来者重新反思、批判、重建帝国的政治体系与意识形态提供了极其有利的传统与资源，而且在帝制中国政治史、政治思想史的进一步展开与发展的过程中做出了开创性的贡献。

现代学者指出：“宰相制度的废除有效地剥夺了明王朝一个运转得

① ［美］孔飞力：《叫魂：1768 年中国妖术大恐慌》，上海三联书店 1999 年版，第 71—72 页。

② ［日］小野和子：《明季党社考》，上海古籍出版社 2006 年版，第 367 页。

当的政治体制，之后的皇帝为此付出了高昂的代价，因为没有一个代表权威和解决政治冲突的预测机制，皇帝不得不事必躬亲处理每一个呈交朝廷的问题。从 15 世纪中叶起，缺乏协调不同利益集团的机制意味着政治冲突既可导致个人的灾难，又可引发党争。皇帝不得不努力控御其臣僚，甚至到了阻碍有效的行政管理的程度；朝廷的政治能量很大程度上站在皇帝一边以维护皇室的权威，或者站在官员一边变成操纵或抵制皇室的法令……16 世纪和 17 世纪从事公共服务的人，即使不招致灭顶之灾，也要面对严重的压抑。"① 这无疑是对晚明政局及其来源的最好的总结。从中可以看到，在晚明的历史进程中，议政运动与反对力量之间绵延不绝的争斗最终导致了以下两个不良后果：第一，由于内阁无权、皇帝无能、宦官无知，致使整个帝国的朝政日益松散以至无可作为；第二，由于政争所产生的"门户之争"，致使整个文官集团处于严重分裂状态，最终彻底失控。议政运动的参与者及其后来者也发现了这些问题的严重性，并进行了自我修正。

一　晚明朝政之"不可为"

对张居正的清算意味着内阁宰相化运动的彻底失势，首辅们力图代行宰相之职以管理帝国的理想遭受了严重挫折，这一趋势带来的一个严重后果就是整个官僚体系的最终分裂与无法作为。不仅如此，反对张居正的运动迅速导向反对内阁的运动，试图以"六部"而不是"内阁"作为整个行政的中枢所在，"他们向往一种组织上松散的政府（具有向皇帝直接报告的各自独立的各种机关，并具有独立的报告途径），有时达到了不切实际的程度"②。如史孟麟所谓："我太祖罢中书省，而设六部以分庶务，恐其专也。而官各有职，职各有掌，不相侵夺，不相干越，则又恐其不专。盖以一事而任一官，则专非为害；即以一官而败一事，亦罪有所归，斯祖宗分职之意也。"③

---

① ［加］卜正民：《为权力祈祷——佛教与晚明中国士绅社会的形成》，江苏人民出版社 2005 年版，第 71—72 页。

② ［美］牟复礼、［英］崔瑞德编：《剑桥中国明代史》，中国社会科学出版社 1992 年版，第 577 页。

③ （明）史孟麟：《专职掌广言路以防阻塞以杜专擅疏》，载（明）陈子龙等选辑《明经世文编·卷四三〇·史公奏疏》，中华书局 1962 年版，第 4700—4701 页。

这种权归六部的主张对于高悬于六部之上而又处于皇帝之下的内阁而言，无疑是一种致命打击，代张居正出任首辅的申时行很快就感受到了这种压力，此后亲东林的首辅叶向高同样感受到了这种压力，这可以从他们二人的通信中看出来。时任首辅的叶向高在写给赋闲在家的申时行的信中抱怨：“自不肖受事以来，六曹之政，绝未偿有一语相闻，甚至上疏之后，揭帖亦无，直至发擬，然后知之，仓促之间，无从商榷，直以意为之票答而已。至于事有窒格，则无人不相委罪，即六曹亦云，吾疏上已了矣，其得旨与否，阁臣事也。故尝谓今日人情，论事权，则共推阁臣于事外，惟恐有一毫之干涉；论利害，则共扯阁臣于事中，惟恐有一毫之躲避。其难易苦乐已大失其平矣。”在认识到事情的严重性后，他甚至进而认为应当去掉内阁，分权于六部：“不肖无聊之中，每思高皇帝罢中书省，分置六部，是明以六部为相也。阁臣无相之实而虚被相之名，所以其害一至于此。今惟遵高皇帝旧制，仍裁阁臣，而以天下事仍责之六部，彼六部操柄在手，事有分属，犹可支持，其与阁臣张空拳，从群责而徒愤闷以死也，不大相绝哉?”[①] 申时行毫无疑问对此深有感触，同样认为：“近时事体，与往时大相悬隔，阁中开导斡旋，止凭揭帖，往时或奉御札，或令文书房口答，无中寝者，今答者什之二三，寝者什之七八，此一难也。往时六卿皆备，事体每相商榷，皆得与闻，今疏上报可，绝无违驳，遂至不相关涉，此二难也。一时风尚，率先气节，少年喜事，口语纷纭，前倡后随，党同伐异，狥之则不可胜从，违之则便相仄目，此三难也。”但是，他还是鼓励叶向高不要放弃，认为仍有太平的希望，“然其要则在主上一有转移，便能改观易听矣，兹其时矣。昔人有言至诚以感动之，尽力以维持之，此不易之定论。唯公与同事诸公，协心共济，太平可翘足而须者”[②]。然而，申时行认为一旦皇帝改变观念内阁将仍有作为的乐观预测，在有明一代再也未曾得到实现。

正是基于上述原因，在东林内部，尤其是那些掌握了政治权力的东林党人，也开始重新思考内阁权力对于帝国政治的重要性问题。

---

① （明）叶向高：《与申瑶老第二书》，载（明）陈子龙等选辑《明经世文编·卷四六一·苍霞正续集》，中华书局 1962 年版，第 5051 页。

② （明）申时行：《答叶台山相公》，载（明）陈子龙等选辑《明经世文编·卷三八〇·申文定公集一》，中华书局 1962 年版，第 4127 页。

一方面，他们将内阁权力与宰相权力进行比较，认为阁臣无法直接行使行政权力，这导致了中央政府机构的慵懒作风。如叶向高所言：“臣等闻董晋云：‘欲知宰相能否，视天下安危，所谋议于上前者，不足道也。’则是宰相之职，不在谋议矣。然昔之宰相，事得专行，故不必于谋议。今之阁臣，虚冒相名，自票拟而外，毫无事权。苟中有所见，而默然无一言，是并谋议而失之矣。”因此，阁臣不仅对上只有“谋议”之权，对下亦无强制执行的权力，致使日常运作都存在问题，“今议者责臣等以推诿，望臣等以径行。臣等亦曾从条陈中，间有拟允，而部中之沈阁如故，臣等不得而问也。不得已拟令科臣纠参，而科臣之不纠参如故，臣等不得而强也”[①]。在具体的行政过程中，阁臣的“票拟之权”往往成为“虚文”而毫无积极作为之可能，所谓“六曹事务，与阁臣杳不相闻”[②]。

另一方面，他们将内阁权力与皇帝权力以及宦官权力进行比较，认为内阁掌权较之宦官掌权而言尚可忍受，此即骆问礼所谓：“况面奏请旨，则其权常在朝廷，票之内阁，则其权属之内阁，又且传递于宫闱。在内阁治乱半，入宫闱未有不乱者矣，而在内阁者，入宫闱之渐也。今不因其在内阁页，取而还之朝廷，迨其如于宫闱也，欲攘臂而夺之，将噬脐矣。曰今日政事所以不入宫闱者，正得内阁为之主持尔，今举而释之，朝廷日亲政事可也，万一有他说焉，而宫闱得之矣。曰与其偏听一二人，而主持于冥冥之中，孰若分任责成，而主持于昭昭之表乎？臣愚所以过为之虑者，正恐阁臣之不能主持也。”[③] 也就是说，直接由皇帝出面，采取朝议的方式处理国家事务是最好的方式，其次则是由内阁处理政务，最坏的是宦官集团的干政。可见东林党人在此时已经开始由直接对抗阁臣转向防止宦官擅权了。

此外，还有人从明代的政治构架本身出发，认为内阁应当发挥更大、更积极的作用，此即汪若霖所谓：“臣惟天下理乱，在于朝政得失，

---

① （明）叶向高：《条陈时务疏》，载（明）陈子龙等选辑《明经世文编·卷四六二·纶扉奏稿》，中华书局1962年版，第5076页。

② （明）叶向高：《答涂制台》，载（明）陈子龙等选辑《明经世文编·卷四六一·苍霞正续集》，中华书局1962年版，第5051页。

③ （明）骆问礼：《喉论》，载（明）陈子龙等选辑《明经世文编·卷四七〇·万一楼集》，中华书局1962年版，第5168—5169页。

而国家内阁之地，号曰政府，谓皇上心膂所寄，天下机务之所从出也。今天下大势，似强实弱，似安实危，百孔千疮，仅存象貌，则惟是二十年来政府之内，懦啮渐靡，以致于此……天下至大，万机至众，皇上高拱于深宫，辅臣坚卧于私室，一朝群臣，泛泛如河中木，此乾坤何等时乎！臣观自古安社稷享无疆者，在人主任相臣，相臣自任以天下耳！"[①] 虽然在同一奏疏中，他将导致这一局面的原因归咎于张居正，认为"万历初年，权相勾珰擅政，天下股栗，盛满不戒，卒受诛灭之祸。嗣是，宵人观望于是，一切变为侧媚险邪之行以牢笼一世，门户甚坚，气脉不断，勾有正类，立见倾挤，以私灭公而不顾，天下之大，使天下之人，亦瞒心涂面以附之，而不知有公家之急，遂至今日，可为太息……故臣切谓皇上宜任辅臣，不必疑辅臣，辅臣宜任天下，亦不必疑天下"[②]。然而，其所谓"相臣自任以天下"的口气，已经与张居正所谓"仆以一身当天下之重，不难破家以利国，陨首以求济"[③] 极其相似了！

可以看到，随着局势的发展，东林党人对待张居正等权相的态度正在日渐软化之中，对于他们而言，首辅擅权固然是件可怕的事情，但首辅无权同样是一件麻烦的事情。

明代灭亡后，士大夫们对于这一问题的认识更趋于强化，基于晚明政局的混乱以及边患、寇患不断，他们对张居正的相关作为给予了极高的评价，如有学者在比较宋代诸相的基础上，认为"明季诸相，皆龌龊无远略。时引用一二亲党，卒不可以为天子之大臣。惟江陵当国，于戚继光、李成梁诸将，知之而用，用之而尽，盖犹有（寇）忠愍、（范）文正遗略焉"。但是，他同时也认为与宋代诸贤相相比，张居正还不够大度，"其抵排士类，而唯恐人起而轧之，则一也"[④]。此外，更有学者将张居正的遭遇直接与明帝国的兴亡联系在一起："宰相为天子统百官，如裘之有领，门之有阑，舟之有舵。宰相重，则朝廷尊，百务举；宰相轻，则朝廷卑，事权杂。自江陵殁后，而诋江陵者，非惟自轻，而卒以

① （明）汪若霖：《朝政因循可虑辅臣单匮难支疏》，载（明）陈子龙等选辑《明经世文编·卷四六九·汪给谏文集》，中华书局 1962 年版，第 5153 页。

② 同上书，第 5154—5155 页。

③ （明）张居正：《答应天巡抚宋阳山论均良足民》，载（明）陈子龙等选辑《明经世文编·卷三二七·张文忠公集四》，中华书局 1962 年版，第 3512 页。

④ （清）储大文：《大人容物爱物论》，载（清）魏源《魏源全集·第十三册：皇朝经世文编·卷十四·治体八·臣职》，岳麓书社 2004 年版，第 594 页。

误国。庙堂诸老，委蛇无建白，而使神考轻宰相，恶谏官，燕安无忌。矿使四出，宫闱挟宠；九列无官，朝堂不御；封疆大患，帷幄无谋；以门户筹边，以朋党任将，一误再误。宦寺乘之，而国不可为矣。思陵之季，扶髀思江陵，而后知得庸相百，不若得救时之相一也！”①

至此，可以看出黄宗羲将《置相》放置在《原君》《原臣》《原法》三篇总论性文章之后，成为第一篇分论性文章的真实用心所在了。内阁宰相化运动失败而明代亡，宰相之重要性已然历历在目矣！因此，不能简单地如某些现代学者那样，在“阶级基础和在野派地位”的基础上，将内阁与东林党之间的分歧定性为“代表着大地主、大贵族统治集团的利益”与“代表着中小地主兼工商业者、市民的利益”之间的斗争，并进而认为黄宗羲的思想仅仅来源于东林党。② 黄宗羲固然心系东林，但更重要的是，他更多的是从政治现实而非政治理想看待这一问题的，这也是他的方案具备说服力与可行性的地方。

二　“党争”格局的出现

所谓凡事有一利必有一弊，议政运动所推崇的“清议”同样如此，这一运动导致的最大后果就是“党争”。

明代党争首先是从“国本论”开始的，对于这一事件的不同态度，最终导致了士大夫内部在“舆论（是非）”上的直接对立，“先是，国本论起，言者皆以‘早建元良’为请。政府惟王家屏与言者合，力请不允，放归。申时行、王锡爵皆婉转调护，而心亦以言者为多事。锡爵尝语宪成曰：‘当今所最怪者，庙堂之是非，天下必欲反之。’宪成曰：‘吾见天下之是非，庙堂必欲反之耳！’遂不合。然时行性宽平，所斥必旋加拔擢。（沈）一贯既入相，以才自许，不为人下……而宪成讲学，天下趋之。一贯持权求胜，受黜者身去而名益高。此东林、浙党所自始也。其后更相倾轧，垂五十年”③。这场争斗旷日持久，不仅影响

---

① （清）林潞：《江陵救时之相论》，载（清）魏源《魏源全集·第十三册：皇朝经世文编·卷十四·治体八·臣职》，岳麓书社2004年版，第604页。

② 郑文君：《试论东林党人反对内阁专权的历史意义》，载《四川大学学报》（哲学社会科学版）1994年第4期，第69页。

③ （清）谷应泰撰：《明史纪事本末·卷六十六》，中华书局1977年版，第1027—1028页。

到了身处其中的“党人”们的身家性命，更影响到了明帝国的生死存亡。就政治格局与权力运作而言，明代的党争主要导致以下问题：

第一，就朝政上而言，一方面导致官员们无法曲折行事，在政治争议中的采取直接对抗、对立，而不是理性谈判、周旋的方式处理具体问题。如叶向高就曾有以下感叹：“今日世道，得清议之力，亦受清议之苦。盖古人作事，尚有许多委婉，至于秽其迹，污其名而不恤，而今日稍有曲折，议论便生，众喙一滕，身败名裂。故其弊也，宁失人主之欢，而不敢犯悠悠之口，宁视事之不成，而不敢使心之不白。所以上下之交日离，而于天下之大计卒无济也。”① 另一方面，清议的兴起甚至直接影响到政府决策的出台与执行，此正如申时行所抱怨的：“近时后生足不至边塞，耳不闻金鼓，而专言战斗之事。欲尽罢诸边贡市，一意用兵。此可以莽莽举事耶？鄙意谓虏王市赏停革，足以正中国之体，而各部贡市如旧，聊以羁外夷之心，然后可以专意西陲，图创西虏。而言者已露章见诋，且诬以受贿矣。此亦听于公论，不敢多辩，但恨国事纷纭，为此辈所坏耳！”② 此后，清议的力量更是进一步左右整个朝政，让更为理性的官员失去了治理国家的时间与空间，此即近代学者所谓“门户之祸，起自万历。人主心厌言官，一切不理；言官知讥政府必不掇祸，而可耸外间之闻，以示威于政府，政府亦无制裁言官之术，则视其声势最盛者而依倚之。于是言官各立门户以相角，门户中取得胜势，而政权即随之，此朋党所由炽也”③。

第二，就朝廷气氛而言，导致了上下之隔绝，以意气挟裹朝政。如王锡爵所言：“独念上下相信，而后政事可修；相重，而后论说可入。今言不已而渐轻，轻不已而渐厌，使君父视外廷之论如贾竖之争言，因一人而疑众人，因一事而疑众事，上下之际，无复相信相重之意。后虽有忠言傥论，亦将格而不人，此臣之忧也。”④ 此外，由于清议日重，而万历对持议者大多不予理睬，这就导致了言官们的非理性行为，“万

---

① （明）叶向高：《答刘云峤》，载（明）陈子龙等选辑《明经世文编·卷四六一·苍霞正续集》，中华书局 1962 年版，第 5050—5051 页。

② （明）申时行：《答萧岳峰》，载（明）陈子龙等选辑《明经世文编·卷三八〇·申文定公集一》，中华书局 1962 年版，第 4127 页。

③ 孟森：《明史讲义》，中华书局 2006 年版，第 315 页。

④ （明）王锡爵：《定国论一政体疏》，载（明）陈子龙等选辑《明经世文编·卷三九四·王文肃公文集一》，中华书局 1962 年版，第 4263 页。

历间言官封奏，抗直之声满天下。实则不达御前，矫激以取名者，于执政列卿诋毁无所不至，而并不得祸，徒腾布于听闻之间，使被论者愧愤求去，而无真是非可言”[①]。此亦明臣所谓：“臣伏见陛下深居以来，于外廷章疏，一切置不问，于是下无言之利，亦无言之祸，笔战舌争，閧然于交戟之下，无复人臣之礼。”[②] 更为重要的是，同样由于清议日重，越到后来，假清议之名行谋私利之实的人，日渐增多，此即明人所称：“东林诸君子皆以文章气节廉隅相高，即间有假借，犹存白日面目，予初入垣犹然。及环召后，见诸扫门政府者，言夷行跖，恬不知愧，而省中尤横，予知必为国祸，痛切言之。”[③] 亦即计六奇所谓：“东林君子之名满天下，尊其言为清议，虽朝端亦每以其是非为低昂。交日益多，而求进者愈杂，始而领袖者皆君子也，继而好名者、躁进者咸附之。”[④] 在这样一种上下隔绝、沽名钓誉的状况下，清议本来所具备的积极性与公共性，也丧失殆尽，最终沦为了党争双方的工具与手段。

第三，对于党争各方的处置，使得朝廷人才尽失。对于以党争处置人才的问题，嘉靖年间就有人开始担忧了：“近者大学士张璁、尚书桂萼去位，而科道等官，论劾其素所与者，咸指为党，屡下吏部覆奏……臣窃详奏内所指奸恶不容清议者，固有善类，受诬者亦多，一概目以为党，绳之太过，岂不至空人之国乎。且昔年攻璁萼者既以为党而去之，今之附璁萼者又以为党而去之，缙绅之祸，何时而已。是宜出自圣断，敕下吏部博稽公论，甄别善恶，不问党与不党，惟考其为人平日如何，果奸险有征，足以害事者去之，其余迹涉疑似，无有显过者，悉令如旧供职，以安人心，则事无枉滥，而国体少全。”[⑤] 这样的担忧到了万历以后则更趋严重了，如王锡爵称：“古称有对则争与，争与则党立。虽圣明在宥，万不至如前代之党祸，然朝中议论，已分两歧，恐因水火之争，致成左右之袒，此以彼为邪，彼以此为邪，使天下之士，智力殚于相伺，名望损于相诋，即使一彼一此，一胜一负，朝廷亦止得一半人才

① 孟森：《明史讲义》，中华书局 2006 年版，第 288 页。

② （明）缪昌期：《拟请圣断综核名实剖断是非以息群嚣定国是疏》，载（明）陈子龙等选辑《明经世文编·卷四九八·缪公集》，中华书局 1962 年版，第 5505 页。

③ （明）李清：《三垣笔记》，中华书局 1997 年版，第 77 页。

④ （清）计六奇：《明季北略》，中华书局 1986 年版，第 688 页。

⑤ （明）方献夫：《朋党论》，载（明）陈子龙等选辑《明经世文编·卷一八三·方公奏疏》，中华书局 1962 年版，第 1872—1873 页。

之用，若始于两持，终于两败，不但人才尽坏，亦且国体大伤。”[①] 以上担忧在明帝国往后的时间里，不幸被一一言中，万历末年，“时上于奏疏，俱留中，无所处分，惟言路一纠，其人自罢去，不待旨也。于是台、省之势集重不返，有齐、楚、浙三方鼎峙之名”[②]。于是东林与此三党以及三党之间互为水火，一胜一负之间，朝局变化不定。到魏忠贤擅权之时，格局又有大变，“盖自客、魏擅权，以前之门户，又不以旧日之党派为异同，惟有挟奄以求胜者皆变为奄党；而为奄所屠戮者，则以东林党人为多”。“时（天启初年）内阁言路尚多正人，万历末三党党徒屏黜殆尽，至是方渐附忠贤求进，而清议尚有力，未遽逞也……于是尽泯诸党，而集为奄党；其不能附奄者，亦不问其向近何党，皆为奄党之敌，于是君子小人判然分矣。”[③] 魏忠贤擅权期间屠戮忠良，已然空人之国矣。到崇祯初，又定逆案，崇祯二年（1629），“定逆案。谕以首开谄附，倾陷拥戴，及颂美不置，并虽未颂词，而阴行赞导者，据法依律，无枉无徇”[④]。最终依照倪元璐所言“以崔、魏为对案”[⑤] 的原则将阉党一网打尽。至此之时，已经真的是国中无人了。“崇祯时，误国辅臣皆指周延儒、温体仁，误国枢臣皆指杨嗣昌、陈新甲。然历数前后辅枢，其智略优长，又推四人最。盖将相乏才，故众口所诋，犹居然冠军，此国事所以不支也。”[⑥]

可见，东林党人所倡导的清议的兴盛，在有效制约皇权与宦官的基础上，也导致了许多新的隐患。诚然，这并非是倡导“扩大言路”这一行为本身的问题，而是明代体制中除了皇帝之外就无人能有效协调、处理文官集团的日益分裂的言论的问题。在这样的格局之下，自从首辅与阁臣之势弱，就更无人能对此进行有效压制了。最终，正如现代学者所言：“在晚明的年代里，监察体系（言官）既不是作为文官控制君主的工具也不是作为君主控制文官的工具，而是像一条鞭子，在麻木的自

---

① （明）王锡爵：《定国论一政体疏》，载（明）陈子龙等选辑《明经世文编·卷三九四·王文肃公文集一》，中华书局 1962 年版，第 4263 页。

② （清）谷应泰撰：《明史纪事本末·卷六十六》，中华书局 1977 年版，第 1037 页。

③ 孟森：《明史讲义》，中华书局 2006 年版，第 325—329 页。

④ （清）谷应泰撰：《明史纪事本末·卷七十一》，中华书局 1977 年版，第 1170 页。

⑤ （清）谷应泰撰：《明史纪事本末·卷六十六》，中华书局 1977 年版，第 1045 页。

⑥ （明）李清：《三垣笔记》，中华书局 1997 年版，第 174 页。

我鞭打中悲哀地将官场放任地撕成了碎片。"① 面对相关问题，无论是东林还是非东林，只要还留心时局的人所建议采取的处理方式往往是相似的，他们一方面希望通过"六部"来充当裁决者的身份以处理"是非"问题；另一方面希望对奏章进行一一处理，使之"名实相符"。如东林的叶向高称："今惟遵高皇帝旧制，仍裁阁臣，而以天下事仍责之六部，彼六部操柄在手，事有分属，犹可支持。"② 而缪昌期称："以言责名，以名责实，执之甚简易，处之自安和。御臣之术，亦不出此。"③ 非东林的王锡爵亦称："臣请一切章奏，悉下部议，是曰是，非曰非，可行即行，当止即止，以言责事，以事责功，卓有执持，毫不假借。使天下议论总条贯而归六部，六部题覆，别白黑而定一尊，嘉言用之足为益，而妄言置之不为损。则在廷议论，更患其少耳，所谓题覆宜慎者此也。"④

在对待这一问题的态度上，最有意思的是邹元标的作为。邹元标曾以言官身份对张居正与万历皇帝都进行过严厉指责，并一再被处罚，但是，当万历死后，"光宗嗣位，召拜邹元标大理卿……初，元标立朝，以严见惮，晚节务为和易，或议其逊初仕时，元标笑曰：'大臣与言官异，风裁踔绝，言官事也；大臣非大利害，即当护持国体，可如少年悻动耶！'时朋党方盛，元标心恶之，思矫其弊，故其所荐引不专一途。尝欲举用李三才，因言路不与，元标即中止。王德完讥其首鼠，元标亦不较"⑤。可以看出，东林党人并不是那种不通人情世故只顾道德文章的人，他们执政之时，虽也提携善类，但并不是专断独行。而三党之人也只是排挤东林党人，并不采取极端的手段予以打压。因此，虽然党争不止，但还只是一胜一负，不至于两败俱伤。此后，魏忠贤擅权以后，完全以武力而不是行政手段对东林党与言官进行镇压，才是真正导致明

---

① Charles O. Hucker, *The Traditional Chinese State in Ming Times* (*1368 – 1644*), Tucson: The University of Arizona Press, 1961, p. 52.

② （明）叶向高：《与申瑶老第二书》，载（明）陈子龙等选辑《明经世文编·卷四六一·苍霞正续集》，中华书局 1962 年版，第 5051 页。

③ （明）缪昌期：《拟请圣断综核名实剖断是非以息群嚣定国是疏》，载（明）陈子龙等选辑《明经世文编·卷四九八·缪公集》，中华书局 1962 年版，第 5505 页。

④ （明）王锡爵：《定国论一政体疏》，载（明）陈子龙等选辑《明经世文编·卷三九四·王文肃公文集一》，中华书局 1962 年版，第 4264 页。

⑤ （清）夏燮：《明通鉴·纪七十七》，岳麓书社 1999 年版，第 2154 页。

帝国国事不可为的关键所在。因此，正如小野和子所言："明朝，与其说是亡于党争，不如说亡于阉党之手。"① 这无疑也是明末士人们所能认可的较为中肯的评价。

三 议政运动于帝制中国政治史上的价值

如前所述，自宋代（尤其是南宋）开始，随着皇帝独裁的日益强化，士大夫的处境就已经每况愈下了，这对于讲求"内圣外王""经世致用"的儒家知识分子而言，其挫折感与失落感无疑是极为强烈的。

由于缺乏诸如封建体制或门阀政治下所存在的处于政治体制之内的地方势力与家族背景等分权力量的支持，他们不得不在政治之外寻求实现其政治理想的可能性，"中国知识分子对政治的兴趣是恒久的，其心态和行为则取决于现实政治生态，特别是权力运作状态——皇帝一人大权独运，权相代行皇权，还是通常情况下的几个宰相分享决策权。从北宋末到南宋，原本分享的权力逐渐被皇帝和权相集中起来，官僚参议朝政的空间近乎无，沮丧越来越普遍地成为士大夫的典型心态。偶尔，他们也会为了让自己的声音上达天听抗争一回，但其努力鲜能奏效。接下来就只有两种选择：要么继续留在政府中做事，要么走人。退闲的道德保守主义者努力探索，通过各种社会渠道，特别是讲学传布自己的观点、理论和学术，力图建立声望，扩大影响，将希望寄托于来者"②。到了明代，随着宰相制度的取消，这种困境变得更为明显，士大夫集团的领袖们已经彻底失去了在帝国的最高决策层拥有决定性影响力的法定地位，"在明代的大部分时期，控制政府决策权的主意斗争是在皇帝的两套顾问班子之间进行的。一套班子来自士大夫集团。他们的组织基础是翰林院及它对内阁职务任命的垄断。这个集团容易产生派系活动和正当的政策分歧，但是在大部分士大夫心目中，这类分歧不过是伦理和思想价值观念总的一致下的一个枝节部分。与之竞争的一个集团是皇帝的私人的官僚机器——宦官——连同他们管理皇宫的以司礼监为首的 24

① ［日］小野和子：《明季党社考》，上海古籍出版社 2006 年版，第 376 页。

② ［美］刘子健：《中国转向内在：两宋之际的文化内向》，江苏人民出版社 2002 年版，第 72 页。

个宦官机构。明代制度规定，自从1380年取消宰相的职务以后，这两个集团都没有行使咨询职能的明确的宪制基础。它们都属于内廷，都是皇帝亲密的私人随从，它们的权力都来自它们与皇帝的关系”①。因此，东林党人对抗内阁权力的努力就具备了与对抗宦官权力的努力同等的地位与意义，因为就法理上而言，它们都是专制皇权的代表。在当时的政治格局中，皇权、阁权、阉权都是追求权力公共化的努力所需要制约、消除的对象所在。

与宋代理学家们通过在理论上重述“三代理想”而将改革现实政治体制的希望寄托在后来者身上不同的是，明代士大夫们则沿着王阳明所开启的路径，直接承担起改变现实政治格局的历史使命，“众所周知，阳明学主张良知，在呼唤个人自觉的同时，也深入地思考了知识和实践的关系。东林书院的讲学，在这样的意义上，也是承继了阳明学的精神的。他们特别对政治的实践，显示了强烈的意欲……他们在书院中，并非只是举行文会，高蹈地进行哲学议论，或只是切磋琢磨文章，而是对现实的政治有着强烈的关心，时而对政治家进行尖锐的批判，形成自己的‘清议’。他们不只是把这样的‘清议’限于在野的议论，而是作为‘天下之公’，把在实际中对此加以实现作为自己的使命。哪怕和当时的政权对立，时而冒着生命的威胁，他们也要政治性地强调自己”②。

第五节　小结

东林党人的努力是帝制中国政治发展史中的最新的参与到政治权力运作过程之中的趋势，他们的贡献就在于，在一个士绅社会日渐成熟、稳定的现实格局中，如何通过自身的积极参与去改变中央集权的政治体制。这首先是社会发生重大变化的结果，“晚明时期，政治与社会的颓废发展到了如此地步，以至于不可能再将儒家重构秩序的冲动包容在观念的领域内。其结果就是，以东林与复社运动为代表，爆发了大规模的

① ［美］牟复礼、［英］崔瑞德编：《剑桥中国明代史》，中国社会科学出版社1992年版，第396—397页。

② ［日］小野和子：《明季党社考》，上海古籍出版社2006年版，第367页。

社会运动"[①]。而东林、复社的关注点主要在下层而不是上层，"从整体上来说，他们是谋求里甲制的改造、加强或通过里甲制的实质性解体，重新建立或强化乡村秩序的所谓乡绅阶层即乡村的领袖。也就是说，他们一方面以官僚里长的身份被结合进官僚式里甲式的专制体制内，另一方面在现实中他们又是一群在旧体制下自身发展受到阻碍的地祝贺乡绅，他们不得不追求以自身为基体的新的专制体制"[②]。正是在这个意义上，"书院运动可能产生持续的对公共问题的批评讨论，而且从一开始就带有偏见性。无论如何，东林党人和其他集团的有改革思想的活跃分子都太快地被吸纳进了宗当政治的主流，以坚持精英公众利益来对抗国家权威。他们首先从国家的视角看到权力，从未真正地批评明朝政府的结构和目标"[③]。

可以说，东林党人在这一问题上只是开启了一个新的道路。至于从整体上对明朝政府的结构和目标进行批评这一问题，要到明帝国灭亡之后的黄宗羲等人那里才得以完成，《明夷待访录》无疑是在整体上对明代体制与目标进行批评与反省的基础上提出来的新的政治组织模式与运转模式。遗憾的是，明清之际的这种努力并没有得到满族统治者的认可，清朝的立国者们强势地复制了明太祖的体制与目标，而抛弃了此后士大夫们的所有重构体制的努力。

---

① Ying-shih Yü, "Review: Toward an Interpretation of the Intellectual Transition in Seventeenth-Century China", *Journal of the American Oriental Society*, Vol. 100, No. 2, Apr. - Jun., 1980, p. 118.

② ［日］沟口雄三:《中国前近代思想的演变》，中华书局2005年版，第393—394页。

③ ［加］卜正民:《为权力祈祷——佛教与晚明中国士绅社会的形成》，江苏人民出版社2005年版，第319页。

余论　黄宗羲《明夷待访录》的突破与启示

正如现代学者们所强调的，晚明在“大一统”的帝制中国历史上，是一个堪称史无前例的“典范时代”[①]。这个时代对以下观点形成了直接冲击：“中华帝国近两千年的历史证明了它具有一种治理大规模的社会的能力。这个社会无论从人口的意义上看还是从地域的意义上看，其规模之大都不次于世界上其他各个国家，甚至要超过这些国家。而且可以说，在世界的历史上，没有一个国家有如此悠久的历史。”[②] 但是，晚明的历史无疑向我们提出了这样的新的疑问：中华帝国是否具备治理多元的、分化的、党派林立的“大规模的社会的能力”？这是晚明儒生士大夫们试图回答的问题，也是现代的我们力图实现的问题。而黄宗羲的《明夷待访录》一书，可以堪称回应这一问题的典范之作。[③]

如果说立国之初明太祖朱元璋在“家天下”基础上所建立起来的以“中央集权”为特征的“权力网络”是一张“蜘蛛网”的话，那么，随着明中晚期以来社会、经济、文化、思想等的发展与变迁，这张“网”开始逐步遭受到来自各个方面的不同势力日渐强烈的冲击与挑战，尽管在此过程中也进行了有限的修补，但终究由于缺乏足够的更新的空间与弹性，最终在内忧外患中被彻底撕碎。此后，取代明帝国的满族统治者

---

① 余英时：《现代儒学的回顾与展望——从明清思想基调的转换看儒学的现代发展》，载《中国文化》1995 年第 1 期，第 4 页。

② M. 列维：《“中日现代化因素之比较”再探讨》，载谢立中、孙立平主编《20 世纪西方现代化理论文选》，上海三联书店 2002 年版，第 1147 页。

③ 关于黄宗羲《明夷待访录》中所体现出来的关于中国政治史与明代政治史演进之中的诸多重大问题，可以参见本人在博士学位论文中所做出的分析与思考。（黄勇军：《帝制中国权力网络的重构——以黄宗羲〈明夷待访录〉》为基点，博士学位论文，中国政法大学，2008 年。）

按照朱元璋的方案再次编织了一张同样的“蜘蛛网”，这张融合了异族力量的“网”在成功统治了近300年后，也再次走向明代体制的老路之中，在各种力量的不断冲击与挑战下，最终也被彻底撕碎，不同的是，这次的主要冲击、挑战力量不仅仅来自帝国内部与北部边境，更是来自更为强大的、泛海而来的欧洲列强。

可以看到，在明清两代，统治者们所建立起来的“权力网络”虽然有细节上的差异，但总体而言却是属于同一性质的有关“权力”的分配、运行模式。这些皇帝的最终目的，就是期望建立起一种立足于“家天下”基础上的、以“中央集权”为特征的“权力网络”，一张真正意义上的“蜘蛛网”。在这张“网”中，身居深宫的“皇帝（蜘蛛）”按照个人的“独断”意志、自上而下地编织、控制、管理着整张“权力网络”。在这一“网络”中，不论是权力的分配还是权力的运行都处于他的掌控之下：就权力的分配而言，任何一个“节点”上的权力，不论是中央的还是地方的，都是属于皇帝个人的；而就权力的运行而言，任何一个“节点”上所发生的事情全部都应当由皇帝做出判断与裁决。因此，帝制体制下的“权力网络”的存在目的就是在帝国范围内维护、捍卫、增进属于皇帝个人的“家业”与“私产”。

与明清鼎革这种带有“一治一乱”色彩的朝代更替与体制模仿不同，随着明中晚期以来在政治、社会、文化、思想等领域中日益展开的多元化趋势，同样出现了一种与明清统治者全然不同的、重构“权力网络”的方式与思路，而这一新的方式与思路在黄宗羲的《明夷待访录》中发挥到了极致。与满族政府不同，黄宗羲首先接受了朱元璋所建立起来的“蜘蛛网”已然破碎的事实，并进而肯定、认可造成这一事实中的许多因素的积极性与正当性，诸如书院议政、限制君权、增进地方利益等等。在此基础上，他开始了其完全不同于以往的编织新“网”的进程。而在黄宗羲的思路中，“权力网络”将不再是“蜘蛛网”式的整体性构造，而是由许多“小网”联合而成的“大网”，换而言之，黄宗羲力图在“公天下”的基础上构建起以“分权”为特征的“权力网络”。而在这种带有“联盟”意味的“权力网络”中，权力的各个层面都将体现出不同于以往帝制体制的特征。

首先，也是最为重要的，在这张新的“权力网络”中，“皇帝”不再是像“蜘蛛”一样的“独裁者”，而是在各种独立权力的相互制衡与相互配合之中的“平衡者”。尽管他仍然拥有帝国的“最高权力”，但是却只能在其职位、制度、程序所设定的领域内以“便殿议政”的方式公开地、协商性地行使自己的权力，而不能将自己的权力无限制地扩张至整个权力网络，更不能够将国家事务带入皇宫之中予以私下处置，换言之，整个帝国已经不再是皇帝一人的“家业”与“私产”，而帝国的权力也不再由皇帝一人所“独享”。

其次，为了瓜分、限制皇帝曾经拥有的“独断权力”，在中央权力这一层面上，先设置了以宰相为首的文官集团这一独立的“网”，在这张“网”中，宰相掌握着帝国的“最高行政权力”，不仅拥有代皇帝“批红”的权力，还拥有自己的独立机构——“政事堂”；换言之，即使没有皇帝的存在，整个“权力网络”仍然能够有效运转。然后，设置了以太学祭酒为首的、以尚不是官员的儒生集团为主体的另一张“网”，在这张“网”中，祭酒拥有与宰相相等的身份与地位，他掌握着帝国的“最高监督权力”与“最高教育权力”，他一方面能够直接教化皇帝与政府官员，另一方面还能够对皇帝和政府的任何事件提出质疑，而太学作为“议政”之所，能够为任何一种“清议”“公论”提供宣讲的机会与可能。此外，属于文官集团内部的诸如六部、言官、监察、封驳等行政体系，同样能够成为更小的“网”，拥有对国家行政事务的直接处理、建议、监督、否决等方面的权力，从而可以从更为实际的层面上对皇帝、宰相、祭酒的作为进行制约。可以看到，在黄宗羲所建立起来的“权力网络”中，皇帝已经不再是中央的“权力网络”中唯一的核心，这一“网络”是以皇帝、宰相、祭酒分别组成的三张“网”联合而成的“大网”。而在每一张“网”（尤其是文官集团）中，又是由许多更小的“小网”所组成。这种有关中央的“权力网络”的设置无疑能够有效地避免任何层面上的“独断权力”，从而防止权力被垄断与滥用。

最后，为了限制中央的过度集权，黄宗羲一方面在帝国的北部、西南部边境设置带有“自治”性质的“方镇”，以期达到“外有强兵，中朝自然顾忌”（《方镇》）的效果；另一方面则在实现郡县制的地方设置了一套完全独立于政府之外的“学校”体系。在这套学校体系中，学官不仅可以独立于政府官员之外行使教育、选拔、推荐人才的功能，而且，学官与学员们还负有直接监督、制约地方官员的权力与职责，如果在地方官员有干“清议”的情况下，甚至可以直接罢免、驱逐地方官员。在这样的制度性设置中，如果中央政府不能与地方力量进行有效沟通的情况下，根本无法过于强硬地干预、控制地方的政局，从而给地方力量提供了自我治理与自我发展的机会与可能。此外，在学校组织内部，如果学官有干“清议”，生员们同样有权利与义务起而讨伐、驱逐之，从而确保学官的学问与品行。也就是说，在黄宗羲的设置中，中央与地方权力之间也不再是一张由中央所控制的整体性的“网”，而是由中央、方镇、郡县、学校等“网”联合而成的“大网”，而在每张“网”中，又由更小的“小网”所组成，从而在权力的行使过程中能够实现相互制约、相互协商的效果。

可以看到，在肯定、借鉴晚明以来的政治、思想等方面的“新”的传统的基础上，黄宗羲从中央到地方重新建立起一套不同于以往的“权力网络”。在这个“权力网络”中，一方面，权力不再被皇帝或其代理人所独有，而是被各个相关的“子网络”所分割、共享；另一方面，权力的行使与运作既不再是“独断”的方式，而是公开协商的方式，也不再是只有“自上而下”的“下压”式运作，同时也存在着“自下而上”的“上顶”式运作。

如果我们将大明帝国政治体制的建立与变迁、黄宗羲的政治构想与现代西方的政治体制之间进行比较时就会发现，晚明以降所出现的种种政治、社会、文化问题，已经具备了所谓“近代”的特征，而黄宗羲在总结这一时代经验教训的基础上所建立起来的新的政治体制与政治思想，与现代的我们所追求的政治运行方式之间有着诸多相似、相通之处。

此外，黄宗羲的建构的努力还远远超出了晚明的范畴，并进一步将其视野放宽到以“三代”“帝制”为代表的整个中华民族的历史之中，他所希望解决的不仅仅是晚明的问题，也是整个帝制中国所面临的问题。或许正是在这个意义上，岛田虔次认为：“所谓的儒教政治理论，在这本书（指《明夷待访录》）里得到了最大限度的展开。”[①] 因此，黄宗羲的努力预示着儒学政治学的典范转移。杜维明曾强调：“儒家最大

---

① ［日］小野和子：《明季党社考》，上海古籍出版社2006年版，“岛田虔次：序”第1页。

的症结是自己没能成立一个完成其道德理想的政治结构，而又不能冲破专制政体所造成的枷锁，因而只能在业已完备的官僚结构中进行有限的转化，表现出来的一方面是保守、妥协、不进步，但同时又不失其创建与向前突破。"① 但是，由于黄宗羲充分借鉴了"三代""帝制"传统的得失成败，并充分吸收了明中晚期以来的各种"新"传统，这种儒家式的"创建与向前突破"在黄宗羲这里达到了一个"新"的层次之中，亦即，他最终完成了儒家"道德理想的政治结构"。

黄宗羲的努力为我们展示出帝制中国最值得期待的政治改革方案。然而，人类历史的发展有着太多的偶然性，而对于晚明的中国而言，最大的偶然性就是被来自北方的游牧民族统治了近300年之久！这无疑极大地阻碍了中国自身的发展与转型的可能性，更为偶然的是，中国就是在这个异族的统治下开始应对西方的强势挑战并节节败退的，晚明士人们的各种方案在遭受了异族统治者的长时间忽视后，又在西方的强势文化下继续被忽视。也就是说，无论当时的各种方案解决了多少帝制中国内在的问题，多么适合晚明的整体格局，但是，遗憾的是，历史并没有给这些传统方案以自我实现的机会。

一方面，明代灭亡后，整个江南士大夫阶层对明代的政治与学术进行了更为全面与深刻的反思，在朝廷所推行的"文字狱"的高压与打压之下，他们进一步放弃了任何意义上的形而上学的思考，而将注意力全面转向实证性的朴学（考据学）之中。② 这种对于整个宋明理学的反思与抛弃最终导致了清代学界的主流学术与官方正统学术之间的对立与隔阂："清统治者把程朱理学定为官方意识形态，加深了帝国钦定儒学和考据学派学术主张的裂痕……文化的断层标志着儒家话语历史的断裂，新儒学的霸权颠覆了。理学尽管仍在北京享受着政治性的供奉，但在江南已为考据学者的批评击溃了。"③ 另一方面，满族统治者基于现实政治需要所采取的这种"分而治之"的学术、思想政策，从帝制中国的长远发展而言导致了极为严重的后果，"清沿明制，把理学尊为承

① 杜维明：《杜维明文集·第五卷》，武汉出版社2002年版，第219页。

② On-cho Ng, "A Tension in Ch'ing Thought: 'Historicism' in Seventeenth-and-Eighteeth-Century Chinese Thought" *Journal of the History of Ideas*, Vol. 54, No. 4, Oct., 1993, pp. 561 – 583.

③ ［美］艾尔曼：《从理学到朴学：中华帝国晚期思想与社会变化面面观》，江苏人民出版社1995年版，第38页。

祧道统的学说……可是清朝又放任作为理学对立物的汉学发展，乾隆和他的子孙甚至承认汉学研究才是真正的学问。这就使清朝的统治学说史，呈现出术与学双水分流的图景。思想领域的分裂，对于满族统治者控制汉族士大夫固然很有利，但对于构筑遏制种种反现状思潮的堤防，则显然很不利"[①]。

这种格局所导致的不利因素最终在1840年前后与西方的直接对抗中全部暴露出来："乾嘉年间以来知识分子的意识形态是清客。故清末民初西方帝国主义侵入中国，我们就完全无法应付。因平常不讲义理，不讲思想，故脑子里就没有观念，没有学问传统，在这样的情形下靠什么来应付呢?"[②] 因此，尽管有学者强调清末与明末之间的相似性，认为"大体上，19世纪末经世致用的鼓吹者，像17世纪中期的经世致用的鼓吹者（如顾炎武、黄宗羲）一样，是坚信正统的儒家政治—经济哲学的"[③]。但是，由于缺乏明代中晚期以来于政治、思想、学术等各个方面的激荡与反思，清末的整个社会与政治格局在面对新的挑战时并没有出现明末那样具有深度、广度、强度的自我更兴的运动。

就这个意义上而言，我们与其说清末以来的中国是应对西方的挑战失败，还不如说是应对自身问题的再一次失败——清代对明代体制的简单复制使得中国人将解决自身问题的时间推迟了近300年。

---

① 朱维铮：《中国经学的近代历程》，载杜维明主编《儒学发展的宏观透视》，正中书局1997年版，第44页。

② 牟宗三：《中西哲学之会通十四讲》，上海古籍出版社1998年版，第21—22页。

③ ［美］史华兹：《寻求富强：严复与西方》，江苏人民出版社1996年版，第13页。

参考书目

一　古代典籍

《十三经注疏》，浙江古籍出版社 1998 年版。

《四书五经》，中国书店 1985 年版。

《诸子集成》，岳麓书社 1996 年版。

（宋）林希逸：《庄子卢斋口义校注》，中华书局 1997 年版。

（清）孙星衍撰：《尚书今古文注疏》，中华书局 1986 年版。

（清）康有为：《论语注》，中华书局 1984 年版。

梁启雄：《荀子简释》，中华书局 1983 年版。

陈鼓应：《老子今注今译（参照简帛本最新修订版）》，商务印书馆 2003 年版。

蒋礼鸿撰：《商君书锥指》，中华书局 1986 年版。

陈奇猷校注：《韩非子集释》，中华书局 1962 年版。

（宋）黎清德编：《朱子语类》，中华书局 1986 年版。

（汉）许慎撰，（清）段玉裁注：《说文解字注》，上海古籍出版社 1982 年版。

（汉）刘向集录，缪文远等译注：《战国策》，中华书局 2006 年版。

许元诰撰：《国语集解》，中华书局 2002 年版。

（汉）司马迁撰：《史记》，中华书局 1982 年版。

（汉）班固撰：《汉书》，中华书局 1962 年版。

（唐）吴兢：《贞观政要》，上海古籍出版社 1978 年版。

（明）陈子龙等选辑：《明经世文编》，中华书局 1962 年版。

（明）余继登：《典故纪闻》，中华书局 2006 年版。

（明）郑晓：《今言》，中华书局 1997 年版。

（明）叶盛：《水东日记》，中华书局 1997 年版。

(明) 于慎行:《榖山笔尘》, 中华书局 1997 年版。
(明) 李清:《三垣笔记》, 中华书局 1997 年版。
(明) 王世贞:《弇山堂别集》, 中华书局 2006 年版。
(明) 王阳明:《王阳明全集》, 红旗出版社 1996 年版。
(明) 李贽:《焚书续焚书》, 中华书局 1975 年版。
(明) 吕坤:《呻吟语》, 岳麓书社 2002 年版。
杨希闵编:《明吴康斋先生与弼年谱》, "台湾商务印书馆" 1981 年版。
龙文彬纂:《明会要·卷十四》, 中华书局 1956 年版。
萧榕主编:《世界著名法典选编·中国古代法卷》, 中国民主法制出版社 1997 年版。
李国祥、杨昶主编:《明实录类纂·宗藩贵戚卷》, 武汉出版社 1995 年版。
李国祥、杨昶主编:《明实录类纂·宫廷史料卷》, 武汉出版社 1992 年版。
(清) 张廷玉等撰:《明史》, 中华书局 1974 年版。
(清) 谷应泰:《明史纪事本末》, 中华书局 1977 年版。
(清) 夏燮:《明通鉴》, 岳麓书社 1999 年版。
(清) 计六奇:《明季北略》, 中华书局 1986 年版。
(清) 计六奇:《明季南略》, 中华书局 1984 年版。
(清) 赵翼著, 王树民校证:《廿二史札记校证》, 中华书局 2005 年版。
(清) 纪昀等:《钦定四库全书总目 (整理本)》, 中华书局 1997 年版。
(清) 黄宗羲:《黄宗羲全集》, 浙江古籍出版社 2005 年版。
(清) 黄宗羲:《明儒学案》, 中华书局 1985 年版。
(清) 黄宗羲著, 林保淳导读:《明夷待访录》, 金枫出版社 1987 年版。
(清) 王夫之:《船山遗书》, 北京出版社 1999 年版。
(清) 顾炎武:《亭林文集》, 载《四库全书》, 上海古籍出版社 1987 年版。
(清) 顾炎武著, 黄汝成集释:《日知录集释》, 花山文艺出版社 1990 年版。
(清) 雍正皇帝编撰, 张万钧、薛予生编译:《大义觉迷录》, 中国城市出版社 1999 年版。
(清) 魏源:《魏源集》, 中华书局 1976 年版。

（清）魏源：《魏源全集·皇朝经世文编》，岳麓书社 2004 年版。
（清）魏源：《默觚》，辽宁人民出版社 1994 年版。
（清）龚自珍：《龚定庵全集类编》，中国书店 1991 年版。
王钟翰点校：《清史列传》，中华书局 1987 年版。
赵尔巽等撰：《清史稿》，中华书局 1976 年版。

二　中文著作

黄仁宇：《十六世纪明代中国之财政与税收》，生活·读书·新知三联书店 2001 年版。
黄仁宇：《近代中国的出路》，中华书局（香港）有限公司 1995 年版。
黄仁宇：《万历十五年》，生活·读书·新知三联书店 1997 年版。
黄仁宇：《赫逊河畔谈中国历史》，生活·读书·新知三联书店 1997 年版。
黄仁宇：《中国大历史》，生活·读书·新知三联书店 1997 年版。
黄仁宇：《地北天南叙古今》，内蒙古文化出版社 1998 年版。
陈时龙：《明代中晚期讲学运动：1522—1626》，复旦大学出版社 2007 年版。
吴震：《明代知识界讲学活动系年：1522—1602》，学林出版社 2003 年版。
张治安：《明代政治制度研究》，联经出版社 1992 年版。
杜乃济：《明代内阁制度》，“台湾商务印书馆”1980 年版。
谭天星：《明代内阁政治》，中国社会科学出版社 1996 年版。
王其榘：《明代内阁制度史》，中华书局 1989 年版。
杨树藩：《明代中央政治制度》，“台湾商务印书馆”1978 年版。
梁希哲、孟昭信：《明清政治制度述论》，吉林大学出版社 1991 年版。
陈捷先：《明清史》，三民书局 2005 年版。
唐克军：《不平衡的治理：明代政府运行研究》，武汉出版社 2004 年版。
陈宝良：《明代儒学生员与地方社会》，中国社会科学出版社 2005 年版。
何朝晖：《明代县政研究》，北京大学出版社 2006 年版。
龚鹏程：《晚明思潮》，商务印书馆 2005 年版。

刘志琴：《晚明史论：重新认识末世衰变》，江西高校出版社 2004 年版。
王兴亚：《明代行政管理制度》，中州古籍出版社 1999 年版。
鲍世斌：《明代王学研究》，巴蜀书社 2004 年版。
张艺曦：《社群、家族与王学的乡里实践：以明中晚期江西吉水、安福两县为例》，“国立”台湾大学出版委员会 2006 年版。
季芳桐：《泰州学派新论》，巴蜀书社 2005 年版。
刘双舟：《明代监察法制研究》，中国检察出版社 2004 年版。
柏桦：《明代州县政治体制研究》，中国社会科学出版社 2003 年版。
何朝晖：《明代县政研究》，北京大学出版社 2006 年版。
梁方仲：《明代粮长制度》，上海人民出版社 2001 年版。
王天有：《晚明东林党议》，上海古籍出版社 1991 年版。
于志嘉：《明代军户世袭制度》，“台湾学生书局” 1987 年版。
丁易：《明代特务政治》，中华书局 2006 年版。
陈玉女：《明代二十四衙门与北京佛教》，如闻出版社 2001 年版。
那思陆：《明代中央司法审判制度》，北京大学出版社 2004 年版。
周齐：《明代佛教与政治文化》，人民出版社 2005 年版。
郭英德：《明清文人传奇研究》，北京师范大学出版社 2001 年版。
万明主编：《晚明社会变迁：问题与研究》，商务印书馆 2005 年版。
张学智：《明代哲学史》，北京大学出版社 2000 年版。
古清美：《明代理学论文集》，大安出版社 1990 年版。
容肇祖：《明代思想史》，台湾开明书店 1982 年版。
谢国桢：《明清之际党社运动考》，上海书店出版社 2004 年版。
宋佩韦：《明文学史》，载“民国丛书”编辑委员会编《民国丛书·第五编·49》，上海书店 1996 年版。
杨廷福：《明末三大思想家——黄宗羲、顾炎武、王夫之》，四联出版社 1955 年版。
张师伟：《民本的极限——黄宗羲政治思想新论》，中国人民大学出版社 2004 年版。
刘述先：《黄宗羲心学的定位》，浙江古籍出版社 2006 年版。
杨庆球：《民主与民本：洛克与黄宗羲的政治及宗教思想》，生活·读书·新知三联书店（香港）有限公司 2005 年版。

李明友：《一本万殊——黄宗羲的哲学与哲学史观》，人民出版社 1995 年版。
王寿南主编：《中国历代思想家（十四）：高攀龙·刘宗周·黄道周·朱之瑜·黄宗羲·方以智》，“台湾商务印书馆”1999 年版。
程志华：《困境与转型——黄宗羲哲学文本的一种解读》，人民出版社 2006 年版。
冯天瑜、谢贵安：《解构专制——明末清初“新民本”思想研究》，湖北人民出版社 2003 年版。
嵇文甫：《晚明思想史论》，东方出版社 1996 年版。
王汎森：《晚明清初思想十论》，复旦大学出版社 2004 年版。
赵园：《明清之际士大夫研究》，北京大学出版社 1999 年版。
孟森：《明史讲义》，中华书局 2006 年版。
孟森：《清史讲义》，中华书局 2006 年版。
孙尚杨：《基督教与明末儒学》，东方出版社 1994 年版。
陈平原、王德威、商伟编：《晚明与晚清：历史传承与文化创新》，湖北教育出版社 2001 年版。
王春瑜：《明清史散论》，东方出版中心 1996 年版。
陈祖武：《清初学术思辨录》，中国社会科学出版社 1992 年版。
刘师培：《清儒得失论》，中国人民大学出版社 2004 年版。
梁启超：《清代学术概论》，上海古籍出版社 2005 年版。
梁启超：《先秦政治思想史》，东方出版社 1996 年版。
梁启超：《中国近三百年学术史》，东方出版社 2003 年版。
钱穆：《中国近三百年学术史》，中华书局 1986 年版。
钱穆：《中国历代政治得失》，东大图书公司 1977 年版。
侯外庐：《中国早期启蒙思想史》，人民出版社 2004 年版。
谭丕模：《中国文学思想史合璧》，北京师范大学出版社 1994 年版。
胡适：《胡适文存·二集》，黄山书社 1996 年版。
胡适：《中国哲学史大纲·卷上》，东方出版社 1996 年版。
章太炎：《革故鼎新的哲理——章太炎文选》，上海远东出版社 1996 年版。
章太炎：《章太炎学术史论集》，中国社会科学出版社 1997 年版。
刘泽华：《中国的王权主义》，上海人民出版社 2000 年版。

刘泽华:《洗耳斋文稿》，中华书局 2003 年版。
刘泽华:《王权思想论》，天津人民出版社 2006 年版。
杨阳:《王权的图腾化：政教合一与中国社会》，浙江人民出版社 2000 年版。
杨阳主编:《中国政治制度史纲要》，中国政法大学出版社 2001 年版。
林存光主编:《先秦诸子政治哲学研究》，辽海出版社 2006 年版。
林存光主编:《儒家式政治文明及其现代转向》，中国政法大学出版社 2006 年版。
林存光:《历史上的孔子形象——政治与文化语境下的孔子和儒学》，齐鲁书社 2004 年版。
林存光:《儒教中国的形成：早期儒学与中国政治文化的演进》，齐鲁书社 2003 年版。
许纪霖主编:《二十世纪中国思想史论》，东方出版社 2000 年版。
林毓生:《中国意识的危机》，贵州人民出版社 1986 年版。
林毓生:《中国传统的创造性转化》，生活·读书·新知三联书店 1988 年版。
彭明:《五四运动史》，人民出版社 1984 年版。
徐洪兴主编:《二十世纪哲学经典文本》(中国哲学卷)，复旦大学出版社 1999 年版。
干春松:《制度化儒家及其解体》，人民大学出版社 2000 年版。
熊十力:《现代新儒学的根基》，中国广播电视出版社 1996 年版。
冯友兰:《论孔丘》，人民出版社 1975 年版。
阎步克:《士大夫政治演生史稿》，北京大学出版社 1996 年版。
郑家栋:《断裂中的传统——信念与理性之间》，中国社会科学出版社 2001 年版。
张宝明:《自由神话的终结》，上海三联书店 2002 年版。
刘河:《〈明夷待访录〉注译简评》，贵州人民出版社 2000 年版。
秦晖:《传统十论》，复旦大学出版社 2003 年版。
李宪堂:《先秦儒家的专制主义精神——对话新儒家》，中国人民大学出版社 2003 年版。
牟宗三:《政道与治道》，“台湾学生书局”1991 年版。
牟宗三:《中西哲学之会通十四讲》，上海古籍出版社 1998 年版。

杜维明：《杜维明文集》，武汉出版社 2002 年版。
杜维明：《儒家传统的现代转化》，中国广播电视出版社 1992 年版。
杜维明：《道、学、政：论儒家知识分子》，上海人民出版社 2000 年版。
杜维明主编：《儒学发展的宏观透视》，正中书局 1997 年版。
杜维明、东方朔：《杜维明学术专题访谈录》，复旦大学出版社 2001 年版。
余英时：《内在超越之路》，中国广播电视出版社 1992 年版。
余英时：《方以智晚节考·增订版》，生活·读书·新知三联书店 2004 年版。
余英时：《中国思想传统的现代诠释》，江苏人民出版社 2003 年版。
方克立、李锦全主编：《现代新儒家学案》，中国社会科学出版社 1995 年版。
刘述先：《现代新儒学之省察论集》，“台湾中央研究院”中国文哲研究所 2003 年版。
刘述先：《儒家思想与现代化》，中国广播电视出版社 1992 年版。
成中英：《合内外之道——儒家哲学论》，中国社会科学出版社 2001 年版。
王人博：《宪政的中国之道》，山东人民出版社 2003 年版。
蒋庆：《政治儒学——当代儒学的转向、特质与发展》，生活·读书·新知三联书店 2003 年版。
张光芒：《启蒙论》，上海三联书店 2002 年版。
张光直：《中国青铜时代》，生活·读书·新知三联书店 1999 年版。
王国维：《古史新证》，清华大学出版社 1994 年版。
顾颉刚：《古史辨自序》，河北教育出版社 2000 年版。
顾颉刚：《汉代学术史略》，东方出版社 1996 年版。
胡厚宣、胡振宇：《殷商史》，上海人民出版社 2003 年版。
许倬云：《西周史：增补本》，生活·读书·新知三联书店 2001 年版。
杨宽：《西周史》，上海人民出版社 2003 年版。
张曙光：《外王之学：〈荀子〉与中国文化》，河南大学出版社 1995 年版。
方祖猷、滕复主编：《论浙东学术》，中国社会科学出版社 1995 年版。

朱维铮:《走出中世纪·增订本》，复旦大学出版社 2007 年版。
郭沫若:《中国古代社会研究：外二种》，河北教育出版社 2000 年版。
任继愈主编:《中国哲学发展史（先秦)》，人民出版社 1983 年版。
王治心:《中国宗教思想史大纲》，东方出版社 1996 年版。
吕思勉:《中国制度史》，上海教育出版社 1985 年版。
李泽厚:《中国古代思想史论》，安徽文艺出版社 1994 年版。
李泽厚:《历史本体论·己卯五说》，生活·读书·新知三联书店 2003 年版。
李泽厚:《论语今读》，安徽文艺出版社 1998 年版。
张晋藩:《中华法制文明的演进》，中国政法大学出版社 1999 年版。
陈顾远:《中国法制史概要》，三民书局 1964 年版。
戴炎辉:《中国法制史》，三民书局 1966 年版。
谢扶雅:《中国政治思想史纲》，正中书局 1954 年版。
萧公权:《中国政治思想史》，辽宁教育出版社 1998 年版。
徐复观:《两汉思想史》，华东师范大学出版社 2001 年版。
李学勤:《东周与秦代文明》，文物出版社 1984 年版。
徐复观:《两汉思想史》，华东师范大学出版社 2001 年版。
王吉林:《唐代宰相与政治》，文津出版社 1999 年版。
王寿南:《唐代人物与政治》，文津出版社 1999 年版。
陈寅恪:《隋唐制度渊源略论稿·唐代政治史述论稿》，生活·读书·新知三联书店 2001 年版。
张曙光:《外王之学:〈荀子〉与中国文化》，河南大学出版社 1995 年版。
陈钟凡:《两宋思想述评》，东方出版社 2006 年版。
陈启智、张树桦主编:《儒家传统与人权·民主思想》，齐鲁书社 2004 年版。
韦政通主编:《中国哲学辞典大全》，世界图书出版公司 1989 年版。
冯天瑜、黄长义:《晚清经世实学》，上海社会科学院出版社 2002 年版。
陈明:《儒学的历史文化功能：以中古士族现象为个案》，中国社会科学出版社 2005 年版。
龚建平:《意义的生成与实现——〈礼记〉哲学思想》，商务印书馆

2005 年版。
中国人民大学中国历史教研室编：《中国近代思想家研究论文选》，生活·读书·新知三联书店 1957 年版。
刘小枫、陈少明主编：《经典与解释的张力》，上海三联书店 2003 年版。
石元康：《从中国文化到现代性：典范转移?》，生活·读书·新知三联书店 2000 年版。
燕继荣：《政治学十五讲》，北京大学出版社 2004 年版。
肖滨：《现代政治与传统资源》，中央编译出版社 2004 年版。
张明贵：《政治学：政府与政治》，五南图书出版股份有限公司 2002 年版。
李鹏程等主编：《对话中的政治哲学》，人民出版社 2004 年版。
王岩主编：《中外政治哲学研究》，世界知识出版社 2003 年版。
刘惠恕：《中国政治哲学发展史——从儒学到马克思主义》，上海社会科学院出版社 2001 年版。
吴建华：《东亚现代化与中国》，中央编译出版社 2004 年版。
李路曲：《东亚模式与价值重构》，人民出版社 2002 年版。
张东辉主编：《东北亚经济合作研究文选》，经济科学出版社 2005 年版。
莫东寅：《汉学发达史》，大象出版社 2006 年版。
张西平编：《欧美汉学研究的历史与现状》，大象出版社 2006 年版。
张国刚、吴莉苇：《启蒙时代欧洲的中国观：一个历史的巡礼与反思》，上海古籍出版社 2006 年版。
许明龙：《欧洲十八世纪中国热》，外语教学与研究出版社 2007 年版。
陈启智、张树骅主编：《儒家传统与人权·民主思想》，齐鲁书社 2004 年版。
卓新平主编：《宗教比较与对话》，社会科学文献出版社 2001 年版。

三　中文译著

［英］崔瑞德、鲁惟一编：《剑桥中国秦汉史》，中国社会科学出版社 1992 年版。
［英］以赛亚·伯林：《自由论》，译林出版社 2003 年版。

［英］阿诺德·汤因比：《人类与大地母亲》，上海人民出版社 1992 年版。

［英］弗兰克－于尔根·里希特编：《亚洲的重生》，机械工业出版社 2002 年版。

［英］亚当·斯威夫特：《政治哲学导论》，江苏人民出版社 2006 年版。

［英］戴维·米勒、韦农·波格丹诺编：《布莱克维尔政治学百科全书》，中国政法大学出版社 1992 年版。

［英］斯宾塞：《国家权力与个人自由》，华夏出版社 1999 年版。

［英］K. R. 波普尔：《开放社会及其敌人》，中国社会科学出版社 1999 年版。

［美］牟复礼、［英］崔瑞德编：《剑桥中国明代史》，中国社会科学出版社 1992 年版。

［美］费正清主编：《剑桥中国晚清史》，中国社会科学出版社 1985 年版。

［美］费正清主编：《剑桥中华民国史·第一部》，上海人民出版社 1991 年版。

［美］费正清主编：《剑桥中华民国史·第二部》，上海人民出版社 1992 年版。

［美］司徒林：《南明史：1644—1662》，上海书店出版社 2007 年版。

［美］狄百瑞：《中国的自由传统》，联经出版事业公司 1983 年版。

［美］柯文：《在中国发现历史——中国中心观在美国的兴起》，中华书局 2002 年版。

［美］孟德卫：《莱布尼茨和儒学》，江苏人民出版社 1998 年版。

［美］史华兹：《古代中国的思想世界》，江苏人民出版社 2004 年版。

［美］史华兹：《寻求富强：严复与西方》，江苏人民出版社 1996 年版。

［美］艾兰：《世袭与禅让：古代中国的王朝更替传说》，北京大学出版社 2002 年版。

［美］包弼德：《斯文：唐宋思想的转型》，江苏人民出版社 2001 年版。

［美］刘子健：《中国转向内在：两宋之际的文化内向》，江苏人民出版社 2002 年版。

［美］芮乐伟·韩森：《开放的帝国：1600 年前的中国历史》，江苏人民出版社 2007 年版。

［美］赫伯特·芬格莱特：《孔子：即凡而圣》，江苏人民出版社 2002 年版。
［美］田浩：《功利主义儒家：陈亮对朱熹的挑战》，江苏人民出版社 1997 年版。
［美］艾尔曼：《从理学到朴学：中华帝国晚期思想与社会变化面面观》，江苏人民出版社 1995 年版。
［美］列文森：《儒教中国及其现代命运》，中国社会科学出版社 2000 年版。
［美］孔飞力：《叫魂：1768 年中国妖术大恐慌》，上海三联书店 1999 年版。
［美］杨联陞：《中国制度史研究》，江苏人民出版社 2007 年版。
［美］史景迁：《皇帝与秀才：皇权游戏中的文人悲剧》，上海远东出版社 2005 年版。
［美］魏定熙：《北京大学与中国政治文化（1898—1920）》，北京大学出版社 1998 年版。
［美］爱德华·W. 萨义德：《东方学》，生活·读书·新知三联书店 1999 年版。
［美］约翰·罗尔斯：《正义论》，中国社会科学出版社 2001 年版。
［美］列奥·施特劳斯：《自然权力与历史》，生活·读书·新知三联书店 2003 年版。
［美］丹尼斯·朗：《权力论》，中国社会科学出版社 2001 年版。
［美］夏皮罗：《政治的道德基础》，生活·读书·新知三联书店 2006 年版。
［美］保罗·博维：《权利中的知识分子：批判性人文主义的谱系》，江苏人民出版社 2004 年版。
［加］卜正民：《纵乐的困惑：明代的商业与文化》，生活·读书·新知三联书店 2004 年版。
［加］卜正民：《为权力祈祷：佛教与晚明中国士绅社会的形成》，江苏人民出版社 2005 年版。
［德］傅海波、［英］崔瑞德编：《剑桥中国辽西夏金元史》，中国社会科学出版社 2006 年版。
［德］马克斯·韦伯：《新教伦理与资本主义精神》，陕西师范大学出版

社 2001 年版。

[德] 马克斯·韦伯:《儒教与道教》, 江苏人民出版社 2003 年版。

[德] 马克斯·韦伯:《学术与政治》, 生活·读书·新知三联书店 1998 年版。

[德] 卡尔·雅斯贝斯:《历史的起源与目标》, 华夏出版社 1989 年版。

[德] 马克思、恩格斯:《马克思恩格斯选集·第四卷》, 人民出版社 1972 年版。

[德] 夏瑞春编:《德国思想家论中国》, 江苏人民出版社 1995 年版。

[日] 沟口雄三、小岛毅主编:《中国的思维世界》, 江苏人民出版社 2006 年版。

[日] 小野和子:《明季党社考》, 上海古籍出版社 2006 年版。

[日] 内藤湖南:《中国史通论: 内藤湖南博士中国史学著作选译》, 社会科学文献出版社 2004 年版。

[日] 岛田虔次:《中国近代思维的挫折》, 江苏人民出版社 2005 年版。

[日] 沟口雄三:《中国前近代思想的演变》, 中华书局 2005 年版。

[日] 中村哲主编:《东亚近代经济的形成与发展》, 人民出版社 2005 年版。

[日] 池田大作:《展望二十一世纪: 汤因比与池田大作对话录》, 国际文化出版公司 1985 年版。

[日] 滋贺秀三:《中国家族法原理》, 法律出版社 2003 年版。

[日] 佐野公治:《日本的黄宗羲研究概况》,《浙江学刊》1987 年第 1 期。

[挪] 斯坦因·U. 拉尔森主编:《政治学理论与方法》, 上海人民出版社 2006 年版。

[葡] 伯来拉等:《南明纪行》, 中国工人出版社 1999 年版。

[罗] 米列斯库:《中国漫记》, 中国工人出版社 1999 年版。

[意] 利玛窦:《利玛窦中国札记》, 广西师范大学出版社 2001 年版。

[韩] 李宽淑:《中国基督教史略》, 社会科学文献出版社 1998 年版。

谢立中、孙立平主编:《20 世纪西方现代化理论文选》, 上海三联书店 2002 年版。

杨雁斌、薛晓源选编:《冲突与解构: 当代西方学术叙语》, 社会科学文献出版社 2001 年版。

杨雁斌、薛晓源选编：《重写现代性——当代西方学术话语》，社会科学文献出版社 2001 年版。
江民安主编：《后现代性的哲学话语》，浙江人民出版社 2000 年版。

四 相关论文

余英时：《现代儒学的回顾与展望——从明清思想基调的转换看儒学的现代发展》，《中国文化》1995 年第 1 期。
罗义俊：《从王阳明到黄宗羲》，《中国文化》1993 年第 1 期。
王家俭：《晚明的实学思潮》，载汉学研究中心主编《汉学研究》第七卷第二期，1989 年 12 月。
郑宗羲：《黄宗羲与陈确的思想因缘之分析》，载汉学研究中心主编《汉学研究》第十四卷第二期，1996 年 12 月。
周积明、雷平：《清代经世思潮研究述评》，《汉学研究通讯》第 25 卷第 1 期，2006 年 2 月。
杨芳燕：《明清之际思想转向的近代意涵——研究现状与方法的省察》，《汉学研究通讯》，第 20 卷第 3 期，2001 年 5 月。
何佑森：《清代经世思潮》，载汉学研究中心主编：《汉学研究》第十三卷第一期，1995 年 6 月。
黄文树：《泰州学派的教育思想及其影响》，载汉学研究中心主编《汉学研究》第十六卷第一期，1998 年 6 月。
林鹤宜：《晚明戏曲刊行概况》，载汉学研究中心《汉学研究》第九卷第一期，1991 年 6 月。
陈宝良：《明代文人辨析》，载汉学研究中心《汉学研究》第十九卷第一期，2001 年 6 月。
黄景进：《社会变迁中的知识分子》，载台湾政治大学中文系所主编《汉学论文集》，文史哲出版社 1982 年版。
李焯然：《大学与儒家的君主教育》，载汉学研究中心《汉学研究》第七卷第一期，1989 年 6 月。
吕妙芳：《颜子之传：一个为阳明学争取正统的声音》，载汉学研究中心主编《汉学研究》第十五卷第一期，1997 年 6 月。
耿湘沅：《晚明小品文蔚盛的原因》，载台湾政治大学中文系所主编《汉学论文集》，文史哲出版社 1982 年版。

朱荣贵:《王夫之“民族主义”思想商榷》,载中国文史哲研究集刊编辑委员会主编《中国文史哲集刊·第四期》,“台湾中央研究院”中国文哲研究所 1994 年版。

黄仁宇:《从“三言”看晚明商人》,载吴智和主编《明史研究论丛·第一辑》,大立出版社 1982 年版。

陈进传:《明史地位及其研究意义——代序》,载吴智和主编《明史研究论丛·第一辑》,大立出版社 1982 年版。

孙宝三:《〈明夷待访录〉的写作意图辨证》,《中国哲学史》2007 年第 2 期。

潘星辉:《被扭曲与被辱没的历史:试论明史观的形成与嬗变》,载朱诚如、王天有主编《明清论丛·第六辑》,紫禁城出版社 2005 年版。

庄严:《论黄梨洲的华夷之辨及其他》,《宁波师院学报》(黄宗羲研究专辑)1986 年增刊。

赵轶峰:《黄宗羲思想三议——读〈留书〉札记》,《东北师大学报》(哲学社会科学版)1986 年第 3 期。

赵连稳:《论黄宗羲反清思想的演变》,《河北大学学报》(哲学社会科学版)2006 年第 4 期。

战继发:《黄宗羲晚节问题略论》,《辽宁大学学报》1994 年第 1 期。

刘述先:《论黄宗羲对孟子的理解》,《杭州师范学院学报》(社会科学版)2006 年第 1 期。

孙宝山:《黄宗羲与孟子的政治思想辨析》,《孔子研究》2006 年第 4 期。

张佳佳:《〈孟子节文〉事件本末考辨》,《中国文化研究》2006 年秋之卷。

冯天瑜:《〈明夷待访录〉思想渊源考》,《武汉师范学院学报》(哲学社会科学版)1983 年第 4 期。

郑文君:《试论东林党人反对内阁专权的历史意义》,《四川大学学报》(哲学社会科学版)1994 年第 4 期。

李善峰:《传统儒学现代化的一次努力——以梁漱溟的理论和实践为个案的研究》,《孔子研究》2004 年第 5 期。

孙宝山:《以“民族性”重构正统论——黄宗羲对方孝孺的正统论的继承与发展》,《中国哲学史》2005 年第 3 期。

路育松：《明清之际三大思想家经济思想之再认识》，《船山学刊》2001年第3期。
吴根友：《“工商皆本”与晚明儒家经济哲学的新突破——黄宗羲经济思想现代意义的再诠释》，《杭州师范学院学报》（社会科学版）2006年第1期。
商传：《试论明代的社会阶级结构》，载朱诚如、王天有主编《明清论丛·第一辑》，紫禁城出版社1999年版。
李京圭：《论黄梨洲的民本思想与经世思想》，载吴智和主编《明史研究专刊·第九期》，明史研究小组1989年版。
孙宝山：《以制度制约权力——黄宗羲政治构想解析》，《晋阳学刊》2007年第4期。
卢政、霍俊国：《中国现代性发展历程中的前五次反经学高潮》，《贵州社会科学》2003年第6期。
陈宝良：《明代的自我与社会：以自传文为例》，载朱诚如、王天有主编《明清论丛·第六辑》，紫禁城出版社2005年版。
王记录：《论清初三大思想家对李贽的批判——兼谈早期启蒙思想问题》，《河南师范大学学报》（哲学社会科学版）2002年第6期。
王记录：《〈明儒学案〉缘何不为李贽立学案——兼谈黄宗羲的学术史观》，《河南师范大学学报》（哲学社会科学版）2003年第5期。
俞荣根：《黄宗羲的“治法”思想再研究》，《重庆社会科学》2006年第4期。
秦燕春：《章太炎的晚明想象》，《中国现代文学研究丛刊》2007年第1期。
李文：《东亚的崛起与东西方关系的嬗变》，《北京行政学院学报》2002年第5期。
谢贵安：《〈明夷待访录〉的近代“误读”与“新民本”思想的历史影响》，《哲学研究》2003年第2期。
刘岐梅：《黄宗羲研究百年述评》，《青岛大学师范学院学报》第23卷第2期，2006年6月。
乔亮：《黄宗羲和龚自珍经济思想之比较》，《黑龙江教育学院学报》第26卷第1期，2007年1月。
姚瀛艇：《明清之际何以会产生像顾炎武、黄宗羲、王夫之那样卓越的思想家?》,《史学月刊》1954 年第 8 期。
嵇文甫:《黄梨洲思想的分析》,《新建设》1959 年第 12 期。
谢国桢:《略论明末清初学风的特点》,《四川大学学报》1963 年第 2 期。
肖任武:《评明清之际三大进步思想家王夫之、黄宗羲、顾炎武》《文史哲》1975 年第 1 期。
傅衣凌:《从明末社会论李贽思想的时代特点》,《厦门大学学报》(哲学社会科学版)1975 年第 1 期。
刘华安:《黄宗羲政治哲学的建构逻辑及其内涵》,《宁波党校学报》2007 年第 2 期。
李海冰:《论黄宗羲政治哲学的逻辑建构》,《船山学刊》2006 年第 3 期。
蔡明伦:《明清之际思想家对"银荒"的议论及解决方案》,《中南民族大学学报》(人文社会科学版)2003 年第 3 期。
邹进文:《明末清初启蒙思想家关于用银问题的论述》,《河南师范大学学报》(哲学社会科学版)1997 年第 6 期。
颜炳罡:《徐复观的政治理念——兼论徐、牟政治理念之异同》,《齐鲁学刊》1994 年第 6 期。
郭若平:《评"五四"研究范式的转换》,《福建论坛·人文社会科学版》2003 年第 5 期。
严春友:《百年中国哲学研究方法之反思与现代发展之路》,《太原师范学院学报》(社会科学版)第 4 卷第 2 期,2005 年 6 月。
赵景来:《中国哲学的合法性问题研究述要》,《中国社会科学》2003 年第 6 期。
郑家栋:《"中国哲学之合法性"问题的由来、实质及其对于相关讨论的期望》,《北京行政学院学报》2005 年第 1 期。
张立文:《中国哲学的"自己讲"、"讲自己"——走出中国哲学的危机和超越合法性问题》,《中国人民大学学报》2003 年第 2 期。
陈来:《关于"中国哲学"的若干问题浅议》,《江汉论坛》2003 年第 7 期。
干春松:《中国哲学或哲学在中国——关于中国哲学"合法性"的讨论》,《江海学刊》2002 年第 4 期。

魏长宝：《中国哲学的“合法性”叙事及其超越》，《哲学动态》2004年第6期。

陈明、周瑾：《范式转移：超越中西比较——中国哲学合法性危机的儒者之思》，《同济大学学报》（社会科学版）第17卷第1期，2006年2月。

孙宏云：《萧公权与中国政治思想史研究》，《安徽史学》2005年第1期。

胡成：《“资本主义萌芽”与本土化研究的思考》，《史学理论研究》1999年第2期。

张建平、戴小洁：《中国马克思主义史学的历史命运简论》，《廊坊师范学院学报》第22卷第3期，2006年9月。

王南湜：《范式转移：从本体论、认识论到人类学——近五十年中国主流哲学的演变及其逻辑》，《南开学报》2000年第6期。

五 学位论文

刘岐梅：《走出中世纪——黄宗羲早期启蒙思想研究》，博士学位论文，山东大学，2005年。

吴海兰：《经学与黄宗羲史学》，博士学位论文，北京师范大学，2004年。

任文利：《阳明及阳明后心学——从王阳明到黄宗羲》，博士学位论文，中国社会科学院，1999年。

张永忠：《圣贤救世——黄宗羲政治哲学思想研究》，博士学位论文，复旦大学，2005年。

李慧琪：《黄梨洲思想与明清之际儒学焦点的转移》，学位论文，“台湾中央大学中国文学专业”，2004年。

陈德昭：《老子思想与汉初政治》，中国文化大学博士学位论文，1981年。

胡健国：《清代满汉政治势力之消长》，台湾政治大学博士学位论文，1977年。

谢诗晓：《在民本与民主之间——论黄宗羲的新民本思想》，硕士学位论文，中共中央党校，2007年。

六 英文著作

Wm. Theodore de Bary, *Waiting for the Dawn: A Plan for the Prince*, New York: Columbia University Press, 1993.

Edited by Sarah Schneewind, *Long Live the Emperor! Uses of the Ming Founder across Six Centuries of East Asia History*, Society for Ming Studies, Minneapolis, 2008.

Edited by Arthur F. Wright, *Confucianism and Chinese Civilization*, Stanford University Press, Stanford, California, 1975.

Edited by Raymond Dawson, *The Legacy of China*, New York, Oxford University Press, 1964.

Joanna F. Handlin, *Action in Late Ming Thought*, Berkeley: University of California Press, 1983.

Sarah Schneewind, *Community Schools and the State in Ming China*, Stanford California: Stanford University Press, 2006.

Edited by John L. Bishop, *Studies of Governmental Institutions in Chinese History*, Cambridge, Massachusetts: Harvard University Press, 1968.

Edited by Wm. Theodore de Bary and the Conference on Seventeenth-Century ChineseThought, *The Unfolding of Neo-Confucianism*, New York: Columbia University Press, 1975.

Edited by Charles O. Hucker, *Chinese Government in Ming Times*, New York and London: Columbia University Press, 1969.

Romeyn Taylor, *Basic Annals of Ming T'ai-Tsu*, San Francisco: Chinese Materials Center, Inc, 1975.

Edited by Paul Jakov Smith and Richard Von Glahn, *The Song-Yuan-Ming Transition in Chinese History*, Cambridge (Massachusetts) and London: Harvard University Asia Center, 2003.

Charles O. Hucker, *The Traditional Chinese State in Ming Times (1368–1644)*, Tucson: The University of Arizona Press, 1961.

Eng-chew Cheang, *Li Chih as a Critic: A Chapter of the Ming Intellectual History*, Ann Arbor, Michigan: University Microfilms, 1973.

Maragaret Sleeboom, *Academic Nations in China and Japan: Framed in Con-*

cepts of Nature, Cultural and the Universal, London and New York: Routledge Curzon, 2004.

Audrey Wells, *The Political Thought of Sun Yat-sen: Development and Impact*, New York: Palgrave, 2001.

Edited by Arthur Rosett, Lucie Cheng and Margaret Y. T. Woo, *East Asian Law: Universal Norms and Local Cultures*, London and New York: Routledge Curzon, 2003.

Edited by Christoph Antons, *Law and Development in East and Southeast Asia*, London and New York: Routledge Curzon, 2003.

Edited by Yang Zhong and Shiping Hua, *Political Civilization and Modernization in China*, Hackensack and London: World Scientific, 2006.

辜鸿铭:《*The Spirit of the Chinese People*》，外语教学与研究出版社 1998 年版。

Lynn A. Struve, "Huang Zongxi in Context: A Reappraisal of His Major Writings" *The Journal of Asian Studies*, Vol. 47, No. 3, Aug., 1988.

Lynn A. Struve, "Not 'Conversant'? William James and Huang Zongxi on Being and Knowing" *Philosophy East and West*, Vol. 42, No. 1, Jan., 1992.

Benjamin A. Elman, "Imperial Politics and Confucian Societies in Late Imperial China: The Hanlin and Donglin Academies" *Modern China*, Vol. 15, No. 4, Oct., 1989.

Chun-shu Zhang, "Reviewed Work: Chinese Government in Ming Times: Seven Studies" *The American Historical Review*, Vol. 75, No. 7, Dec., 1970.

Rodney L. Taylor, "Proposition and Praxis: The Dilemma of Neo-Confucian Syncretism" *Philosophy East and West*, Vol. 32, No. 2, Apr., 1982.

John D. Langlois, Jr., "Chinese Culturalism and the Yuan Analogy: Seventeenth-Century Perspectives" *Harvard Journal of Asiatic Studies*, Vol. 40, No. 2, Dec., 1980.

Mio Kishimoto-Nakayama, "The Kangxi Depression and Early Qing Local Markets" *Modern China*, Vol. 10, No. 2, Apr., 1984.

James B. Parsons, "The Ming Dynasty Bureaucracy" *Monumenta Serica*:

Journal of Oriental Studies，华裔学志，Vol. XXⅡ，Fasc. 1，1963.

Alexander C. Soper，“Chinese Buddhist Architecture and Iconography” *Monumenta Serica*：*Journal of Oriental Studies*，华裔学志，Vol. IV，1939 – 1940，1970.

Wolfgang Franke，“Reviewed Work：Chinese Government in Ming Times：Seven Studies” *T'oung Pao* 通报，Vol. LX，1974.

Harriet Zurndorfer，“Reviewed Work：From Ming to Ch'ing：Conquest，Region，and Continuity in Seventeenth Century China” *T'oung Pao* 通报，Vol. LXⅧ，1982.

Vitali Rubin，“The End of Confucianism” *T'oung Pao* 通报，Vol. LIX，1973.

Ying-shih Yü，“Review：Toward an Interpretation of the Intellectual Transition in Seventeenth-Century China” *Journal of the American Oriental Society*，Vol. 100，No. 2，Apr. – Jun.，1980.

On-cho Ng，“A Tension in Ch'ing Thought：‘Historicism’ in Seventeenth-and-Eighteeth-Century Chinese Thought” *Journal of the History of Ideas*，Vol. 54，No. 4，Oct.，1993.

On-cho Ng，“reviewed Work：Waiting for the Dawn：A Plan for the Prince” *Philosophy East and West*，Seventh East-West Philosophers' Conference，Vol. 46，No. 3，Jul.，1996.

W. J. F. Jenner，“Reviewed Work：Waiting for the Dawn：A Plan for the Prince” *The China Quarterly*，No. 140，Dec.，1994.

David A. Dilworth，“Reviewed Work：The Records of Ming Scholars” *Philosophy East and West*，Vol. 39，No. 2，Apr.，1989.

Willard J. Peterson，“Reviewed Work：The Records of Ming Scholars” *Journal of the American Oriental Society*，Vol. 110，No. 3，Jul. -Sep.，1990.

Benjamin A. Elman，“Reviewed Work：The Records of Ming Scholars” *The Journal of Asian Studies*，Vol. 47，No. 2，May，1988.

Tom Fisher，“Reviewed Work：The Records of Ming Scholars” *Pacific Affairs*，Vol. 61，No. 4，Winter，1988 – 1989.

Shu-hsien Liu，“Reviewed Work：Learning for One's Self：Essays on the Individual in Neo-Confucian Thought” *The Journal of Asian Studies*，Vol. 52，

No. 1, Feb., 1993.

Paul Cohen, "Review: the Quest for Liberalism in the Chinese Past: Stepping Stone to a Cosmopolitan World or the Last Stand of Western Parochialism?: A Review of 'The liberal Tradition in China'" *Philosophy East and West*, Vol. 35, No. 3, Jul., 1985.

Wm. Theodore de Bary, "Confucian Liberalism and Western Parochialism: A Response to Paul A. Cohen" *Philosophy East and West*, Vol. 35, No. 4, Oct., 1985.

Paul Cohen, "A Reply to Professor Wm. Theodore de Bary" *Philosophy East and West*, Vol. 35, No. 4, Oct., 1985.

Paul A. Cohen, "Wang T'ao and Incipient Chinese Nationalism" *The Journal of Asian Studies*, Vol. 26, No. 4, Aug., 1967.

Hoyt Cleveland Tillman, "A New Direction in Confucian Scholarship: Approaches to Examining the Differences between Neo-Confucianism and Tao-hsüeh" *Philosophy East and West*, Vol. 42, No. 3, Jul., 1992.

Wm. Theodore de Bary, "The Uses of Neo-Confucianism: A Response to Professor Tillman" *Philosophy East and West*, Vol. 43, No. 3, Jul., 1993.

Hoyt Cleveland Tillman, "The Uses of Neo-Confucianism, Revisited: A Reply to Professor de Bary" *Philosophy East and West*, Vol. 44, No. 1, Jan., 1994.

John Dardess, "Reviewed Work: Genealogy of the Way: The Construction and Uses of the Confucian Tradition in Late Imperial China" *Harvard Journal of Asiatic Studies*, Vol. 56, No. 1, Jun., 1996.

Joan Judge, "Public Opinion and the New Politics of Contestation in the Late Qing, 1904 – 1911" *Modern China*, Vol. 1, Jan., 1994.

Hao Chang, "Liang Ch'i-ch'ao and Intellectual Changes in the Late Nineteenth Century" *The Journal of Asian Studies*, Vol. 29, No. 1, Nov., 1969.

Lawrence R. Sullivan, "The Controversy Over 'Feudal Despotism': Politics and Historiography in China, 1978 – 1982" *The Australian Journal of Chinese Affairs*, No. 23, Jan., 1990.

Joseph R. Levenson, "T'ien-hsia and Kuo, and the 'Transvaluation of Values'" *The Far Eastern Quarterly*, Vol. 11, No. 4, Aug., 1952.

W. S. Atwell, "Reviewed Work: Between Tradition and Modernity: Wang T'ao and Reform in Late Ch'ing China" *The China Quarterly*, No. 67, Sep., 1976.

Prasenjit Duara, "De-Constructing the Chinese Nation" *The Australian Journal of Chinese Affairs*, No. 30, Jul., 1993.

Xiaoqing Lin, "Historicizing Subjective Reality: Rewriting History in Early Republican China" *Modern China*, Vol. 25, No. 1, Jan., 1999.

Jennifer W. Jay: Random Jottings on Eunuchs: Ming Biji Writings as Unofficial Historiography, 载汉学研究中心主编《汉学研究》第十一卷第一期，1993 年 6 月。

后　记

治学的历程，就是一个不断模仿、批判、超越的过程，假想敌与典范性都会以各种方式存在，同样会以各种方式消失。大学时效仿的对象，到了硕士时成为需要批判、超越的假想敌；硕士时效仿的对象，到了博士时成为需要批判、超越的假想敌；博士时效仿的对象，到了现在同样成为需要批判、超越的假想敌。每一个新的效仿对象的出现，从某种意义上也意味着此前的效仿对象的消隐，更为可怕之处在于，随着岁月的流逝、年齿的虚增，自己也在不经意间成为那些后来者所模仿、批判、超越的对象所在。

这样的历程，或许并不仅仅针对活生生的个体，也针对更为宏大的文明。就如年轻时的自己是如此的批判中国传统，却发现，中国传统反而给了自己安身立命之所；就如一直期望能够效仿现代西方，却发现，现代西方也有着自己的麻烦与困顿。当然，就宏大的角度而言，所谓的中国传统与现代西方之间的对立，是一种人为塑造的更为虚幻的学术竞争与思想分立，而远非一种现实的真实，就现实的角度而言，中国传统并非像很多人所说的或是所想的那样不堪，甚至不断地有西方学者从中发现诸多能够为西方所借鉴的光辉之处；西方传统也并非很多人所说的那样完美无缺，同样存在着诸多麻烦与困境。

对于几代中国知识分子而言，更多的时候，当我们批判传统、赞美西方时，并不是出于对二者的客观比较，而是出于对无法直接批判与改观的自身现实处境的一种反思与应对，很多时候，就如现在的我们一样，对于现实问题的思索，依然停留于此，而且也只能停留于此。当然，这是从更为宏大的角度而言的，对于讲求“求诸己”的自己而言，存在着另外一种理解的方式，或许也是另外一种逃离的路径。对于个体生命历程而言，在自己超越了很多自己想要超越的人与事之后，忽然发现，其实假想敌与效仿者，都是自己塑造出来的一根一根用以激励自我生命不断前行的标杆所在，不断地超越与战斗的结果，就是当不再有直接的假想敌与效仿者的时候，自己就成为自己的假想敌与需要被超越的人，而自己也就成为自己生命的标杆。

于是，治学的目标，不再是外物，也不再是他者，而是自己。叙述的目标，也就转化为对自己世界的体悟与描述。

然而，现代社会的高速运转与强大压力，无情且无可逆转地促成了人的极度异化与他化。现代人（或者其实就是现代的我）已经不习惯于以“我的”方式去记录我的人生，因为现代人（或者就是现代的我）已经真的不再认识自己，也不再知道“我的”究竟是否真的是我的。外物的压力，逐渐扭曲着内心的感受；而内心的受挫，逐渐让自己隐藏起真正的内心世界；然后以一种无所畏惧的姿态，对抗外物的压力。时日的推移，逐渐忘却了什么是外物、什么是内心，已然异化了的自己开始从保持着时空距离的“他者”的角度，看待曾经的“自己”。然后说：看哪，那里曾经生存着那样一个人！于是，把自己人生中的鲜活经历，淡化成历史话语中冷冰冰的存在，并以此来继续着自己异化与他化了的人生旅途。

已然无法通过简单地写下日记记录自己的存在，却又总是想留下点什么的自己，似乎只能通过保持着距离的方式重新回忆并思索自我生命的历程与展开。即使是这样的努力，很多时候其实也无法真正完成。现代生活的节奏已然快到让自己无所适从，而现代生活的压力也已然抑制住了自己内心之中关于唯美与诗意的追求。因此，唯一还能够在如此迅速地消逝的时空范围中，保持住自己仅有的对于自我意志与自我空间相关的执着与信仰，就是像鸵鸟一样，将自己的眼睛埋在时间与空间的荒漠中，以一种历史主义或文化超人的姿态，忽略这个快餐化、统一化、流水化、世俗化、物欲化……的世界，以及其可能对自己带来的影响与冲击。鸵鸟策略之最关键者，就是不要急于对自己此时此地此景的生活发表任何意见，因为高度变化社会中导致的时空的高度挤压与自我思维的间歇性停滞，往往让自己无法拥有一个良好的心态与清晰的思路去弄清楚自己已然杂乱不堪的生活。越想记录，结果越无从着笔。

古人常说：人生在世，犹如白驹过隙，匆匆而过。鲁迅先生也曾有所谓“过客”的隐喻。然而，对于我而言，似乎很多时候，不仅仅是一个过客，更是自己白驹过隙的人生过程中的“看客”！记得自己常与人说自己对待世界的态度，就如参与了一场体育盛事，但却不是运动员、不是裁判员、不是组织者、不是服务者，甚至不是不时欢呼雀跃的观众。对于这些人而言，无论有意无意，都或多或少地参与到了这一盛事之中，成为这一盛事的一分子。那我在干吗呢？我在观看观看者！置身事外、隔岸观火，不为此喜、不为彼悲。

忘了什么人写的了：你站在桥上看风景，看风景的人在楼上看你；明月装饰了你的窗子，你装饰了别人的梦。我不知道是否还有人在观看作为观看者的自己，就像美国科幻电视剧（如 *Fringe*）中常有的剧情那样：芸芸众生之中，总是存在着那么几个不死之躯，他们跨越时空，无处不在，冷眼旁观，“看”人类世界的悲欢离合、起起落落。他们眼中的历史与时空，将是如此与我们不同，这种不同又将是如此令人难以想象。但是，作为凡夫俗子，以自我所仅有之肉眼去“看”时，已然让我至少更多地看到了此时此地此景的种种状况，众生百态、人情冷暖，或梦或幻、或真或假、或虚或实，收之眼底。一旦自己脱离于这个本当嵌入其中的时空范围之后，自我的生存意趣也将随之而转变。很多时候，不再关心此时此景的种种无聊事务，而是试图让自己回到一个更为宽广、拥有更大纵深的时空范围之中，从一种拉长、伸展了的时空背景中，思考自我的意志与自我的存在。作为一个拥有肉身的人而言，唯一能够做到这一点的，就是历史！只有在历史之中，才能和更多的“看客”一道，跳出此时此地此景之外，反观此时此地此景！

于是，当自己置身体育赛场之时，目的不是比赛，而是赛场本身，所谓“铁打的营盘，流水的兵”——我们都是流水，而我们置身其中的无论赛场还是宇宙或是营盘，无论胜或败、无论喜或悲、无论喧嚣或沉寂……其实都没有当事者所认为的那般具备无可替代的重要性。事实是，我们在，世界在；我们不在时，世界还在。

然后明白：历史不是我的，但我就是历史！能够证明自己存在的，不是历史，而是自己的生命本身。无论已然逝去的还是即将逝去的，其实都与自己没有关系，此时此地的自己，仅仅是寄身于天地万物之间的臭皮囊而已，如一颗尘埃，飘忽世间，不知所始，不知所终。如果说还有什么属于自己的话，就只剩下分分秒秒、滴滴答答、从不停歇、从不回头的那点可怜的时间了。生命不是生命，只是时间的堆砌与空间的转换。——子在川上曰：逝者如斯夫！

或许，无意义的世界中最大的意义，就是作为一个人所感受到的自我意志的存在与自我精神的不朽。子曰：立功、立德、立言。亦无非如此！功、德、言者，君子、圣贤之所为也，我不敢望其项背。那么，如此长时间地选择保持距离地看待自己的生命与自己的人生的自己，又能留给自己什么呢？总觉得自己不屑那种吸引人眼球的令人追逐的海滩边喧嚣不止的浪花般的生存方式，而是希望成为深海之中那种令人望而生畏的永恒的沉寂。从这个意义上说，深海的沉寂不是死寂；深海的止水也不是死水！我所应当期待的不是天天喧嚣着的生活，而是必要时的惊涛骇浪。就这样，在一片虚无与荒芜的现实世界中，以满不在乎的方式，等待着可能并不存在的爆发。——在生命所限定的时空范围里，以一种悠悠然的心态，持守着属于自己的对于生命价值、宇宙奥秘、精神融通、自我升华、灵性通透之类生存的意趣与唯美的观念！

最后的最后，当自己在博士毕业 8 年后，终于鼓起勇气将自己的博士学位论文中关于明代政治史的部分改写成现在这本书的模样时，自己的内心深处所感受到的却依然是自己在 8 年前的博士学位论文“后记”终结之处所记录下的以下感受：

“尽管晚明是如此地值得人文知识者向往与羡慕，然而，这段历史最终告诉我的却是——无论多么喧嚣，一切终将归于沉寂。”

2016 年初夏于湘江之畔江边客舍